KB200064

성경이 가르쳐 준 기도

성경이 가르쳐 준 기도

지은이 | 박광석
초판 발행 | 2020. 7. 8

등록번호 | 제1988-000080호
등록된 곳 | 서울특별시 용산구 서빙고로 65길 38
발행처 | 사단법인 두란노서원
영업부 | 2078-3352   FAX | 080-749-3705
출판부 | 2078-3331

책값은 뒤표지에 있습니다.
ISBN 978-89-531-3790-5 03230   Printed in Korea

독자의 의견을 기다립니다.
tpress@duranno.com www.duranno.com

두란노서원은 바울 사도가 3차 전도여행 때 에베소에서 성령 받은 제자들을 따로 세워 하나님의 말씀으로 양육하던 장소입니다. 사도행전 19장 8-20절의 정신에 따라 첫째 목회자를 돕는 사역과 평신도를 훈련시키는 사역, 둘째 세계선교(TIM)와 문서선교(단행본·잡지) 사역, 셋째 예수문화 및 경배와 찬양 사역, 그리고 가정·상담 사역 등을 감당하고 있습니다. 1980년 12월 22일에 창립된 두란노서원은 주님 오실 때까지 이 사역들을 계속할 것입니다.

성경이 가르쳐 준 기도

신·구약
성경 인물을 통해
배우는
기도의 삶

박광석 지음

두란노

CONTENTS

기도가 풍요로울 때
삶도 풍요로워진다

'기도'라는 단어에 함축된 의미는 참으로 심오합니다. 기독교는 무엇보다 기도를 강조하는 종교입니다. 신앙은 하나님의 말씀과 기도라는 두 개의 바퀴를 가진 수레와 같아서, 그리스도인이면서 기도를 등한시하는 사람은 바퀴 하나를 잃은 수레에 불과합니다. 많은 그리스도인들이 말씀과 기도가 축을 이루며 바퀴가 잘 돌아가고 있는 삶인지를 질문 받을 때 선뜻 자신 있게 대답하지 못합니다. 삶이 주된 수단이고 신앙은 그 삶을 구축해 주는 부수적 요소로만 작용하기 때문입니다. 그러나 기도 없는 믿음은 존재할 수 없습니다. 믿음이 불처럼 일어나게 하는 것은 기도로만 가능합니다. 성경에 소개되는 믿음의 영웅들을 보십시오. 그들은 한결같이 하나님 앞에 기도하는 사람이었습니다.

사도 바울은 에베소서 6장 18절에서 "모든 기도와 간구를 하되 항상 성령 안에서 기도하고 이를 위하여 깨어 구하기를 항상 힘쓰며 여러 성도를 위하여 구하라"라고 권면합니다. 이 구절 안에서 바울은 '모든 기도, 간구, 성령 안에서 기도하라, 깨어 구하라, 성도를 위하여 구하라'

하며 무려 다섯 번이나 기도를 언급합니다. 그가 얼마나 기도를 중요시 했는지 알 수 있습니다.

그렇다면 최고의 기도는 무엇일까요? 주님이 십자가를 앞두고 겟세마네 동산에서 드리셨던 "나의 원대로 마시옵고 아버지의 원대로 하옵소서"(마 26:39)라고 하신 기도일 것입니다. 결국 하나님의 뜻을 알고 그분의 뜻을 이루는 것이 우리에게 주어진 기도의 최고봉입니다. "그럴 바에는 왜 기도해요? 어차피 다 하나님 뜻대로 될 것인데"라고 오해할 수 있습니다. 이는 신앙을 우리가 원하는 욕망을 채워 주기 위한 수단으로 보기 때문입니다. 사실 인간의 욕망과 하나님의 뜻은 충돌할 때가 많습니다. 하지만 하나님을 알고, 그분의 말씀이 눈에 들어와 신앙이 성숙해지면 하나님의 뜻대로 되기를 바라며 나아가는 것이 가장 귀한 일임을 알게 됩니다.

예수님은 사역을 이루기 위해 이 땅에 계시는 동안 참으로 바쁘게 사셨습니다. 바쁘셨기에 더 하나님의 능력을 힘입어야 했고, 그래서 더 많이 기도의 자리로 나아가셔야 했습니다. 주님의 역사 앞에는 반드시 기도가 있었습니다. 물 위로 걸으신 것도 기도하신 뒤였고, 오병이어로 수천 명을 먹이는 그 경이로운 역사도 기도하신 뒤였습니다. 앞으로 세상을 뒤집어 놓을 열두 제자를 부르기 전에도 주님은 기도하셨습니다. 하나님 앞에 기도하면서 기도의 능력을 갈구하신 것입니다. 예수님의 기도 용량이 그만큼 컸던 것은 기도의 소중함을 아셨기 때문입니다.

예수님이 이렇게 몸소 기도하며 기도의 모범을 보여 주셨다면, 그분의 제자인 우리는 더 말할 것도 없습니다. 우리도 주님의 제자답게 기도의 명확한 목적을 설정해서 열심히 기도의 자리로 나아가야 합니다. 우리의 목표는 하나님의 영광, 하나님의 뜻, 하나님의 이름이 거룩하고 영화롭게 되는 것입니다.

목사인 저는 '어떻게 하면 성도들이 말씀으로 도전을 받아, 삶의 문제를 내놓고 기도하도록 자극을 줄까'를 늘 고민합니다. 하나님은 '이렇게 기도하면 응답 받는다'는 장담할 공식을 주지 않으셨습니다. 그러므로 오늘날까지 최선을 다해 목회 현장을 지켜 온 저로서는 이렇게 말할 수밖에 없습니다. "우리가 하나님을 알려 하고 더 가까이 가려고 노력할수록 우리 영혼은 윤택해집니다. 우리는 하나님을 다 알 수 없습니다. 그래서 기도가 꼭 필요합니다. 하나님의 능력의 손길 아래 있기 위해, 나를 쳐서 복종하거나 현실의 고난을 극복하기 위해서는 반드시 기도해야 합니다. 신실하신 하나님이 기도할 것을 명하셨기에, 또한 분명히 응답하실 거라 믿습니다."

기도할 때 하나님은 우리를 성령으로 감화시켜, 믿을 것은 믿고, 참을 것은 참으며, 사랑할 것은 사랑하게 하십니다. 그리고 극복할 것은 극복하게 하십니다. 기도하는 자에게는 기도 안에서 펼쳐지는 세상이 실제 삶에서도 펼쳐지게 하시며, 섭리의 손길이 삶 가운데 역동적으로 나타나게 하십니다. 기도하지 않는데도 하나님의 선하신 뜻이 우리 삶에 자동적으로 이루어진다면, 하나님은 성경을 통해 기도하고 부르짖으라고 말씀하지 않으셨을 것입니다.

기도의 습관이 안 돼 있으면 처음에는 하나님과 만나서 기도하는 것이 막연하고 멀게 느껴집니다. 그러므로 우리는 일상 가운데 특별히 시간을 내어 개별적으로 기도하는 시간을 늘 가져야 합니다. 주님과 교제하듯 기도해 보십시오. 내 것만을 계속 내던지듯 기도하면 피곤해서 오래 못 갑니다. 그러나 성령님과 함께하는 기도는 오래가도 피곤하지 않습니다. 하나님은 문법이 틀려도 나무라시는 법이 없고, 했던 말을 또 해도 괜찮으며, 말을 더듬거나 느릿느릿 말해도 하루를 천년같이 기다려 주는 분이십니다.

이처럼 기도의 문을 열고 자주 기도하다 보면 우리 기도의 삶이 달라지는 것을 느끼게 됩니다. 규칙적으로 기도하면서 자신을 내어놓고 하나님의 영광을 위해 계속해서 주님 앞에 가까이 나아가다 보면, 우리 안에서 주님이 체험적으로 느껴집니다. 처음에는 아득히 멀리 계신 하나님을 부르는 것처럼 느껴집니다. 그다음에는 가까이 계신 하나님을 부르는 것 같습니다. 그러다 보면 마치 우리 주 예수 그리스도의 손길과 닿는 것 같은 기분을 느낍니다. 어떤 때는 주님의 이마에서 흐르는 피를 손으로 만져 보는 것과 같은 느낌을 받습니다. 그러다 나중에는 주님이 나를 안으시는 것과 같은 깊은 체험을 하게 됩니다.

기도가 풍요로울 때 우리의 영적인 삶도 풍요로워진다는 것을 잊지 마십시오. 기도로 승리하신 예수님처럼, 우리도 기도함으로 하나님에게 가까이 나아가 그분의 응답을 받는 참된 기도의 사람이 되어야 할 것입니다.

2020년 7월
박광석 목사

성경은 기도를
'하나님이 당신을 섬기는 자에게 주신 특권'이라고
말씀합니다. 이는 소리 내어, 혹은 깊은 묵상 가운데
하나님과 기도를 통해 나누는 교류입니다.
철저하게 언어라는 도구를 통해 이뤄지면서도 무엇보다
인격적이고 마음이 앞서야만 하는 것입니다.

1부

구약의 기도

아벨의 칭찬받는 기도

정성으로 쌓은 기도는
무너지지 않는다

8

"세월이 지난 후에 가인은 땅의 소산으로 제물을 삼아 여호와께 드렸고 아벨은 자기도 양의 첫 새끼와 그 기름으로 드렸더니 여호와께서 아벨과 그의 제물은 받으셨으나 가인과 그의 제물은 받지 아니하신지라 가인이 몹시 분하여 안색이 변하니 여호와께서 가인에게 이르시되 네가 분하여 함은 어찌 됨이며 안색이 변함은 어찌 됨이냐 네가 선을 행하면 어찌 낯을 들지 못하겠느냐 선을 행하지 아니하면 죄가 문에 엎드려 있느니라 죄가 너를 원하나 너는 죄를 다스릴지니라 가인이 그의 아우 아벨에게 말하고 그들이 들에 있을 때에 가인이 그의 아우 아벨을 쳐죽이니라 여호와께서 가인에게 이르시되 네 아우 아벨이 어디 있느냐 그가 이르되 내가 알지 못하나이다 내가 내 아우를 지키는 자니이까 이르시되 네가 무엇을 하였느냐 네 아우의 핏소리가 땅에서부터 내게 호소하느니라"(창 4:3-10).

우리에게는 아벨의 제사라는 말이 익숙합니다. 제사는 짐승을 잡아서 하나님 앞에 드리는 것인데, 여기에는 두 가지 의미가 담겨 있습니다. 하나는 하나님을 예배한다는 것이요, 다른 하나는 하나님에게 기도를 드린다는 의미입니다. 그런데 우리는 아벨의 제사를 이야기할 때마다 가인의 제사와 비교하게 됩니다. 본문에서도 가인과 아벨의 제사를 설명한 뒤, 하나님이 가인의 제사는 받지 않고 아벨의 제사만을 받으셨다고 말씀합니다.

성경을 보면 두 사람의 제사에 어떤 차이가 있는지 확인할 수 있습니다. "세월이 지난 후에 가인은 땅의 소산으로 제물을 삼아 여호와께 드렸고 아벨은 자기도 양의 첫 새끼와 그 기름으로 드렸더니 여호와께서 아벨과 그의 제물은 받으셨으나 가인과 그의 제물은 받지 아니하신지라"(창 4:3-5). 왜 어떤 제물은 받고 어떤 제물은 받지 않으시는지, 왜 어떤 기도는 받고 어떤 기도는 받지 않으시는지 궁금해집니다.

성경에서 기도가 처음 나오는 곳이 바로 본문입니다. 또 처음으로 기도의 응답을 받은 사람이 아벨입니다. 그의 부모인 아담과 하와가 기도를 드렸는지 안 드렸는지는 알 수 없지만, 하나님에게 가장 처음 받아들여진, 칭찬받는 기도를 드린 사람이 아벨이라는 말입니다. 그러면 무슨 차이일까요? 왜 아벨의 기도는 받아들여지고 가인의 기도는 받아들여지지 않았는지 구분해 볼 필요가 있습니다.

제물이 아닌 정성을 받으시는 하나님

성경은, 가인은 땅의 소산으로 제물을 삼아 드렸고, 아벨은 양의 첫 새끼와 기름으로 드렸다고 말씀합니다. 얼핏 생각해 봐도 저절로 난 곡식을 거두어 드리는 것과 양의 첫 새끼를 잡아 기름을 드리는 것에서부터 차이가 느껴집니다. 이는 굉장히 중요한 구절이 됩니다. 이로부터 수천 년이 지난 뒤 그의 후손 모세에게 제사를 지내라고 명하실 때, 하나님은 아벨의 표준을 따르라고 말씀하십니다. 바꿔 말하면, 아벨은 기도를 어떻게 해야 하는지도 모를 때, 하나님에게 무엇을 드려야 하는지조차 모르는 그 시대에, 형이 곡식 드리는 것을 보았는데도 양을 드린 것입니다.

이러면 개념이 좀 달라집니다. '어, 이거 보통 시각이 아니구나' 하는 생각이 듭니다. 아벨의 시대에는 곡식을 재배했다고 말할 수는 없을 것입니다. 인류사의 시초이기에 그때는 자생하는 곡식을 거두어서 드렸을 것입니다. 그런데 아벨은, '양의 첫 새끼와 기름을 드렸다'고 말씀합니다. 이것은 그가 양을 거느리고 있었다는 의미입니다. 하나님은 수천 년 뒤 모세에게도 그렇게 제사를 가르쳐 주셨습니다. '하나님 앞에 제사를 드릴 때는 첫 새끼, 수컷, 흠이 없는 것을 드려라.' 그만큼 정성으로 드려야 한다는 것입니다.

하나님이 위대하시다면 우리의 정성도 그래야 합니다. 하나님이 큰 역사를 통해서 우리를 인도하신다면, 우리 또한 거기에 어울리는 기도를 드려야 합니다. 간단하게 되는대로 기도를 드리면 하나님이 그 기도를 아벨의 기도라고 보시겠습니까, 가인의 기도라고 보시겠습니까?

우리는 이방인이니까, '가인이 곡식을 드린 것만 해도 대단한 일 아닌가?'라고 생각합니다. 하지만 두 사람은 하나님의 피조물로서 아담 이후의 2대 인간입니다. 이제 겨우 2대인데 그렇게 성의 없이 드린 것입니다. 게다가 가인은 하나님이 동생 아벨의 제사를 흠향하시는 것을 보면서 '아, 내가 잘못했구나. 이제라도 정성껏 다시 드려야겠다'라고 생각하지 않고, 동생을 질투해서 죽여 버립니다. '너 때문에 내 제사는 안 받아 주셨다'라고 생각한 것입니다.

우리는 어려울 때 남을 질투하기 보다는 내가 더 열심히 해서 하나님의 축복을 받아야겠다는 자세를 가져야 합니다. "하나님, 저 사람은 왜 축복해 주시고 나는 축복해 주지 않으십니까?"라고 불평할 게 아니라, "하나님, 더 열심히 하겠습니다. 하나님 앞에 더 많이 기도하겠습니다. 하나님이 기뻐하시도록 더 열심히 순종하겠습니다"라는 마음을 갖는 것이 정상입니다.

아벨을 보십시오. 아버지인 아담이 "애야, 양을 잡아 죽여라. 그래서 그걸로 제사를 드려라"라고 말한 적이 없습니다. 가인도 무엇으로 제사를 드려야 하는지 명확하게 알고 있었다고 단정지어 말할 수 없습니다. 그랬다면 알고도 무성의했던 가인은 정말 문제일 것입니다. 가인은 그저 아무 생각 없이 드렸던 것입니다. 그런데 아벨은 얼마나 정성을 들였는지 보십시오. 야생 양이 아니라 그가 키우는 양이었습니다. 그 양의 새끼 중에서 첫 새끼를 골랐습니다. 그걸 드리는데 그냥 드린 것이 아니라 그 새끼와 기름으로 드렸습니다. 새끼를 각을 뜨고 기름을 골라서 드렸다는 것입니다. 이건 두말할 필요 없이 정성을 다한 것입니다.

누가 시킨 것이 아닙니다. 형이 하는 것을 봤다면 조금 더 잘할 수는 있었을 것입니다. 그런데 이건 차원이 다른 정성이었습니다. 그랬기에 최초의 기도 응답으로 성경에 기록된 것입니다.

차원이 다른 정성을 드리라

차원이 다른 은혜를 받고 싶으면 차원이 다른 정성으로 기도해야 합니다. 하나님은 물론 어떤 기도든 들으십니다. 그러나 이왕이면 하나님이 기뻐하시는 기도를 드리자는 것입니다. 이른 새벽에 하나님 앞에 나아가 기도해 보십시오. 하루의 시작을 하나님에게 기도로 아뢸 때 하나님은 그 기도를 기쁘게 받으실 것입니다. 새벽 기도 시간을 놓치지 마십시오. 곡식이 아니라 양을 드리는 것입니다.

하나님은 늘 "내가 너를 향해서 얼굴을 들고 너에게 평강 주기를 원하며, 내가 너를 향해서 복 주기를 원한다"라고 말씀하십니다. 그 하나님 앞에 우리가 은혜를 힘입는다는 것은 당연하고도 자연스러운 일입니다. 물론 하나님은 때로 어떤 뜻을 이루기 위해서, 또 우리를 하나님의 뜻대로 끌고 가기 위해서 조금 더 지연시키는 방법을 택하실 수도 있습니다. 그러나 하나님은 절대적 선으로 우리를 이끌어 가신다는 사실을 믿으십시오.

가인은 낙심하는 기도를 했습니다. 자기가 기도해 놓고도 실망합니다. 기도하긴 하는데 습관적으로, 대충 기도합니다. 그러면서 하나님이 자신의 제사는 흠향하지 않고 기도를 받아 주지 않으신다면서 낙심합니다. 이 낙심은 낙심으로 끝나는 것이 아니라, 아우를 죽이는 범죄로 발전하게 됩니다. 하나님이 받아 주시지 않는다고 불만과 원망만을 품고는 자신의 부족함은 반성하지 않습니다. 기도는 열심히 그리고 간절하고도 기쁜 마음으로 드려야 합니다. 아벨처럼 하나님 앞에 기쁨으로 적극적으로 나아가 기도드리는 태도를 배워야 합니다.

당신의 기도는 가인의 기도입니까, 아벨의 기도입니까? 아벨의 기도를 드리십시오. 건성으로 드리는 것이 아니라, 정성으로 드리십시오. 습관적으로 드리는 것이 아니라, 기쁨으로 드리십시오. 양의 첫 새끼의 기름을 떼고 각을 떠서 드린 아벨처럼, 그렇게 당신의 마음을 하나님 앞에 드리십시오. 그러면 하나님이 당신의 기도에 응답하시고, 당신 위에 하나님의 영광을 두실 것입니다.

◯ 질문

1. 당신은 어떤 기도를 드리고 있습니까? 아벨의 기도입니까, 아니면 가인의 기도입니까?

2. 당신에게 있어 '양의 첫 새끼와 기름'은 무엇입니까? 당신은 그것을 하나님 앞에 기꺼이 드릴 수 있습니까?

날 선 시험 앞에
기도의 방패로 나아가라

&

"그 일 후에 하나님이 아브라함을 시험하시려고 그를 부르시되 아브
라함아 하시니 그가 이르되 내가 여기 있나이다 여호와께서 이르시되
네 아들 네 사랑하는 독자 이삭을 데리고 모리아 땅으로 가서 내가 네
게 일러 준 한 산 거기서 그를 번제로 드리라 아브라함이 아침에 일찍
이 일어나 나귀에 안장을 지우고 두 종과 그의 아들 이삭을 데리고 번
제에 쓸 나무를 쪼개어 가지고 떠나 하나님이 자기에게 일러 주신 곳
으로 가더니 제 삼 일에 아브라함이 눈을 들어 그곳을 멀리 바라본지
라 이에 아브라함이 종들에게 이르되 너희는 나귀와 함께 여기서 기
다리라 내가 아이와 함께 저기 가서 예배하고 우리가 너희에게로 돌
아오리라 하고 아브라함이 이에 번제 나무를 가져다가 그의 아들 이
삭에게 지우고 자기는 불과 칼을 손에 들고 두 사람이 동행하더니 이
삭이 그 아버지 아브라함에게 말하여 이르되 내 아버지여 하니 그가
이르되 내 아들아 내가 여기 있노라 이삭이 이르되 불과 나무는 있거
니와 번제할 어린 양은 어디 있나이까 아브라함이 이르되 내 아들아
번제할 어린 양은 하나님이 자기를 위하여 친히 준비하시리라 하고
두 사람이 함께 나아가서 하나님이 그에게 일러 주신 곳에 이른지라
이에 아브라함이 그곳에 제단을 쌓고 나무를 벌여 놓고 그의 아들 이
삭을 결박하여 제단 나무 위에 놓고 손을 내밀어 칼을 잡고 그 아들을
잡으려 하니 여호와의 사자가 하늘에서부터 그를 불러 이르되 아
브라함아 아브라함아 하시는지라 아브라함이 이르되 내가 여기 있나
이다 하매 사자가 이르시되 그 아이에게 네 손을 대지 말라 그에게 아
무 일도 하지 말라 네가 네 아들 네 독자까지도 내게 아끼지 아니하였
으니 내가 이제야 네가 하나님을 경외하는 줄을 아노라"(창 22:1-12).

세상을 살다 보면 좋은 일도 많지만, 어쩌면 나쁜 일이 더 많다고도 할 수 있습니다. 하나님은 인간을 기가 막히게 창조하신 것 같습니다. 많은 어려움이 있어도 그 어려움 가운데서 우리의 마음에는 슬며시 소망의 싹이 피어나곤 합니다. 이 고비를 넘기면 더 좋은 일이 있을 거라는 생각도 하게 되고, 또 이 고난이 내게 유익하다는 생각도 하게 됩니다. 그러면서 더 좋은 자리로 나아가기도 합니다.

성경 속 인물 중 항상 형통했던 사람은 없습니다. 오히려 믿음의 사람들에게는 다른 사람들보다도 더 많은 시험이 있었습니다. 아브람이 아브라함이라는 믿음의 조상이 될 때까지 그의 인생 여정을 보면 그는 누구보다 많은 시련을 겪어야 했습니다. 하나님이 갈대아 우르에서 나오라고 하신 것조차도 시험이었습니다. 좋은 환경에서 잘 사는데 오지로 발령받는 것과 비슷한 입장이었습니다. 그렇게 그는 부모, 형제, 일가친척을 다 떠났습니다.

왜 하나님은 그런 무서운 명령을 하셨을까요? 하나님이 아브라함으로부터 믿음의 족속들을 만들고 시작하시겠다는 것입니다. 그래서 아브라함이라는 한 사람을 불러내신 것입니다. 물론 아브라함의 조카인 롯이 따라 나오지만 하나님은 아브라함을 통해 뜻을 이루십니다. 그렇게 가나안 땅으로 가는 과정과 일어나는 여러 사건들을 통해 아브라함은 참으로 많은 시험을 겪습니다. 그러면서 그의 믿음은 더욱 성장하게 됩니다. 특히 아들인 이삭을 바치라는 명령은 최고의 시험이었을 것입니다. 아브라함은 이삭을 주겠다는 약속을 받은 이후 실제 아들을 얻기까지 25년이라는 세월이 더 걸렸습니다. 하나님을 잘 믿고 섬기면 금방 해결해 주실 것 같은데, 하나님은 당신의 뜻과 계획대로 25년 만에 자식을 주셨습니다. 아브라함은 이 아이를 잘 키웠습니다. 이제는 아이가 자라 아버지를 도울 수 있고 또 대를 이을 만큼 성장했습니다. 아브라함의 나이는 거의 120세에 가까웠을 것입니다. 그때 하나님이 아브라함에게 이삭을 바치라고 요구하신 것입니다.

시험으로 단련되는 믿음

하나님이 인간에게 시험을 주실 수 있는지, 시험은 어디로부터 나오는지는 우리가 구분하기 어려울 때가 많습니다. 분명히 성경에 보면 하나님도 시험을 주시고 또 사탄도 시험을 줍니다. 다만 하나님은 그 시험을 축복으로 이끄시지만, 사탄은 그 시험을 통해 멸망으로 끌고 가려고 할 뿐입니다. 야고보서에 보면 '하나님은 시험하지 않으신다'라는 말이 나오는데, 이는 우리를 유혹해서 멸망에 빠뜨리는 시험을 하지 않으신다는 의미입니다. 하나님은 때때로 우리를 시험해서 축복의 자리로 이끄십니다. 그렇다면 우리는 시험을 받을 때 그것이 하나님으로부터 온 것인지, 아니면 사탄이 우리에게 주는 것인지를 분별해야 합니다.

궁극적으로 말하면, 모두 하나님이 허락하신 것입니다. 사탄이 아무리 우리를 시험하려 해도 하나님이 허락하지 않으시면 시험할 수 없습니다. 그러므로 누가 시험하는지, 그 주체를 이해하기보다는 시험을 어떻게 이길 것인지를 생각하는 것이 더 지혜로운 방법입니다. 시험은 반드시 이겨 내야 하기 때문입니다. 하나님이 우리를 테스트하시든, 아니면 마귀가 우리를 유혹하든, 반드시 이겨 내어 하나님에게 영광을 돌려야 합니다.

우리는 시험을 당할 때면 '왜 이게 나한테 왔는지' 원망하거나, '어떻게든 살아지겠지' 하면서 자포자기하는 심정이 되고 맙니다. 그래서 시험을 떨쳐 내지 못하는 경우가 많습니다. 또 묘하게도 하나의 시험이 오면 또 다른 시험들이 겹쳐 옵니다. 직장에 문제가 있는데 아이가 병이 들고 아이 엄마에게도 고통이 닥치는 등 여러 시련이 몰아쳐서 올 때가 있습니다. 그때 하나님을 믿는 사람이 잊지 말아야 할 중요한 것이 있습니다. 하나님이 사탄의 시험을 허락하셨을 때는 우리를 붙들고 그 시험을 이겨 나가도록 도우시며, 길을 내어 주신다는 사실입니다. 하나님은 결코 당신의 백성을 망하도록 버려 두지 않으시는 분이기 때문입니다.

그런데 우리에게 이 고난의 시간이 길게 느껴지는 것은, 우리가 이 문제를 놓고 하나님의 능력으로 이겨 나가려고 기도하고 매달리는 믿음의 집중력을 갖지 못하기 때문입니다. 기도로 해결하지 않고 그냥 내버려 두면서 마치 운명처럼 짊어진 채 가지고 있는 것입니다. 그러니 그 시간이 점점 길어지는 것입니다.

한번 생각해 보십시오. 아브라함이 당한 시험은 우리가 많이 보고 들은 내용이기에 그렇게 실감이 나지 않을지 모릅니다. 그러나 당신 자신을 아브라함이라고 생각해 보면, 이 시험은 정말 심각합니다. 여러 가지 의심과 갈등과 고통이 따르는 시험입니다. 25년 만에 아들을 낳았습니다. 잘 키워 놓으니 아이를 하나님 앞에 제물로 드리라고 요구하십니다. 목숨보다 더 사랑하는 아들을, 그것도 이제는 완전히 대를 이을 만큼 성장했는데 바치라는 것입니다. 그럴 거면 왜 주셨을까요? 주시고는 왜 또 바치라고 하시는 걸까요? 게다가 짐승처럼 잡아서 바치라니요….

과연 모리아 산에 가서 아이를 잡아 죽일 때 아이가 고분고분 따라 줄까요? 벌써 초등학교만 들어가도 아이를 이런 식으로 잡기란 쉽지 않습니다. 하물며 청소년기에 있는 장성한 이삭을 잡아 죽인다는 것은 보통 일이 아닙니다. 그런데 성경에서 보여 주는 핵심은, 아브라함이 다음 날 일찍 이 일을 시행하려고 이삭에게 장작을 둘러매게 하고 칼과 불을 들고 모리아 산으로 출발했다는 것입니다. 우리는 쉽게, "아, 아브라함이 받은 시험은 하나님이 주셨잖아요. 사탄이 준 것은 아니잖아요. 그러니까 하나님이 무슨 수를 쓰시겠지요"라고 말합니다. 그러나 시험을 받는 당사자는 엄청난 고뇌에 잠겼을 것입니다. 우리는, 이삭을 죽이면 다른 아들을 주실 거라고 생각할 수 있습니다. 그러나 인간의 마음의 결은 그렇게 단순하지 않습니다. 이삭의 자리를 다른 아들로 채운다 한들 위로가 될 수 없습니다.

아브라함은 3일째 되는 날 마침내 정상에 올랐고, 이제 이삭을 잡아 죽이려고 합니다. 정상을 향해 걷는 3일간 무슨 생각을 했을까요? '하나님, 저 도저히 못 하겠습니다' 하면서 중간에 내려가 버릴 수도 있는데, 변함없이 나아갔다는 건 그의 확고하고도 결연한 의지의 표현입니다.

시험이 주는 유익

하나님은 때로 아주 짓궂으신 듯 보입니다. 우리를 코너에 몰아넣고 어렵고 난처하게 만드시는 것 같습니다. 그러나 여기에서 우리가 알아야 할 중요한 점이 있습니다.

첫째, 어떤 시험이든지 시험은 우리를 망치는 것 같습니다. 우리의 삶에 극심한 타격을 줍니다. 시험을 좋아할 사람은 아무도 없습니다. 그러나 결코 잊어서는 안 됩니다. 하나님 안에서의 시험은 우리를 망치는 것이 아니라, 우리를 단단하고 확고하게 만들어 간다는 것입니다.

둘째, 시험은 우리를 혼란에 빠지게도 하고, 하나님을 의심하게도 하고, 하나님과 갈등하게도 합니다. 그러나 그럴수록 확실한 믿음을 갖게 합니다. 시험 없는 믿음은 힘이 없습니다. 환난이나 여러 가지 시련을 겪은 사람은 단단하고 강력해집니다. 시험 자체만 보면 실망할 수밖에 없습니다. 그러나 하나님만 바라보면 이 시험은 나를 성장시키는 강력한 동기가 된다는 것을 깨닫게 됩니다.

저도 이날까지 오면서 많은 시험이 있었습니다. 때로 사탄은 사람을 통해 시험할 때가 있습니다. 그럴 때 극한의 분노를 느끼기도 하지만, 하나님만 바라보며 이겨 낼 수 있었습니다.

시험은 우리를 혼란에 빠뜨리고 의심하고 갈등하게 하지만, 하나님의 확고한 믿음의 자리로 나아가게 합니다. 하지만 한 번으로 완벽한 자리에 설 수는 없습니다. 나아가고 또 나아가는 것입니다. 이처럼 시험은 제게 유익이 되었습니다. 육신이 연약해지는 시험으로는 하나님 앞에 기도해야 한다는 것을 배우게 되었습니다. 사람으로 인해 오는 치명적인 시험으로는 하나님을 바라봐야 한다는 믿음의 눈이 열리게 되었습니다. 엄청난 어려움을 겪으며 하나님이 주시는 위로만이 이 세상을 이기는 진정한 위로라는 것을 깨닫게 되었습니다. 우리 삶이 잔잔한 상태에 머물러 있게 되면, 신앙의 모양새는 갖추고 있으나 그 안의 내용물은 줄줄 빠져 버리고 맙니다. 우리의 믿음은 시험을 통해서 단단해져 가야 합니다.

셋째, 시험은 모든 희망을 뺏어가는 것 같습니다. 모든 게 끝났다는 생각이 들게 합니다. 그러나 아브라함은 이 시험을 통과하면서 믿음의 조상으로 온전히 서게 됩니다. 하나님이 그렇게 인정하면서 말씀하십니다. 희망을 빼앗는 것 같아도 상상할 수 없는 영광을 얻게 하십니다. 그러므로 시험 중에 있는 사람이 있다면 스스로 이렇게 말해 보십시오.

'지금 시험으로 인해 믿음이 흔들리고 고민에 빠져 있는데, 사실 많은 믿음의 사람들도 시험을 받았어. 세상에 시험당하지 않고 사는 사람은 없을 거야. 그러나 믿음의 사람들은 시험을 당할 때, 그 시험이 자기를 망치는 것이라고 보지 않고, 하나님의 능력을 힘입게 하는 기회라고 생각했어. 그래서 그 시험으로 그들의 믿음은 확고해졌지. 그들의 정신세계를 혼란스럽게 만드는 시험이었지만 오히려 그들의 믿음은 더욱 탄탄해졌어. 희망이 다 날아가는 것 같았지만, 그들을 진정한 영광의 자리로 올려 놓은 거야. 자, 그러니 나도 그렇게 하나님과 함께 이겨 낼 수 있을 거야. 기도로 힘을 내자.'

그렇습니다. 우리에게는 하나님이 계십니다. 그러니 하나님 앞에 기도함으로 이 환난을 이겨 내고, 하나님의 영광의 자리로 나아가십시오.

○ 질문

1. 아브라함에게 이삭을 바치라고 하신 것과 같은 시험이 당신에게 찾아온다면, 당신은 믿음으로 순종할 수 있습니까?

2. 하나님은 왜 이런 시험을 허락하신다고 생각합니까?

전부를 건
간절한 기도를 드리라

ㅇ
ㅇ

"밤에 일어나 두 아내와 두 여종과 열한 아들을 인도하여 얍복 나루를 건널새 그들을 인도하여 시내를 건너가게 하며 그의 소유도 건너가게 하고 야곱은 홀로 남았더니 어떤 사람이 날이 새도록 야곱과 씨름하다가 자기가 야곱을 이기지 못함을 보고 그가 야곱의 허벅지 관절을 치매 야곱의 허벅지 관절이 그 사람과 씨름할 때에 어긋났더라 그가 이르되 날이 새려하니 나로 가게 하라 야곱이 이르되 당신이 내게 축복하지 아니하면 가게 하지 아니하겠나이다 그 사람이 그에게 이르되 네 이름이 무엇이냐 그가 이르되 야곱이니이다 그가 이르되 네 이름을 다시는 야곱이라 부를 것이 아니요 이스라엘이라 부를 것이니 이는 네가 하나님과 및 사람들과 겨루어 이겼음이니라 야곱이 청하여 이르되 당신의 이름을 알려 주소서 그 사람이 이르되 어찌하여 내 이름을 묻느냐 하고 거기서 야곱에게 축복한지라 그러므로 야곱이 그곳 이름을 브니엘이라 하였으니 그가 이르기를 내가 하나님과 대면하여 보았으나 내 생명이 보전되었다 함이더라 그가 브니엘을 지날 때에 해가 돋았고 그의 허벅다리로 말미암아 절었더라 그 사람이 야곱의 허벅지 관절에 있는 둔부의 힘줄을 쳤으므로 이스라엘 사람들이 지금까지 허벅지 관절에 있는 둔부의 힘줄을 먹지 아니하더라"(창 32:22-32).

하나님과 사람이 싸우면 누가 이길까요? 이 질문의 답은 너무나 당연해서 불필요한 것처럼 보입니다. 우리는 하나님과 싸울 수 있는 대상도 될 수 없고, 버금가는 힘을 가지고 있지도 않습니다. 그런데 창세기 32장에는 "이는 네가 하나님과 및 사람들과 겨루어 이겼음이니라"(28절)라는 구절이 나옵니다. 그렇다면 하나님과 겨루어서 이겼다는 말은 무슨 뜻일까요?

야곱, 하나님의 축복을 받다

에서와 야곱은 쌍둥이입니다. 에서는 남성적이고, 힘도 세고, 사냥도 잘하는 사람이었습니다. 반면 야곱은 섬세한 성품으로, 집에서 어머니의 가사를 돕는 사람이었습니다. 야곱은 하나님의 축복을 너무 받고 싶었습니다. 하나님은 이미 야곱을 택했다고 말씀하셨으나, 약속을 꼭 받아내고야 말겠다는 욕심 때문에 음식을 준비해서 아버지에게 들어갑니다. 그리고 마치 에서인 것처럼 꾸미고 축복을 받습니다. 하나님으로부터 받는 축복이 너무나 중요했기에 그렇게 했던 것입니다. 기도함으로 하나님을 의지하고 인내하면 당연히 이뤄질 것인데도 야곱은 기다리지 못해서 그런 일을 저질러 버렸습니다.

이 일로 인해 에서가 죽이려 하자, 그는 그 길로 외삼촌 집인 하란으로 도망갔습니다. 자기 형이 얼마나 무섭고 힘이 센지를 어려서부터 너무나도 잘 알았기 때문입니다. 외삼촌인 라반도 아브라함처럼 하나의 부족을 이룬 족장과 같습니다. 에서가 군대를 끌고 온다는 것은 그런 외삼촌을 공격하는 형국이기 때문에 거기까지는 따라갈 수가 없었습니다.

어느덧 20여 년이라는 많은 세월이 흘렀습니다. 야곱은 하란에서 살았으나 더는 그곳에서 살 수 없게 되었습니다. 그래서 온 가족을 이끌고 아버지 집으로 오는데, 에서가 이 정보를 알고 야곱을 잡으러 나섰다는 것을 알게 됩니다. 20년이 넘는 원한입니다. 20년 동안 얼마나 벼르고 별렀겠습니까. 에서는 야곱 때문에 집에서 쫓겨났습니다. 모든 축복을 야곱에게 빼앗긴 그는 이제 아브라함과 이삭의 후손이 될 수도, 하나님의 택하심을 이어받을 수도 없었기 때문입니다. 그래서 그는 집을 나가 한 족속을 이루었는데, 그 족속이 바로 에돔입니다. 그 밑에는 많은 사람이 따랐고, 그는 하나의 부족을 이루어 족장이 되었습니다.

그런 에서가 자신의 군대를 이끌고 이제 야곱을 덮치겠다고 합니다. 그런데 야곱에게 군대가 있습니까, 뭐가 있습니까? 단지 그에게는 어쩌다가 맞이하게 된 아내들 그리고 많은 양과 양치기 몇 사람 정도밖에 없었습니다. 당할 수밖에 없는 공격이었습니다. 에서에게 잡히면 야곱을 향한 분노는 폭발하고 말 것이고, 결국은 죽을 수밖에 없는 상황입니다.

이제 이 얍복 강을 건너면 에서를 만나게 됩니다. 그는 그 자리에서 하나님 앞에 엎드려 기도했습니다. 야곱이 얼마나 무서웠을까요? 얼마나 에서에게 겁을 먹었던지, 온 가족을 앞세워 먼저 얍복 나루를 건너게 했습니다. 그러고는 에서가 다가오면 "에서 님, 어서 오십시오. 우리 야곱 주인님이 당신에게 이것을 드리려고 준비해 왔습니다"라고 말하라고 종들에게 시켰습니다. 그래서 에서가 기분 좋게 받아들이면 거기까지만 내어 주고, 그래도 그것을 받아들이지 않고 계속 진격해 오면, 그다음 양 떼를 이끌고 가는 종이 또 인사를 하면서, 우리 주인 야곱이 당신에게 이것을 주려 한다고, 몇 단계의 회유책을 내세워 먼저 얍복 나루를 건너게 했습니다. 얼마나 겁을 먹었는지, 정작 자신은 건너가지도 못했습니다.

야곱, 하나님과 겨루다

이러한 상황에서 성경에 나타난 대로 우연히 한 사람을 만났습니다. 뭔가 특별한 점이 있었는지, 야곱은 이 사람을 그냥 지나가는 사람이 아니라 하나님의 천사라고 본 것 같습니다. 야곱은 그를 붙들고 축복해 달라고 매달렸습니다. 밤이 새도록 "나는 떠나겠다", "축복해 주고 떠나라" 하면서 계속 실랑이를 벌였지만 끝이 나질 않았습니다. 천사는 떨쳐 버리고 갈 수가 없었고, 야곱은 이 천사를 떠나보내면 자기는 끝장이라고 생각했습니다. 결국 천사가 야곱의 허벅지 관절을 어긋나게 해 버립니다. 개역한글 성경에는 환도뼈를 쳐서 위골되게 했다고 나옵니다. 환도뼈는 엉덩이와 무릎 사이에 있는 넓적다리 뼈입니다. 발목뼈도 아니고, 무릎도 아닙니다. 이 환도뼈를 쳐 놓으니 심하게 절뚝거리면서 겨우겨우 걸어야 하는 상황이었습니다. 절뚝거리면서 달릴 수도 없고 어떻게 할 수도 없는, 치명적인 부상이었습니다.

야곱의 젊은 시절을 생각해 보십시오. 에서 대신 아버지로부터 축복을 받고 도망가서 헤브론에서부터 하란까지 달아난 사람입니다. 어쩌면 도망치는 것은 그가 가진 최고의 장기일 수도 있습니다. 야곱이 가지고 있는 계획은 무엇이었겠습니까? 전 재산과 아내들로 하여금 먼저 얍복 강을 건너게 했습니다. 그런데도 에서가 자기를 잡으러 오면 얍복 강은 쉽게 건널 수가 없으니, 그 얍복 강을 건너오는 동안에 자신은 도망가겠다는 뜻이었습니다. 그런데 환도뼈를 쳐 놓으니 혹을 떼려다가 혹을 더 붙인 셈이 된 것입니다. 이제는 도망치려야 도망칠 수도 없게 됐습니다. 모든 것이 불가능하게 된 것입니다.

하나님 앞에 기도하고 천사에게 축복을 빌었는데 왜 이 지경이 되었을까요? 어떤 때는 하나님 앞에 기도하면 건강해야 될 몸이 쇠잔해지는 경우도 있고, 또 하나님 앞에 문제를 놓고 기도하고 매달렸는데 오히려 매달리고 원했던 그 기도가 잘못되는 것 같은 느낌을 받을 때도 있습니다.

그러면 야곱이 한 기도는 잘못된 것입니까? 아예 그냥 지나가듯 가 버렸으면, 그래서 에서를 만났으면 된 것이 아닌지 생각하게 됩니다. 그러나 야곱은 치명상을 입었으나 기도의 응답을 받았습니다. 왜냐하면 '사람이 하나님과 더불어 싸워 이겼다'는 말을 듣게 되었기 때문입니다. 그래서 그 이후로는 '그의 이름을 야곱이라 부르지 않고, 이스라엘이라 불렀다'고 오늘날 성경에 기록되어 있습니다.

야곱, 간절함으로 응답을 이루다

우리가 하나님을 이길 수 있는(물론 하나님은 우리에게 지실 수도 없겠지만), 하나님이 져 주시는 유일한 방법은 기도입니다. 살려 달라는 기도, 도와 달라는 기도, 하나님이 없으면 안 된다는 기도, 이 문제를 해결해 주시지 않으면 에서를 만날 수 없다는 기도, 이제는 죽을 수밖에 없다는 기도까지, 이스라엘이라는 이름은 이렇게 처절하고 집중적으로 매달려서 했던 기도의 응답이었습니다.

우리는 야곱의 기도를 보면서 어떻게 기도해야 하는가를 알 수 있습니다. 우리는 기도할 때 우리의 문제를 놓고 하나님 앞에 아룁니다. 그러나 야곱의 기도는 그저 그런 기도가 아니었습니다. 꼭 응답받고 역사하셔야만 한다는, 그야말로 간절한 기도였습니다. 얼마나 기도를 간절하게 했으면 환도뼈까지 부러졌을까요.

결국 하나님은 어떻게 응답하십니까? 하나님은 축복하셨고, 에서와 만나는데 전혀 생각지도 못하게 너무 쉽게 화해가 돼 버립니다. 이러면 간사한 인간의 마음은 "이렇게 쉬운 걸 왜 그렇게 죽도록 기도했나?"라는 생각도 듭니다. 그러나 기도의 응답은 그런 것입니다. 어느 한쪽이 상하더라도 집중적으로 매달려서 하나님의 응답을 받아 내는 것입니다. 당신도 야곱처럼 기도해 보십시오. 하나님 앞에 매달려 응답받는 기도를 해 보십시오.

"하나님, 저 얍복 나루를 그냥 건너면 에서에게 맞아 죽어요. 주님이 저를 지켜 주시겠다고, 이 문제를 해결해 주시겠다고, 저를 인도해 주시겠다고, 저와 함께 가겠다고 약속하지 않으시면 저는 갈 수가 없어요."

야곱이 하나님을 붙들고 늘어졌듯이, 우리에게도 이렇게 붙들고 늘어지는 기도가 필요합니다. 우리도 이와 같은 기도를 드려야 합니다. 그래서 하나님이 "그래, 졌다. 네 기도에 내가 졌다. 이제 네 이름을 이스라엘이라 한다"라고 하면서 축복하시는 그 역사가 임해야 합니다.

○ 질문

1. 야곱과 같이 필사적으로 기도해 본 적이 있습니까?

2. 그 필사적인 기도에 하나님은 어떤 응답을 주셨습니까?

기도의 지팡이로
감사의 곡조를 흐르게 하라

○
○

"이때에 모세와 이스라엘 자손이 이 노래로 여호와께 노래하니 일렀
으되 내가 여호와를 찬송하리니 그는 높고 영화로우심이요 말과 그
탄 자를 바다에 던지셨음이로다 여호와는 나의 힘이요 노래시며 나
의 구원이시로다 그는 나의 하나님이시니 내가 그를 찬송할 것이요
내 아버지의 하나님이시니 내가 그를 높이리로다 여호와는 용사시
니 여호와는 그의 이름이시로다 그가 바로의 병거와 그의 군대를 바
다에 던지시니 최고의 지휘관들이 홍해에 잠겼고 깊은 물이 그들을
덮으니 그들이 돌처럼 깊음 속에 가라앉았도다"(출 15:1-5).

신앙을 가진 사람이라면 누구나 어떻게 하면 신앙생활을 잘할 수 있을지 고민하게 됩니다. 하나님을 믿으면서도 은혜를 베풀어 주실지 말지 관심도 없이 적당히 가겠다고 생각한다면, 이는 하나님 앞에 일종의 불경죄입니다. 전능하신 하나님 앞에서는 전능하신 은혜를 힘입고자 하는 것이 당연하기 때문입니다. 전능하신 하나님 앞에서 작고 미미한 은혜만 구하는 것은 우리가 믿는 대상인 하나님을 무시하는 처사입니다.

어떻게 해야 하나님을 잘 믿을 수 있을 것인지를 고민하는 사람이라면 당연히 기도를 통해 하나님 앞에 더 좋은 사람으로 서기 위해 노력하면서 인도하심을 받아야 합니다. 누구에게나 새벽은 오며, 또 누구나 새벽이 지나면 아침을 맞습니다. 우리에게 어두운 밤이 있어도 하나님이 우리를 인도하실 것이며, 하나님을 의지하고 적극적으로 새벽을 맞이하는 신앙, 새벽을 깨우는 신앙의 삶을 살겠다는 각오가 있어야 합니다. 그러므로 믿음의 대상만큼 중요한 것은 '어떻게 믿는가'입니다. 이는 하나님 앞에 가져야 할 신앙의 태도와 연결되어 있습니다.

홍해를 건너는 기적을 경험하다

모세는 이스라엘 백성을 이끌고 홍해를 건넜습니다. 정말 놀라운 일이 아닐 수 없습니다. 홍해를 건너는 그 어려움을 경험한 것입니다. 하나님의 일을 한다는 것은 이처럼 막중하고도 힘든 일입니다. 모세는 젊었을 때 하나님을 위해 일하려는 열망을 가졌으나 완전히 무산되어 미디안 광야에서 목자 생활을 합니다. 그러다 하나님은 그의 나이 80세에 자기 민족을 구해 내라는 사명을 주십니다. 처음에는 자신의 나이가 이제 80이라며, 무슨 일을 할 수 있을지 의심합니다. 일전에 그가 애굽의 왕자였을 때는 사람들이 따를 근거라도 있었지만, 이제는 미디안 광야에서 40년이 지났으니 그를 기억할 사람도 별로 없습니다. 또 이스라엘 백성이 보기에도 "그럼 끝까지 우리와 함께 있었어야지, 혼자 살려고 도망갔던 네가 이제 와서 무슨 수로 우리를 구원하겠다는 말인가?" 하며 배척할 게 뻔하니 부담스러운 것입니다.

수많은 우여곡절 끝에 모세를 지도자로 삼고 그들은 출애굽을 감행합니다. 그러나 순조롭게 됐습니까? 여러 가지 어려운 일을 겪게 되고, 바로 또한 이스라엘 백성을 내보내자마자 후회하며 병거를 보내 뒤쫓습니다. 이스라엘 백성은 바로의 병사들을 보며 죽음의 공포에 사로잡혔을 것입니다. 게다가 그들이 도착한 곳은 홍해였습니다. 그들은 엄청난 위기를 느꼈습니다. 앞으로 걸어가면 물에 빠져 죽게 되고, 되돌아가면 다시 애굽의 노예가 되어 짐승 같은 삶을 살아야 합니다. 도망친 자들이 잡혀 왔으니 얼마나 많은 희생자가 생기겠습니까. 이렇게도 저렇게도 할 수 없는 상황입니다.

그때 모세가 기도하자 하나님은, '손을 내밀어 홍해를 향해 가리키라'고 명령하십니다. 하나님 말씀대로 모세가 손을 내밀어 가리켰더니 홍해가 갈라졌습니다. 그리고 그 사이를 이스라엘 백성들이 지나가게 되었습니다.

우리는 단순하게, '와, 갈라졌으니까, 이제 막 신기한 걸 봤으니까 이제는 그 길로 당당하게 걸어갈 수 있겠구나'라고 생각하지만, 뒤에는 바로의 군대가 쫓아오고, 갈라진 물은 넘실거리면서 양옆에 길을 터놓고 있어 언제 다시 합쳐질지 모릅니다. 만약에 합쳐진다면 그들은 바로 수장되고 마는 것입니다. 광야에서 그렇게 불평하던 사람들이 이 광경을 보고 좋다고 즐겁게 지나겠습니까? 하지만 그들은 그곳을 지나갔습니다. 바로의 군사들이 그들의 발 뒤끝까지 따라왔지만 이스라엘 백성 모두가 홍해를 건너 육지에 발을 대자마자 순식간에 둘로 갈라진 바다가 합쳐져 버렸습니다.

이런 현상이 벌어진다는 것 자체가 너무나 놀라운 일이었지만, 하나님이 하시는 일을 직접 경험한 이스라엘 백성에게는 이때만큼 긴장되고, 이때만큼 놀라고, 이때만큼 환상적이며, 이때만큼 강력한 힘을 경험한 적은 없었을 것입니다. 그래서 이 기적 이후에 모세가 "여호와는 나의 힘이요 노래시며 나의 구원이시로다 그는 나의 하나님이시니 내가 그를 찬송할 것이요 내 아버지의 하나님이시니 내가 그를 높이리로다 여호와는 용사시니 여호와는 그의 이름이시로다"(출 15:2-3)라고 노래합니다.

서두에 물었던 질문이 '우리는 어떻게 하면 하나님을 잘 믿을 수 있을까?'였습니다. 바꿔 말하면, '어떻게 하면 모세처럼 이런 찬양을 부를 수 있을까?'입니다. 이런 찬양의 고백이야말로 우리가 바라는 신앙의 모습이 아니겠습니까? 다윗의 시는 어려움 속에서도 하나님이 인도하실 것을 생각하며 미리 찬송하는 경우가 많습니다. 그런데 모세는 엄청난 하나님의 역사를 경험하고 난 다음에 찬양합니다. 그냥 있을 수 없는 찬양입니다. 이런 은혜를 입은 사람이 그냥 가만히 놀라기만 했다면 너무 안타까운 일이 아닐 수 없을 것입니다. 얼마나 하나님의 놀라운 역사가 있었는지 찬양하는 것이 당연하지 않겠습니까?

기도와 승리, 찬양을 위한 전제 조건

그러면 우리는 어떻게 모세가 이런 찬양을 할 수 있게 되었는지를 알아봐야 합니다. '나는 이제부터 찬양하기로 했어. 나는 하루에 세 번씩 하나님에게 찬양을 올릴 거야'라고 결심하는 것도 나쁘지는 않습니다. '나는 하루에 세 번씩 하나님 앞에 엎드려 기도하기로 했어'라는 결정도 훌륭합니다. 하지만 '나는 세 번 기도하기로 작정했는데, 저 사람은 기도도 안 해'라는 식으로 나가면 율법주의적인 태도입니다. 열 번, 혹은 스무 번을 기도하면 좋을 것입니다. 하지만 스무 번을 기도하기 위해 직장에 나갈 시간이 없다면 문제가 됩니다. 하나님은 우리에게 맡겨진 일을 성실하게 이루어 가면서 하나님 앞에 기도하는 것을 기뻐하십니다.

하나님 앞에 기도하는 시간을 갖는 것은 매우 중요한 일입니다. 모세가 이 놀라운 찬송을 하나님 앞에 드릴 수 있었던 첫 번째 조건은 자기자신을 드렸기 때문입니다. 자신을 드리지 않았는데 찬송이 나오기란 불가능합니다. 우리는 입으로의 신앙은 가지고 있지만, 자신을 하나님 앞에 드리는 신앙은 갖지 못할 때가 있습니다. 하나님이 기뻐하시는 일을 해 보십시오. 가만히 있는 것이 하나님이 기뻐하시는 일이라면 가만히 있기도 하고, 어떤 일에 대해서 다툼을 말리는 것이 하나님이 기뻐하시는 일이라면 그렇게 해 보십시오. 하나님이 기뻐하시는 것은 나 자신을 드리는 것입니다. 적당하게 요령과 지혜를 가지고 살아가는 것이 아니라, 세상에 나가서도 성실하게 최선을 다하는 모습을 기뻐하십니다.

헌신에는 위기가 옵니다. 모세는 그의 인생을 하나님 앞에 드렸습니다. 그러면 하나님이 모세에게 승승장구하는 역사와 은혜를 베풀어 주셔야 하지 않습니까? 그런데 열 가지 재앙에 온갖 어려움을 다 겪으며 이스라엘 백성을 겨우 이끌어 왔는데, 도착한 곳이 홍해 앞이었습니다. 어쩔 수 없는 길이었을 수 있습니다. 너무 서두르다 보니 그렇게 왔을 수도 있습니다. 그러나 모세가 아무렇게나 한 판단은 아니었으리라고 봅니다. 홍해는 미디안 광야를 끼고 있기 때문에 모세가 그쪽 지리를 모를 리 없습니다. 아마도 가려던 그 길이 차단되었거나, 너무나도 급한 나머지 그렇게 올 수밖에 없었던 듯합니다.

하나님의 면류관은 결코 싸구려로 던져지지 않습니다. 위기에 봉착합니다. 나 혼자라면 혼자 죽으면 끝납니다. 하지만 가족을 데리고 있으면 가족 모두가 고통당해야 합니다. 이스라엘 민족 모두를 이끌고 있으면 온 이스라엘의 비난을 받아야 합니다. 그는 절체절명의 순간 하나님 앞에 기도를 붙들지 않을 수 없었습니다. 아마 이런 기도를 드리지 않았을까 생각합니다.

'하나님, 우리는 도저히 홍해를 건널 수가 없으니, 하늘에서 불을 내리시든지 저 바로의 마음을 돌이키시든지, 아니면 열 가지 재앙 중에서 한 가지 재앙을 한 번 더 내리시든지 해서 저 사람들의 마음을 돌이키게 해 주시옵소서.'

그의 기도를 들으신 하나님은 우리 시각으로 봤을 때 말도 안 되는 지시를 내리십니다. 홍해를 가리키라고. 그리고 모세가 그 명령에 순종해서 가리키자 홍해가 가라지고 그 사이로 건너가게 된 것입니다. 이런 스릴, 위기에서 벗어남, 이것까지도 역사하시는 하나님을 보았을 때 찬양이 터져 나오지 않을 수가 없는 것입니다.

우리가 이런 찬양이 있는 삶을 살기 위해서는 잊지 말아야 할 것이 있습니다. 하나는, 나 자신을 하나님 앞에 드리는 것입니다. 하나님의 뜻 앞에 내놓으라는 것입니다. 그러나 하나님 앞에 자신을 내어 놓는 것은 끝이 아니라 시작입니다. 하나님이 나를 쓰시는 길이 있는데, 그 길을 갈 때는 영광을 얻기 전에 반드시 위기가 봉착합니다. 위기란 피하는 것이 아니라, 역전시키는 것이 하나님의 뜻입니다. 그러므로 모든 어려움에서 하나님의 능력을 힘입어, 우리 가슴 깊은 곳에서부터 하나님을 향한 찬양이 터져 나오는 삶을 살기를 날마다 소망해야 할 것입니다.

○ 질문

1. 당신의 마음속에서 찬양이 터져 나올 때는 언제입니까?

2. 당신은 위기 상황을 기도로 극복한 경험이 있습니까?

05 옷니엘의 잘못을 인정하는 기도

돌이킬 때
돌아옴의 기쁨이 회복된다

◦
⚇

"이스라엘 자손이 여호와의 목전에 악을 행하여 자기들의 하나님 여호와를 잊어버리고 바알들과 아세라들을 섬긴지라 여호와께서 이스라엘에게 진노하사 그들을 메소보다미아 왕 구산 리사다임의 손에 파셨으므로 이스라엘 자손이 구산 리사다임을 팔 년 동안 섬겼더니 이스라엘 자손이 여호와께 부르짖으매 여호와께서 이스라엘 자손을 위하여 한 구원자를 세워 그들을 구원하게 하시니 그는 곧 갈렙의 아우 그나스의 아들 옷니엘이라 여호와의 영이 그에게 임하셨으므로 그가 이스라엘의 사사가 되어 나가서 싸울 때에 여호와께서 메소보다미아 왕 구산 리사다임을 그의 손에 넘겨주시매 옷니엘의 손이 구산 리사다임을 이기니라"(삿 3:7-10).

이 세상의 운명은
우리의 기도에 따라서 작정될 것이다.

프랭크 루박(Frank Laubach)

우리가 살펴보고자 하는 사람은 옷니엘입니다. 어떤 의미에서는 옷니엘이라는 사람의 이야기라기보다는 이스라엘 백성의 이야기입니다. 이스라엘 백성이 마침내 가나안 땅에 들어왔습니다. 들어온 세대는 이제 끝나고 다음 세대가 열린 것입니다.

여호수아와 갈렙, 이들은 이스라엘 백성을 이끌고 가나안 땅에 들어왔습니다. 그러나 여호수아와 갈렙은 그 시대의 사람이 아닙니다. 출애굽 세대인 모세 시대의 사람입니다. 모세와 함께 출애굽했던 사람들은 가나안 땅에 들어가는 것에 대해 불신했기 때문에 하나님이 그들을 다 광야에서 죽게 하셨습니다. 38년 동안 광야를 계속 배회하게 하면서 세대교체를 시키신 것입니다. 불신이 이렇게 무섭습니다. 하나님은, '믿지 못하는 자는 가나안 땅에 들어오지 말라'고 하셨습니다.

여호수아와 갈렙은 고령의 지도자입니다. 그럼에도 그들은 이스라엘 민족을 이끌고 가나안 땅에 들어왔습니다. 그들은 가나안의 부족들을 몰아내고 새로운 삶의 터전을 마련했습니다. 하나님이 우리에게 보여주시는 것이 이것입니다. 모든 전쟁은 사람의 힘이 아니라 하나님의 전능하신 손길에 있는 것이라고 보여 주는 중요한 모본인 것입니다.

하나님에게서 돌아서다

여호수아와 갈렙을 기준으로 두 세대가 되었을 때입니다. 가나안에 들어온 지 30-40년쯤 됐다고 볼 수 있습니다. 이는 짧게 볼 수도 있고 길게 볼 수도 있는 시간입니다. 이 기간 동안 그들은 주변에 있는 부족들과 통혼하기 시작했습니다. 우리나라는 오랫동안 단일민족으로 살아왔기에 어쩌면 쉽게 이해되지 않을 수도 있습니다. 하지만 이스라엘이나 다른 나라의 경우에는 한 마을에도 여러 부족들이 섞여 삽니다. 그렇게 서로 얽히면서 통혼을 했던 것입니다.

하나님은 이스라엘 백성이 가나안 땅에 들어갈 때 가장 먼저 통혼하지 말 것을 명하셨습니다. 이방 사람들은 모두 우상을 섬겼는데, 통혼을 하게 되면 그들이 자기 우상을 가지고 옴으로써 그것이 이스라엘 백성에게까지 전파되기 때문입니다. 그러면 우리는, '아니, 아무리 우상을 믿는 사람이라도 믿는 가정에 들어오면 바꿔 놓아야 진짜 능력 있는 하나님이 아닌가?'라고 생각합니다. 하지만 하나님은 그런 부분을 강압적으로 이끌지 않으십니다. 하나님은 인간에게 자유 의지라는 것을 주셨고, 아직까지 이 땅에는 사탄이 역사하는 대로 내버려두고 계시는 상황입니다.

사람은 태생적으로 죄성을 가지고 태어나기에 죄에 가까운 쪽을 쉽게 배우게 되어 있습니다. 마치 아이를 낳아서 키워 보면 어린아이가 욕이나 이상한 소리부터 쉽게 배우는 것처럼 말입니다. 그래서 하나님이 이방인과의 결혼을 반대하셨던 것입니다. 사실 하나님은 아브라함의 혈통이 순수했기 때문에 그의 후손들을 선택하신 것이 아닙니다. 하나님이 택하셨기 때문에 그들이 택한 민족이 된 것입니다.

우리도 다를 바 없습니다. 성격이 다양한 우리를 하나님이 택하셨기 때문에 가치 있는 것이지, 우리의 혈통이 좋아서 택하신 것이 아닙니다. 우리가 예수 그리스도를 믿었기에 그 안에서 그리스도의 혈통을 얻게 된 것입니다.

하나님은 그들이 신앙의 혈통을 순수하게 이어 가기를 원하셨으나, 가나안 땅에서 형편이 조금 나아지고 적당히 살 만하게 되니 세상을 향해 시선을 돌리고 그들과 함께 어울리면서 통혼까지 하게 되었습니다. 이는 이미 하나님이 예언하셨던 부분이기도 합니다. 가나안에 들어온지 몇 십 년밖에 안 지났는데, 그들은 통혼으로 들어온 바알과 아세라상을 섬기게 된 것입니다.

그런데 문제는, 하나님은 싹 잊어버리고 오직 바알과 아세라를 섬겼다는 것입니다. "이스라엘 자손이 여호와의 목전에 악을 행하여 자기들의 하나님 여호와를 잊어버리고 바알들과 아세라들을 섬긴지라"(삿 3:7). 어떻게 이런 일이 일어났을까요? 하나님은 눈에 보이지 않지만, 바알과 아세라상은 형상을 가지고 있기에 눈에 들어왔습니다. 이스라엘 백성은 그들을 쉽게 따라했고, 저질스런 우상 숭배의 의식에 쉽게 적응하기 시작했습니다. 우상 신전과 아세라상이나 바알상을 섬기는 그 행위가 재미있어 보였던 것입니다.

하나님 앞에 배은망덕하고 하나님의 말씀을 얼마 안 돼서 잊어버린

이 사람들에게 하나님의 진노가 임할 수밖에 없습니다. 이럴 때는 아무리 이야기해도 그 이야기가 귀에 들어오지 않습니다. 하나님은 진노하시어, 메소포타미아에 있는 구산 리사다임이라는 왕을 통해 가나안 땅을 공격하게 하셨습니다. 결국 그들은 8년 동안 구산 리사다임의 통치를 받게 됩니다. 너무나 어려운 시련이 닥친 것입니다. 조공을 바쳐야 했고, 지속적인 약탈과 폭정에 시달려야 했습니다. 완전히 폭군처럼 떼를 지어 와 괴롭히니 너무도 힘들고 어려웠습니다.

회개하는 백성과 용서하시는 하나님

그들은 다급한 마음으로 하나님을 찾았습니다. '아, 우리가 하나님을 떠났기 때문에 이런 일이 벌어진 것이다.' 이제 깨달은 것입니다. 그래서 하나님 앞에 와서 부르짖어 기도합니다. "이스라엘 자손이 여호와께 부르짖으매"(삿 3:9). '아이고, 하나님. 이대로는 도저히 못 살겠습니다. 우리 좀 살려 주십시오. 우리가 잘못했습니다. 우리를 회복시켜 주십시오'라고 부르짖었을 것입니다.

그러자 하나님은 갈렙의 손자 옷니엘이라는 사람을 세워 구산 리사다임과 전쟁을 치르게 하셨습니다. 그리고 옷니엘의 승리로 가나안에는 평화가 다시 찾아옵니다. 어떻게 보면 하나님은 정말 속도 넓으시다는 생각이 듭니다. 우리 같으면 한 대 때리고 용서를 하든지 말든지 할 것 같은데, 하나님은 이스라엘 백성이 잘못을 구하고 도와달라고 할 때마다 도와주고 또 도와주십니다.

자녀를 키우면서 하나님의 인도하심을 받다 보면, 우리도 하나님의 형상을 지녔지만 하나님을 흉내조차 낼 수 없음을 발견하게 됩니다. 하나님의 자비는 이렇게 큰 것입니다. 사탄은 참 묘하게도 내가 죄를 짓기 전에는 그런 것에 대해서 일절 생각하지 못하게 합니다. 내가 좋아하는 쪽만 계속 보도록 해서 그것이 없으면 마치 죽을 것처럼 유혹하며 끌고 갑니다. 그런데 내 마음이 정신을 차려 잘못됐다는 것을 생각하고 뭔가 회개하려 하면 사탄은 또 기가 막히게 우리의 양심을 건드립니다. 이미 지나간 일에 대해 양심을 건드리는 것입니다.

'너 기도 많이 했잖아. 잘못했다는 그 소리를 한두 번 했냐? 또 잘못했다고 하면 그게 통할 것 같아?'라고 협박합니다. 또 '너 지금도 잘못했다고 하면서 얼마 안 있다가 다시 죄지을 거 아니야?'라고 몰아세웁니다. 또 '네가 잘못한 게 많은데 그게 기도한다고 되냐?'라고 불안감을 조성하며 '야, 너도 양심이 좀 있어야지. 어려울 때만 기도하고 아닐 때는 기도 안 하고, 특별 새벽 기도나 겨우 나오고 아닐 때는 코빼기도 안 비치고 말이야. 늘 그런 식으로 해서 기도가 되겠냐?'라고 의욕을 꺾어 버리기도 합니다. 다 사탄의 농간입니다.

우리가 죄악된 행위를 하기 전에는 양심을 건드리지 않습니다. 그러나 죄를 짓고 하나님 앞에 바로 돌아오려 하면 어떻게 그렇게 양심적인 사람이 되는지…. 그래서 스스로 '나는 맞아 죽어도 싸다'라고 자책하게 만듭니다.

여기에서 잊지 말아야 할 것은, 정말 하나님 앞에 면목이 없어도 기도해야 한다는 것입니다. 면목이 없어도 기도해야 풀리지, 기도하지 않으면 풀리는 게 없습니다. 면목이 없다 하고 미안해하는 그 자체만으로도 양심적인 것처럼 보입니다. 그러나 잘못했다고 기도하며 하나님 앞에 매달리는 그 행위야말로 하나님을 기쁘시게 하는 것입니다. 회개하고 또 회개하면 회개할 일이 줄어듭니다. 그러나 회개하지 않고 있으면 사람만 경직되고 점점 안 좋아지는 쪽으로 가게 됩니다.

대부분의 성도는 기도하는 기쁨을 알고 있습니다. 또 기도하면 하나님이 응답하실 거라는 기대감을 가지고 있습니다. 물론 이스라엘 백성처럼 우리가 기도하면 과연 기도를 들어주실 것인지 의구심을 가진 사람들도 있을 것입니다. 답은 그래도 기도해야 한다는 것입니다. 오늘 죽을 짓을 했다 할지라도, 죽어 마땅하다 할지라도 기도해야 합니다. 열심히 기도하십시오. 하나님의 인도하심이 당신에게 임할 것입니다.

○ 질문

1. 당신으로 하여금 기도하지 못하게 하는 사탄의 전략은 무엇이라고 생각합니까?

2. 돌이켜 회개하는 자에게 허락하시는 하나님의 은혜를 당신은 경험한 적이 있습니까?

믿음의 확신이
기도 응답의 첫걸음이다

○
○

"기드온이 하나님께 여쭈되 주께서 이미 말씀하심같이 내 손으로
이스라엘을 구원하시려거든 보소서 내가 양털 한 뭉치를 타작마당
에 두리니 만일 이슬이 양털에만 있고 주변 땅은 마르면 주께서 이
미 말씀하심같이 내 손으로 이스라엘을 구원하실 줄을 내가 알겠나
이다 하였더니 그대로 된지라 이튿날 기드온이 일찍이 일어나서 양
털을 가져다가 그 양털에서 이슬을 짜니 물이 그릇에 가득하더라 기
드온이 또 하나님께 여쭈되 주여 내게 노하지 마옵소서 내가 이번만
말하리이다 구하옵나니 내게 이번만 양털로 시험하게 하소서 원하
건대 양털만 마르고 그 주변 땅에는 다 이슬이 있게 하옵소서 하였
더니 그 밤에 하나님이 그대로 행하시니 곧 양털만 마르고 그 주변
땅에는 다 이슬이 있었더라"(삿 6:36-40).

기도는 끊임없이 쏟아져 나오는 끊임없는 사랑의 응답이며,
모든 영혼을 인도하시는 하나님과 사귀는 길이다.

더글라스 V. 스티어(Douglas V. Steere)

이스라엘 사람들이 가장 좋아하는 인물은 다윗입니다. 그들의 국기에
그려져 있는 별도 다윗의 별입니다. 그런데 다윗 다음으로 좋아하는 인
물이 있다면 기드온입니다. 이스라엘 사람들은 기드온을 굉장히 좋아
합니다.

세계적으로 미국의 CIA와 러시아의 KGB, 영국의 M16과 함께 이스
라엘의 모사드를 세계 4대 첩보 기관이라 하는데, 그중 최고의 첩보 기
관으로 모사드를 꼽습니다. 어떻게 인구도 많지 않은 이 작은 나라가
세계 최고의 첩보 기관을 가지고 있을까요? 첩보 기관이 하는 일은 우
리가 짐작하는 것들입니다. 다른 국가나 테러리스트의 정보를 수집해
서 적절한 대응을 하는 것입니다. 이는 군사적으로나 사회적으로, 혹은
경제적으로 무척 중요한 일입니다. '모사드'라는 말은 기관이나 모임을
설치하다(institute)라는 단어의 히브리어입니다. 대통령의 직속일 만큼
엄청난 영향력을 지닌 기관이기도 한 이 모사드의 별칭이 '기드온의 스
파이'입니다. 여리고 정탐꾼이 모태가 되어 '기드온의 스파이 정탐꾼'이
라고 하는 것입니다. 소수의 정예원으로 거대한 미디안 군사들과 싸워

이겼다는 데 의미를 둔 것 같기도 합니다. 이들은 잠언 11장 14절의 "지략이 없으면 백성이 망하여도 지략이 많으면 평안을 누리느니라"라는 말씀을 지침으로 삼는다고 합니다.

표적을 구하는 기드온

기드온 당시에 미디안과 주변 나라들이 연합해서 이스라엘을 치러 왔습니다. 전쟁은 백전백패일 것이 분명했습니다. 바로 항복하고 속국이 될지, 아니면 한번 싸워 보기라도 해야 할지 위기 상황에 놓여 있었습니다. 그때 하나님이 기드온을 불러 그에게 전쟁을 명하십니다.

기드온은 깜짝 놀랐습니다. 사실 그에게는 두려움이 있었습니다. 아무리 생각해 봐도 이길 수 없는 전쟁이었기 때문입니다. 이길 수 없는 전쟁이 아니라, 거기 가면 죽을 것이 분명했습니다. 게다가 아무리 자신을 돌아봐도 전쟁을 이끌 만한 지도자의 요소는 물론, 어떤 대비책도 없었습니다. 그가 이스라엘 백성 앞에 나서서 모이라고 한들 모일 리도 없고, 오히려 어설프게 항거하다가 비참하게 죽을 게 뻔했습니다. 그래서 하나님에게 자신은 절대 할 수 없다고 말합니다. 그러다 이래 죽으나 저래 죽으나 죽기는 매한가지일지도 모른다는 생각이 들었던지, 그는 하나님 앞에 이렇게 요구합니다. '제가 마당에 양털을 두겠습니다. 그런데 양털에만 이슬이 내리고 그 주변에는 이슬이 맺히지 않게 해 주십시오. 그러면 하나님이 제게 주신 사명이라는 것을 믿겠습니다.' 하나님은 좋다고 하셨습니다.

다음 날 아침, 일어나 보니 그 양털 뭉치에는 이슬이 내려 있는데 주변에는 전혀 이슬이 내려 있지 않았습니다. 양털은 물을 빨아들입니다. 주변에 이슬이 있으면 그 양털은 축축해지기 마련입니다. 그런데 다른 데는 말랐는데 양털만 축축해서 짜 보니 그릇 가득 물이 찼습니다. 그냥 이슬이 맺힌 정도가 아니라 물에 적신 듯 흠뻑 젖었던 것입니다. 물을 묻혀 놓은 것과 이슬이 맺힌 것은 전혀 다릅니다.

그런데 그것도 미덥지 못해 그날 밤 하나님 앞에 한 번 더 기도를 드립니다. '하나님, 내일은 주변에는 전부 이슬이 내리고 양털에만 이슬이 내리지 않게 해 주십시오.' 주변에 이슬이 내리면 양털은 당연히 이슬을 빨아들일 수밖에 없습니다. 양털만 뽀송뽀송하게 있다는 것은 불가능한 일입니다. 만약 그렇다면 하나님의 뜻이라는 것입니다. 그리고 다음 날, 기드온이 요구한 대로 되었습니다. 그러자 기드온은 확신에 차서 이스라엘 백성을 불러 모읍니다.

여기서 한 가지 생각해 봐야 할 것이 있습니다. 우리는 기드온을 생각하면 300명의 용사가 13만 5천 명의 대군을 물리쳤다는 것을 기억합니다. 이것은 꿈도 꿀 수 없는 일입니다. 다윗 한 사람이 골리앗 한 사람을 물리친 것보다 더 불가능한 일이었습니다. 그런데 그 위대한 일은 그가 하나님 앞에 자신을 사용하시겠다는 증거를 보여 달라고 기도하는 것으로부터 시작됩니다.

나의 가능성이 아닌 하나님의 뜻을 따르라

기드온이 이제 이스라엘 백성을 불러 모읍니다. 모으니까 3만 2천 명이 되었습니다. 그런데 하나님은 기드온을 통해, 겁이 나고 두려운 사람은 집으로 돌아가라고 말씀하십니다. 그러자 절반 이상이 돌아가 버립니다. 2만 2천 명이 돌아가고 1만 명만 남았습니다. 아마 기드온의 가슴이 철렁 내려앉았을 것입니다. 3만 2천 명을 다 데리고 가도 승산이 없는데, 절반 이상이 가 버렸으니 말입니다. 그런데 더 문제는, 하나님은 이것도 많다고 하시는 것입니다. 안 그래도 가슴이 조이는데 이것도 많다고 하시면 어떻게 해야 할까요.

기드온은 그들을 물가로 데리고 가 물을 마시게 합니다. 이스라엘은 물이 귀한 나라입니다. 고된 훈련을 마친 그들을 데리고 물가로 내려가자 물을 마시는 모습이 그야말로 제각각입니다. 물속으로 풍덩 들어가 무릎까지 잠긴 채 얼굴을 물에 처박고 마시는 사람이 있는가 하면, 두 손으로 정신없이 떠 마시는 사람, 그들과는 달리 조심스레 손으로 물을 떠 마시는 사람도 있습니다. 기드온은 이들을 따로 구분합니다. 얼굴을 그대로 처박고 마시면 탈락, 손으로 퍼서 마시면 합격인데 미리 가르쳐 주지 않았습니다. 그렇게 합격한 사람을 골라 놓으니 300명입니다. 그런 차이를 두고 옳고 그름을 단정할 수는 없으나, 전쟁을 앞둔 사람으로서 합당한 마음가짐이 있는지를 본 것입니다. 기드온은 9천 7백 명까지 함께 전쟁을 치르고 싶었을 것입니다. 하지만 하나님은 오히려 그들을 다 돌려보내라고 하십니다.

'너희 생각과 내 생각은 다르다. 너희는 숫자가 많아야 미디안을 이길 수 있다고 생각하지만, 그렇지 않다. 내가 원하는 사람은 믿고 하나님 앞에 자신을 드리고자 하는 자다. 그런 자에게 승리를 줄 것이다.' 이것이 하나님의 뜻이었습니다.

우리는 가능성이 많은 것을 놓고 기도할 때, '그래도 이 정도의 가능성을 가지고 기도하면 하나님이 훨씬 잘 들어주실 거야'라고 생각합니다. 전혀 가능성이 없는 것은 기도도 잘 하지 않습니다. 하지만 가능성이 있는지 없는지가 문제가 아니라, 하나님의 뜻인지 아닌지가 문제입니다. 필연성의 문제입니다. 하나님은 한 명만 가지고도 엄청난 대군을 물리치십니다. 그것이 하나님의 방식입니다.

기도하고 행동하는 믿음을 가지라

양털에만 이슬이 맺히거나 맺히지 않게 해 달라는 기도가 어렵습니까, 300명을 데리고 미디안 군사와 전쟁을 치르는 것이 어렵습니까? 당연히 300명으로 전쟁을 하는 게 더 어렵습니다. 제가 이야기하려는 핵심이 바로 이것입니다. 우리는 하나님 앞에 기도를 던져 놓은 채 일상생활에서는 그 기도를 동기로 삼아 실천하거나, 그 기도를 삶을 통해 이루려 하지는 않는다는 것입니다.

우리는 기드온을 생각할 때 전쟁에서 이긴 결과만 생각할 뿐, 어떻게 그 전쟁에서 이겼는지는 생각하지 않습니다. 그가 용사가 되어 사람들을 이끌 수 있는 시발점은 기도였습니다. 그러나 그의 승리를 이끈 것은 기도만이 전부가 아니었습니다. 기도를 통해 확신을 얻은 뒤에는 하나님의 뜻에 따라서 행했습니다. 기도는 행동하지 않기 위해 하는 것이 아니라 행동으로 옮기기 위해 하는 것입니다. 이것이 기드온을 통해서 배워야 할 교훈입니다.

우리는 교회에 나와서 거룩한 하나님의 말씀을 듣습니다. 그러나 교회 밖으로 나간다고 말씀을 잊어버려도 되는 것은 아닙니다. 그 말씀을 실행에 옮겨야 합니다. 우리는 거룩의 영역과 세속의 영역을 구분하는데, 하나님은 그 속된 세상에서 거룩한 사람으로서의 의무를 다하라고 하십니다. 이것이 하나님의 뜻입니다. 기드온에게 어떤 것이 더 쉬웠느냐 묻는다면 아마도 "나야 몇 날 며칠 앉아서 기도하는 것이 훨씬 쉬웠지. 어떻게 300명만 데리고 전쟁을 하라고 하시냐고. 나 그때 죽는 줄 알았어"라고 대답할 것입니다.

기드온과 300명의 용사가 적진에 잠입한 그 밤, 기드온은 우연히 미디안 군인 중 한 사람이 옆의 친구에게 자신의 꿈에 대해 말하는 것을 듣게 됩니다. 그 꿈은 보리빵 한 덩이가 힘차게 굴러와 장막을 쳐서 무너뜨리는 것이었습니다. 그러자 듣고 있던 군사가 "이는 기드온의 칼이네. 하나님이 미디안의 진을 몽땅 그의 손에 넘기신 것이네"라고 말합니다. 그 말을 엿들은 기드온은 이 전쟁이야말로 하나님의 역사라는 확신을 가지고 나아갑니다.

그는 300명 모두에게 횃불을 넣은 항아리를 숨긴 채 적진으로 들어가게 합니다. 신호와 함께 일시에 항아리 깨지는 소리가 요란하더니 횃불이 확 나오는 것입니다. 그 소리에 놀란 나머지 적들이 서로를 마구 찔러 몰살하고 맙니다. 성공했기에 망정이지, 독 깨고 횃불 흔들고 소리 지르다가 잡혔다면 300명은 그대로 죽고 말았을 것입니다. 어떻게 보면 미친 짓이 아닐 수 없습니다. 그런데 그게 하나님의 뜻이라고 하니 따른 것입니다.

이런 비슷한 상황은 많습니다. 이스라엘 백성에게 우리는 이렇게 말합니다. "당신들 말이야, 광야에서 걸어가면서 하나님을 원망했지? 내가 만약 홍해가 갈라지는 기적을 직접 봤다면 광야를 걸어가더라도 당신들처럼 그렇게 쩨쩨하게 하나님을 시험하고 욕하고 원망하는 짓은 안 했을 거야." 우리는 앉아서 이렇게 비판합니다. 그러나 그들은 이렇게 대답할 것입니다. "홍해가 갈라지는 것은 하룻밤이었지만, 광야는 38년 이상이었어. 너도 당해 보면 그런 말 못 할 거다."

결국 하나님의 역사나 하나님에게 드리는 기도는 마침표가 아니라, 하나님의 영광을 드러내기 위한 동기와 시작에 불과합니다. 오늘 하나님 앞에 나아와 열심히 기도한 뒤, '이제는 하나님이 알아서 해 주시겠지' 하고는 랄랄라 노래하며 가는 게 아니라는 것입니다. 기드온을 보면서 우리는 이렇게 적용해야 합니다. '오늘 하나님 앞에 기도했으니, 이제는 하나님을 붙들고 나가서 하나님과 함께 일을 해낼 것이다.' 이것이 우리의 기도가 되어야 합니다.

기도는 끝이 아니라 시작입니다. 오늘 하나님 앞에 기도했다면, 우리의 마음속에 역사하시는 하나님의 그 조그마한 구름을 붙잡고 갈멜 산으로 올라가야 합니다. 하나님의 놀라운 역사를 일으키기 위해 삶 가운데 우리 자신을 드리는 것입니다.

인간에게는 두려움이 있습니다. 기드온도 마찬가지였습니다. 그러나 하나님을 믿고 용기 내어 도전하면, 하나님이 역사해 주십니다. 이 믿음을 가지는 것이 바로 '기드온의 믿음'입니다. 어쩌면 당신은 기드온처럼 13만 5천 명이나 되는 미디안의 군대 앞에 서게 될지도 모릅니다. 그러나 하나님이 함께하신다면, 또 하나님을 의지하고 나아간다면 이길 수 있습니다. 우리는 그 하나님을 믿고 간구해야 합니다. 그렇게 하나님이 건져 내시고, 할렐루야 찬송을 부르며 영광을 거두시는 승리의 순간이 당신의 삶에 찾아오기를 날마다 기도하십시오.

○ 질문

1. 두려움 앞에서 당신은 가장 먼저 어떻게 행동합니까?

2. 당신은 중요한 결정을 앞두고 하나님의 사인을 구해서 응답받은 경험이 있습니까?

07

욕망과 소망은
한 끗 차이다

○
○

"엘리야가 겉옷을 가지고 말아 물을 치매 물이 이리저리 갈라지고
두 사람이 마른 땅 위로 건너더라 건너매 엘리야가 엘리사에게 이르
되 나를 네게서 데려감을 당하기 전에 내가 네게 어떻게 할지를 구
하라 엘리사가 이르되 당신의 성령이 하시는 역사가 갑절이나 내게
있게 하소서 하는지라 이르되 네가 어려운 일을 구하는도다 그러나
나를 네게서 데려가시는 것을 네가 보면 그 일이 네게 이루어지려니
와 그렇지 아니하면 이루어지지 아니하리라 하고 두 사람이 길을 가
며 말하더니 불수레와 불말들이 두 사람을 갈라놓고 엘리야가 회오
리바람으로 하늘로 올라가더라 엘리사가 보고 소리 지르되 내 아버
지여 내 아버지여 이스라엘의 병거와 그 마병이여 하더니 다시 보이
지 아니하는지라 이에 엘리사가 자기의 옷을 잡아 둘로 찢고 엘리야
의 몸에서 떨어진 겉옷을 주워 가지고 돌아와 요단 언덕에 서서 엘
리야의 몸에서 떨어진 그의 겉옷을 가지고 물을 치며 이르되 엘리야
의 하나님 여호와는 어디 계시니이까 하고 그도 물을 치매 물이 이
리저리 갈라지고 엘리사가 건너니라"(왕하 2:8-14).

하나님은 누군가에게 믿음을 주실 때 소망도 함께 주십니다. 믿음은 그 자체로 홀로 서 있지 않습니다. 아브라함을 불러 믿음의 조상으로 만들어 가실 때도 항상 그 마음속에 선명한 그림과 같은 소망이 떠나지 않게 하셨습니다.

바울은 스스로 믿음을 유지하면서 의도적으로 항상 소망을 언급하곤 했습니다. 그는 그 소망이 너무 강했기에 믿음도 강해졌고, 믿음이 강했기에 인간이 생각할 수 없는 하나님의 일들을 이루어 간 것입니다. 하나님은 사도 바울처럼 하는 사람을 기뻐하시는 것 같습니다.

소망을 품은 엘리사

엘리사를 보면 어떤 면에서는 참 황당합니다. 스승인 엘리야가 죽을 때가 됐습니다. 하나님이 부르시는 것을 엘리야 자신이 느꼈습니다. 누구든 자신의 죽는 모습을 제자에게는 보이고 싶지 않을 것입니다. 그래서 여리고를 통해 요단 강을 건너려다가 제자들을 중간에 머무르게 한 뒤 혼자 가려고 했습니다. 그런데 엘리사가 끝까지 따라가겠다고 합니다.

너무 강력하게 요구했기에 엘리야는 결국 그를 데리고 갑니다. 아마 엘리사는 선지생도 중에서 대표 격이었던 것 같습니다.

어느 지점에 도착했을 때 엘리야가 엘리사에게, "하나님이 나를 부르시기 전에 내가 너에게 뭘 해 줬으면 좋겠느냐"라고 묻습니다. 그러자 엘리사가, "선생님, 선생님에게 임하신 그 갑절의 역사가 나에게 나타나기를 바랍니다"라고 대답합니다. 어떤 면에서는 좀 황당한 요구입니다. 엘리야의 반도 못 따라가는데, 엘리야보다 갑절의 역사가 있기를 바란다니, 특이하지 않습니까? 그런데 재미있는 것은, 엘리야가 그를 타박하지 않고 오히려 "하나님이 나를 부르실 때 네가 원하는 대로 될 거다"라고 대답했다는 것입니다.

하나님이 엘리야를 부를 때 사용하신 불말과 불수레는 사람들의 눈에는 보이지 않았던 듯합니다. 엘리야는 지금 불말을 타고 올라갈 것인지 사실 본인 자신도 잘 모릅니다. 그런데 그 말이 떨어지자마자 불말과 불수레가 순식간에 다가오더니 엘리야를 낚아챕니다. 그리고 하늘로 올라가 버립니다. 그러더니 공중에서 엘리야의 겉옷이 떨어졌습니다. 순간 엘리사는 자기가 입고 있던 겉옷을 둘로 찢어서 버리고 엘리야의 옷을 챙겼습니다.

엘리사는 엘리야에게 임하셨던 하나님의 능력이 자신에게 임했는지를 확인해 보고 싶었던 모양입니다. 요단 강을 건널 때 자기 스승이 그옷으로 요단 강을 내리치던 그대로 행하자 요단 강이 갈라졌습니다. 물론 옷의 힘이 아니라는 건 누구나 잘 압니다.

우리는 여기서 엘리사의 바람을 잠깐 다루어 볼 필요가 있습니다. 엘리사의 바람은 욕망일까요, 소망일까요? 우리는 엘리사의 바람을 소망으로 봅니다. 그렇다면 욕망과 소망의 차이점은 무엇입니까? 욕망은 부족함을 느끼면서 무엇을 가지거나 누리려는 마음을 말합니다. 반면 소망은 어떤 일을 바라는 것입니다. 비슷한 것 같지만 욕망은 어떤 것을 지나치게 얻고 누리고자 하는 것이며, 소망이란 가지지 못한 것을 좀 더 소박하게 이루고자 하는 것을 의미합니다.

그런데 이렇게 구분하는 데는 몇 가지 기준이 있습니다. 그 대상이 무엇인지, 무엇을 원하는지, 진정 자기의 분수에 어울리는지 그리고 그 목적의 달성이 그에게 적절한지가 그것입니다. 이런 기준으로 보면 욕망인지, 소망인지를 구분할 수 있습니다. 그러면 엘리사에게 이 기준을 적용해 봅시다. 엘리사가 엘리야의 역사의 갑절을 받고 싶다고 한 것은 소망일까요, 욕망일까요? 엘리사는 엘리야의 사역을 그대로 이어받은 사람입니다. 자기가 원해서 이어받은 게 아니었습니다. 하나님이 먼저 그를 부르셨습니다.

열왕기서를 통해 알 수 있지만, 엘리야는 갈멜 산에서 우상을 숭배하는 제사장들과 대결해서 큰일을 치릅니다. 그러나 그 뒤에 너무 쇠잔해져 있을 때 영적인 공격을 받자 그는 도망가고 맙니다. 그때 호렙 산에 하나님이 나타나셔서 그에게 몇 가지를 말씀하십니다. 그중 한 가지가 엘리사를 기름 부어 후계자로 삼으라는 것이었습니다. 엘리야는 엘리사를 자신의 후계자로 삼았습니다. 이 모든 과정을 볼 때 엘리사의 삶의 목적은 분명합니다.

또 생각해 봐야 하는 것이 있습니다. 엘리사가 엘리야로부터 기름 부음을 받고 난 뒤 어떻게 살았는지를 누가 가장 잘 압니까? 엘리야가 가장 잘 알고 있습니다. 엘리사가 자신의 뒤를 이을 선지자로서 얼마나 성실했는지, 영적인 사람으로서 얼마나 간절하게 살고 순종했는지를 모두 보았습니다. 만약 그런 것 없이 그냥 살아왔다면 엘리야에게 갑절의 역사를 요구하지도 못했을 것이며, 엘리야도 그의 요구를 묵살했을 것입니다. 그런데 엘리야는, "내가 어떻게 죽는지를 보면 네가 그 영광을 받게 될 거다"라고 말합니다. 엘리야도 엘리사가 그렇게 됐으면 좋겠다는 것입니다.

그리고 또 하나, 엘리야가 우리에게 "내가 죽기 전에 네가 원하는 바를 한번 듣고 싶은데, 네가 원하는 것이 무엇이냐?"라고 물었다면 어땠을까를 생각해 봅니다. 만약 당신이 엘리사라면 "당신에게 임했던 하나님의 역사의 갑절이 나에게 임하기를 원합니다"라는 대답이 쉽게 나오겠습니까? 늘 물어봤던 것이 아니라 갑자기 물어본 것입니다. 아마도 우리는 "좀 더 하나님이 능력을 주셨으면 좋겠고요, 내가 선지생도를 잘 키웠으면 좋겠고요…" 하면서 평소에 생각했던 온갖 요구 사항들을 줄줄이 나열할 것입니다. 엘리사가 평소 기도하면서 진정으로 하나님 앞에 바라고 기도했던 핵심적인 내용이 무엇이었는가를 알 수 있는 대목입니다. 순간 그게 탁 튀어나온 것입니다. 그러니 엘리사가 '엘리야의 성령이 행하시는 갑절의 역사'를 원했던 것은 벌써 오래전에 소명을 받을 때부터, 엘리야를 섬기면서 그가 줄곧 하나님 앞에 기도했던 소망이었던 것입니다.

소망은 기도를 통해 이루어진다

우리에게 무언가 자극이 주어지면 그 자극은 우리로 하여금 소망을 갖게 합니다. 그 소망이 한 번, 두 번, 세 번 쌓이면 꿈이 됩니다. 그러나 진짜 꿈은 땀을 요구합니다. 땀이란 열정과 노력과 기도의 결정체라 할 수 있습니다. 이루어지지 않는 꿈은 망상일 뿐입니다. 그러므로 이 꿈을 이루기 위해서는 간절한 소망이 있어야 하고, 믿는 사람으로서 거기에 역사하실 하나님을 믿음으로 기도해야 합니다.

이것을 강조하는 이유가 있습니다. 꿈은 누구나 가질 수 있으나, 비록 이루어졌다 해도 그 꿈이 그 사람을 망치는 경우가 있기 때문입니다. 우리는 꿈을 품되, 꿈이 바르게 이루어지도록 바람직한 목적을 가져야 합니다. 이는 하나님이 모든 과정에 개입하셔야 한다는 의미입니다.

엘리사는 엘리야를 통해 도전과 자극을 받았습니다. 엘리야는 자신의 사역을 엘리사에게 가르쳐 주었습니다. 앞으로 이어받아야 할 모든 것들은 엘리사에게 하나의 임무였고 꿈이었습니다. 그 꿈을 이루기 위해 그는 수없이 기도하고, 또 그렇게 노력해 왔던 것입니다.

그런데 여기서 중요한 점은, 엘리사는 엘리야보다 더 위대한 사람이 되고자 한 것이 아니라는 것입니다. 그는 엘리야와 같은 위대한 선지자가 되기를 원했습니다. 그러면 왜 두 배일까요? 그 두 배는 욕심이 아니라, 자기가 너무 부족하기에 엘리야에게 임했던 역사의 갑절을 얻어야만 엘리야의 일을 감당할 수 있다고 본 것입니다. 하나님이 자신에게 주신 사명을 감당하기 위해서 자신의 능력을 겸손하게 낮추며 갑절의 능력을 구하는 간절함이 있었던 것입니다. 이는 '내가 누구보다 잘해야 한다'는 개념이 아니라, '내가 그만큼 잘하려면 얼마가 더 필요하다, 훨씬 더 노력해야 한다, 더 많이 기도해야 한다'는 것과 같습니다.

우리는 지금 하나님에게 은혜의 갑절을 달라고 기도할 수 있습니다. 하지만 기도는 한 번만 할 수 있는 것이 아닙니다. 갑절을 받고 그다음에 또 갑절을 위해 기도하면 네 배가 되는 것입니다. 하나님은 한 번만 기도하라고 하지 않으셨습니다. 우리가 하나님의 은혜 가운데 살면서 하나님의 능력으로 그분이 이루시는 소망을 성취하기 위해서는 기도해야 합니다. 갑절의 은혜가 필요하다면, 갑절의 은혜로 인도해 달라고 간절히 기도하십시오. 하나님은 그렇게 기도하는 자에게 갑절의 은혜를 힘입는 삶을 허락하실 것입니다.

질문

1. 어느 날 하나님이 당신의 소원을 물으신다면, 당신은 무엇이라 답하겠습니까?

2. 당신에게 맡겨진 사명을 감당하기 위해 구해야 할 '갑절의 은혜'는 무엇입니까?

인생을 역전할
한 방의 기도가 있는가

8

"히스기야가 사자의 손에서 편지를 받아보고 여호와의 성전에 올라
가서 히스기야가 그 편지를 여호와 앞에 펴 놓고 그 앞에서 히스기
야가 기도하여 이르되 그룹들 위에 계신 이스라엘의 하나님 여호와
여 주는 천하만국에 홀로 하나님이시라 주께서 천지를 만드셨나이
다 여호와여 귀를 기울여 들으소서 여호와여 눈을 떠서 보시옵소서
산헤립이 살아 계신 하나님을 비방하러 보낸 말을 들으시옵소서 여
호와여 앗수르 여러 왕이 과연 여러 민족과 그들의 땅을 황폐하게
하고 또 그들의 신들을 불에 던졌사오니 이는 그들이 신이 아니요
사람의 손으로 만든 것 곧 나무와 돌뿐이므로 멸하였나이다 우리 하
나님 여호와여 원하건대 이제 우리를 그의 손에서 구원하옵소서 그
리하시면 천하만국이 주 여호와가 홀로 하나님이신 줄 알리이다 하
니라"(왕하 19:14-19).

기도는
신자의 유일한 무기다.

프랜시스 톰프슨(Francis Thompson)

위기에 처한 이스라엘

히스기야는 유다의 훌륭한 왕으로 알려져 있습니다. 왕위에 오른 그는 유다가 개혁을 통해 하나님을 잘 섬기는 나라가 되기를 바랐습니다. 하지만 내부 단속에 힘쓰느라 그랬는지, 외적의 침입에 대한 준비는 썩 잘하지 못했던 것 같습니다. 또 아무리 잘해도 북쪽의 앗수르라는 대국이 쳐들이 내려오니 딩힐 재간이 없었던 것 같습니다.

앗수르는 엄청난 군대를 이끌고 대대적인 남하 정복 정책을 펼칩니다. 여러 나라를 거쳐 내려오는데, 추풍낙엽처럼 다 무너지고 맙니다. 그 기세가 대단해서 이스라엘의 성읍들도 다 훼파되고 이제 예루살렘 성까지 온 것입니다. 예루살렘 성은 고지대에 있는 천연 요새입니다. 때문에 앗수르 군대는 쉽게 공격하지 못하고 빙 둘러 포위한 채 협박하고 소리 지르며 심리전을 펼쳤습니다.

앗수르의 산헤립 왕은 지휘관인 랍사게에게 예루살렘 성의 침공을 명한 뒤 립나라는 곳에서 주둔하고 있었습니다. 당시에는 그곳이 앗수르 진영의 본부 격이었던 것 같습니다. 앗수르가 쳐들어 내려온다는 이야기를 듣고 구스(에디오피아) 쪽에서도 앗수르와 한판 붙기 위해 같이 올라오고 있었기 때문입니다. 앗수르를 이기면 전체 패권을 차지할 수 있었습니다.

지정학적 위치로 볼 때 이스라엘만큼 민감한 지역도 없습니다. 중국과 일본 사이에서 시달리던 과거 우리와 비슷한 처지입니다. 그런데 예루살렘 성을 포위한 앗수르의 지휘관 랍사게는 하루가 멀다 하고 '히스기야한테 속지 마라. 히스기야가 너희를 구원해 낼 수 있다고 생각하느냐' 하면서 예루살렘 사람들을 향해 소리치며 회유합니다. 성안의 백성들을 상대로 교묘한 심리전을 펼치는 것입니다.

이스라엘 사람들이 듣기에 다 맞는 말 같습니다. 지금까지 수많은 부족들이나 씨족 국가를 무찌르고 내려온 앗수르의 장군이 하는 말이기에 그렇습니다. '이럴 바에는 개죽음당하지 말고 항복해서 앗수르를 받아들이자. 그러면 처참한 꼴은 면하지 않겠는가' 하면서 사람들의 마음이 동요하기 시작합니다. 포로로 잡혀가면 눈알이 뽑히는 참혹한 죽음을 맞을 수도 있습니다.

히스기야로서는 너무나 난처한 상황입니다. 그래서 히스기야는 선지자 이사야에게 편지를 보냅니다. 곤경에 처한 자신들을 위해서 기도해 달라고 부탁하는 편지였습니다. 이사야 선지자는 하나님이 함께하시니 염려하지 말라는데도 사람들은 진정하지 못합니다. 그러자 이사야조차 자신의 마음을 가다듬어 정리하지 못합니다. 성 밖에서 큰소리로 외치는 랍사게의 그 협박이 틀린 말은 아니었기에 그렇습니다. 자기들이 이토록 혁혁한 성과를 내며 내려왔는데 이깟 예루살렘 하나 점령하지 못할 것 같으냐는 위협에 이미 예루살렘 성안 백성의 마음은 거의 항복한 상태나 다름없었습니다. 단지 문을 열어 주는 형식적 절차만 남아 있는 형편이었습니다.

그런데 그 와중에 랍사게는 구스가 전쟁하기 위해 올라오고 있다는 소식에 왕이 있는 곳으로 가서 합류하게 됩니다. 그러면서 전령을 통해 히스기야 왕에게 편지를 한 통 보내고 떠납니다. 고도의 간교한 심리전입니다. 편지 내용을 보니, '너희 하나님이 우리가 믿는 신을 이길 수 있을 것 같으냐? 지금까지 우리는 수많은 나라를 치면서 왔는데 그때마다 그 신들은 우리한테 꼼짝을 못 했다. 모두 훼파되고 결국은 항복했다. 그러니 너희도 하나님을 의뢰한다는 어리석은 소리는 그만하고 항복하는 것이 최선일 것이다'라는 협박이었습니다.

▓ 기도로 문제를 해결 받다

편지를 받아든 히스기야는 너무나도 떨렸습니다. 그래서 그 편지를 그대로 들고 성전으로 들어가 하나님 앞에 펴 놓고 기도를 드렸습니다. 그 기도의 내용이 15절부터 나옵니다. "그 앞에서 히스기야가 기도하여 이르되 그룹들 위에 계신 이스라엘의 하나님 여호와여 주는 천하만국에 홀로 하나님이시라 주께서 천지를 만드셨나이다 여호와여 귀를 기울여 들으소서 여호와여 눈을 떠서 보시옵소서 산혜립이 살아 계신 하나님을 비방하러 보낸 말을 들으시옵소서"(왕하 19:15-16).

하나님 앞에 나아온 히스기야가 얼마나 답답했던지, '하나님, 제발 귀를 열고 좀 들어 보십시오. 하나님, 눈을 열어서 이 편지 좀 보십시오.

산헤립이 랍사게를 통해 이런 협박 편지를 보냈습니다'라고 하소연합니다. 그리고 거기서 멈추는 것이 아니라 담대한 신앙을 고백합니다.

"여호와여 앗수르 여러 왕이 과연 여러 민족과 그들의 땅을 황폐하게 하고 또 그들의 신들을 불에 던졌사오니 이는 그들이 신이 아니요 사람의 손으로 만든 것 곧 나무와 돌뿐이므로 멸하였나이다"(왕하 19:17-18). 그들은 나무와 돌로 만든 우상을 멸한 것이지, 진짜 신은 아니었다는 고백입니다. 그러므로 "우리 하나님 여호와여 원하건대 이제 우리를 그의 손에서 구원하옵소서 그리하시면 천하 만국이 주 여호와가 홀로 하나님이신 줄 알리이다"(왕하 19:19)라고 도움을 구합니다. 하나님이 구원하셔서 땅 위의 모든 왕국이 하나님만이 오직 유일한 하나님이심을 알게 해 달라고 기도드리는 것입니다.

우리는 하나님 앞에 처절하게 고백하며 철저하게 의지하는 히스기야의 태도를 배워야 합니다. 자기가 당한 일을 그대로 내놓고 너무나 긴박하고 처절한 마음으로 하나님 앞에 기도하고 있습니다. 이 기도에 하나님이 어떻게 응답하실 것 같습니까? 갑자기 산헤립이 나타나서 자기들과 화친 조약을 맺자고 할까요? 이것도 좋은 방법입니다. 그런데 우리가 가장 바라는 건 하늘에서 불이 떨어져 앗수르 군대를 일시에 멸하는 것입니다. 그러면서도 이 많은 앗수르 군대에 불을 내려 일시에 죽게 할 수 있을지 의심하는 게 우리의 믿음이기도 합니다. 이스라엘이 늘 하던 방법대로, 애굽을 끌어와서 앗수르와 전쟁하게 해 차라리 애굽의 속국으로 사는 게 그나마 나은 방법이 아닐까 생각했을 수도 있습니다. 그도 아니면 자기들끼리 서로 싸우다 전멸하면 얼마나 좋을까…. 아마 히스기야나 이스라엘 백성은 온갖 생각을 다했을 것입니다. 그러면서 현실적으로는 화친 조약을 맺는 것이 가장 최선이라는 생각도 했을 것입니다.

히스기야가 하나님 앞에 기도한 결과 어떻게 되는지가 35절에 나옵니다. "이 밤에 여호와의 사자가 나와서 앗수르 진영에서 군사 십팔만 오천 명을 친지라 아침에 일찍이 일어나 보니 다 송장이 되었더라." 하룻밤 사이에 천사가 쳤는데 18만 5천 명이 일시에 죽었습니다. 산헤립이 일어나 보니 전쟁 한번 제대로 못 치르고 군사들 대부분이 죽어 있는 것입니다. 얼마나 많은 군대를 이끌고 내려왔는지 가히 상상이 되는 대목입니다.

하나님이 어떻게 치셨을까요? 짐작해 볼 수 있는 것은, 밤새 전염병이 돌아 죽었을 가능성이 높습니다. 고요한 밤에 한순간 아무런 기척도 없이 그 일이 벌어진 것입니다. 이 일로 인해 앗수르 왕 산헤립은 수도인 니느웨로 돌아갈 수밖에 없게 되었습니다(왕하 19:36). 18만 5천 명이 죽어 버리니 남은 군대를 거느리고 전쟁을 할 수 없게 된 것입니다.

돌아간 그는 숭배하는 니스록 신전에서 경배를 합니다. 그때 두 아들인 아드람멜렉과 사레셀이 그를 쳐 죽입니다. 폭정을 했기 때문인지, 너무 포악해서인지, 그도 아니면 백성은 돌보지 않고 다른 나라와 전쟁만 하러 다녀서인지, 어쨌든 아들들이 아버지를 죽입니다. 결국 산헤립은 모든 것을 잃고 치욕적인 죽음을 당합니다. 이것이 하나님의 방식입니다.

히스기야가 하나님 앞에 엎드려 기도했을 때 하나님은 이와 같은 방식으로 응답하셨습니다. 우리는 기도할 때 의식적이든 무의식적이든 '하나님, 이것만 해 주시면 감사하겠습니다'라는 나름의 판정을 내리곤 합니다. 그러나 하나님은 우리가 소원하는 그 생각들을 훨씬 뛰어넘는, 우리가 상상조차 하지 못했던 결과로 우리를 이끌어 가실 때가 너무나 많습니다. 히스기야의 기도를 보고, 히스기야의 기도를 듣고 응답하신 하나님의 역사하신 손길을 보십시오.

그러므로 기도는 오늘 또 해야만 하는 부담스런 행위가 아닙니다. 기도는 하나님의 역사를 체험하게 되는 즐거움을 얻는 기회입니다. 기도할 때마다 하나님은 우리의 기도를 들으시고, 기도를 더할 때마다 하나님은 우리의 기도 가운데 역사하시고, 우리가 기도로 하나님을 부르짖을 때마다 하나님은 생각지도 못했던 방법으로 인도하십니다. 하나님은 우리의 생각에 넘치는 은혜로 역사해 주실 것입니다.

기억하십시오. 히스기야의 하나님이 바로 우리의 하나님이십니다. 그러니 하나님 앞에 문제들을 놓고 열심히 기도하십시오. 하나님이 인도하실 그 세계와 방식을 바라보며 하나님을 의지하십시오. 하나님이 히스기야의 기도를 듣고 산헤립과 그 군대에 역사하셨던 것처럼, 오늘도 우리 삶 가운데 당신의 손길을 펼쳐 참하나님임을 나타내 보이십니다. 우리의 입에서 흘러나오는 기도를 통해서 영광을 거두어 주실 것입니다. 그렇게 기도하고 응답받는 삶을 살아가십시오.

○ 질문

1. 당신이 올려 드린 가장 절박한 기도의 제목은 무엇입니까?

2. 그 절박한 기도에 하나님은 어떻게 응답하셨습니까?

붙잡고 기도할
약속의 말씀을 가지라

○
○

"이르되 우리 조상들의 하나님 여호와여 주는 하늘에서 하나님이 아니시니이까 이방 사람들의 모든 나라를 다스리지 아니하시나이까 주의 손에 권세와 능력이 있사오니 능히 주와 맞설 사람이 없나이다 우리 하나님이시여 전에 이 땅 주민을 주의 백성 이스라엘 앞에서 쫓아 내시고 그 땅을 주께서 사랑하시는 아브라함의 자손에게 영원히 주지 아니하셨나이까 그들이 이 땅에 살면서 주의 이름을 위하여 한 성소를 주를 위해 건축하고 이르기를 만일 재앙이나 난리나 견책이나 전염병이나 기근이 우리에게 임하면 주의 이름이 이 성전에 있으니 우리가 이 성전 앞과 주 앞에 서서 이 환난 가운데에서 주께 부르짖은 즉 들으시고 구원하시리라 하였나이다 옛적에 이스라엘이 애굽 땅에서 나올 때에 암몬 자손과 모압 자손과 세일 산 사람들을 침노하기를 주께서 용납하지 아니하시므로 이에 돌이켜 그들을 떠나고 멸하지 아니하였거늘 이제 그들이 우리에게 갚는 것을 보옵소서 그들이 와서 주께서 우리에게 주신 주의 기업에서 우리를 쫓아내고자 하나이다 우리 하나님이여 그들을 징벌하지 아니하시나이까 우리를 치러 오는 이 큰 무리를 우리가 대적할 능력이 없고 어떻게 할 줄도 알지 못하옵고 오직 주만 바라보나이다 하고 유다 모든 사람들이 그들의 아내와 자녀와 어린이와 더불어 여호와 앞에 섰더라"(대하 20:6-13).

여호사밧은 남 유다의 네 번째 왕입니다. 이스라엘은 솔로몬의 아들인 르호보암 때 나라가 둘로 나누어지는 불행을 겪었습니다. 여호사밧은 다윗처럼 믿음이 좋은 왕이었습니다. 결국 하나님이 함께하셔야만 한다는 믿음을 가지고 종교 개혁을 단행했고, 우상과 관련된 산당들을 제거했습니다. 그리고 백성들에게 율법을 가르쳐 주었습니다. 그런데 어느 날, 요단 강 맞은편과 사해 맞은편의 암몬과 모압 그리고 에돔 족속들이 연합해서 유다를 공격해 왔습니다.

사실 유다는 이들과 전혀 관계없는 족속이 아닙니다. 에돔은 야곱의 형이었던 에서의 후예이며, 모압과 암몬은 아브라함의 조카인 롯의 가정에서 태어난 두 아들의 후손입니다. 이들이 연합해서 공격해 왔다는 것은 여호사밧에게는 가슴 아픈 일이었습니다. 무엇보다도 이스라엘 백성이 애굽에서 나와 가나안 땅으로 들어갈 때 그 사람들과는 싸우지 않았습니다. 모든 나라를 훼파하면서 들어올 때도 그들과는 싸우지 않고 양해를 구하며 나라와 나라의 경계선 사이로 통과해서 가나안 땅에 들어왔습니다. 그만큼 서로를 의식하고 배려하며 좋은 관계를 유지하고자 했습니다. 그런데 그들이 연합해서 유다를 공격해 온 것입니다.

엄청난 수의 연합군이 사해 건너편 엔게디에 모여 있다는 정보가 여호사밧의 귀에 들려옵니다. 하나님을 잘 섬겼던 여호사밧으로서는 당황할 수밖에 없는 시련입니다. '아니, 하나님이 신실하시다면 당신을 잘 섬기는 자를 지켜 주시고 누군가 악한 마음을 품고 유다를 치려고 하면 막아 주셔야 하는 것 아닌가?'라는 생각을 떨칠 수 없었습니다. 난감한 상황이 된 것입니다.

죄로 인해 당하는 어려움

그렇다면 그 좋은 왕에게 이렇게 다급한 상황이 벌어진 이유가 무엇일까요? 그 원인을 역대하 19장 1-3절에서 찾을 수 있습니다. 여호사밧이 북 이스라엘의 왕인 아합을 도와 전쟁을 치르고 무사히 궁으로 돌아왔을 때입니다. 선지자 예후가 나타나 "하나님을 미워하는 자들을 사랑해서 비위를 맞추고 그 악한 자를 돕다니, 왕으로서 이것이 옳은 일입니까?"라고 지적을 합니다. 그는 이 일로 하나님의 진노가 임할 것이라고 말합니다. 그러면서 여운을 남기기를, 하지만 왕께서 하나님을 잘 섬기려고 한 것도 사실이라고 인정을 합니다. 여호사밧은 신앙적으로 모범적이어서 종교를 개혁하려는 의지를 가지고 있었습니다. 그런데 그가 북 이스라엘의 우리가 너무나도 잘 아는 그 악한 왕 아합을 도운 것입니다.

아합의 아내였던 이세벨은 더 악랄했습니다. 그녀는 북쪽 시돈의 왕이자 우상을 섬기는 제사장의 딸이었습니다. 그런 여자가 이스라엘 왕의 아내가 되면서 온갖 우상을 다 갖고 들어와 섬기도록 한 것입니다. 심지어 하나님의 율례를 어기고 나봇의 포도원을 빼앗기 위해 무리를 동원해서 돌로 쳐 그를 죽이기까지 했습니다. 그런데 여호사밧이 그런 아합의 집안과 사돈을 맺은 것입니다. 심지어 아합은 전쟁에 동참해 주기를 권유합니다. 그 제안에 여호사밧은 형제와 같은 북 이스라엘을 위해 돕겠다면서 따라나섭니다. 그래서 함께 전쟁을 치르고 승리하고 돌아온 그때, 예후 선지자가 나타나 질책한 것입니다. 그리고 바로 이 사건이 터졌습니다.

언약을 붙들고 기도하다

여호사밧으로서는 올 것이 온 것입니다. 그러자 그는 이스라엘 유다에 있는 모든 사람에게 금식을 명합니다. 그러면서 자신도 하나님 앞에 나아와 부르짖으며 기도했는데, 그 기도는 네 가지 골자로 이루어져 있습니다. 첫째, 하나님은 만방을 다스리는 분이시니, 하나님이 이 침략을 막아 주실 수 있다는 간접적인 호소입니다(대하 20:6). 그러면서 둘째, 아브라함의 후손에게 이 땅을 주셨으니 하나님이 이 땅을 빼앗기지 않게 해 주실 줄 믿는다고 합니다(대하 20:7). 이어서 셋째, 재앙이 닥쳐도 우리가 이 성전에서 하나님에게 부르짖으면 우리의 기도를 듣고 구해 주실 것을 믿는다고 합니다(대하 20:9). 그리고 넷째, 우리 조상이 가나안 땅에 들어오기 전에는 그들을 전혀 해치지 않았는데 오늘 그들이 공격해 왔다며, 어떻게 해야 좋을지 모르겠다고 절박한 마음을 표현합니다(대하 20:10). 당황한 그의 마음 그대로 기도한 것입니다.

우리는 이것을 하나님의 언약과 약속을 들고 나오면 하나님이 꼼짝 못하신다는 식으로 해석해서는 안 됩니다. 언약과 약속을 가지고 기도할 수는 있습니다. 그렇다고 하나님이 꼼짝 못하시는 것이 아니라, 우리가 그 언약을 의지해서 기도하게 하시는 분이 하나님이라는 것을 알아야 합니다. 자꾸 하나님을 인간처럼 생각하면서 판단하는 것은 성경을 잘못 해석하는 것입니다. 지금 여호사밧을 통해 보여 주는 것은, 그가 하나님의 언약을 기억해 내어 그것을 가지고 하나님 앞에 간절하게 기도했다는 것입니다.

우리도 때로는 하나님 앞에 어떤 문제를 가지고 기도하기가 성에 차지 않아서 성경 구절을 인용하면서, '하나님이 그들에게 이렇게 말씀하지 않으셨습니까? 우리에게도 이렇게 해 주십시오'라고 기도합니다. 이 것은 간절함을 더하는 것이지, 하나님을 꼼짝하지 못하시도록 만드는 협박은 아니라는 것입니다.

하나님의 응답을 받다

여호사밧의 기도는 정말 간절했습니다. 하나님은 야하시엘을 통해서 응답을 주셨는데, "두려워하거나 놀라지 말라 이 전쟁은 너희에게 속한 것이 아니요 하나님께 속한 것이니라 내일 너희는 그들에게로 내려가라"(대하 20:15-16)고 말씀하십니다. 그냥 가만히 있고 하나님이 싸우시면 되는데, 그들을 마주 보고 내려가라는 것입니다. 그러나 쫓아 내려가되 그들과 싸우지는 말고 하나님이 하시는 일만 보고 있으라고 하십니다.

하나님이 당신에게 이 말씀을 하신다면 순종할 수 있겠습니까? 두려

위하거나 낙심하지 말고 그들을 향해서 내려가라는 것입니다. 그래서 여루엘의 들 앞에서 만나게 될 것인데, 거기에서 그들과 싸우지 말고 하나님이 어떻게 하시는지를 보고 있으라는 것입니다. 여호사밧은 말씀대로 행했습니다. 그리고 하나님을 신뢰하라고 명령하면서 찬양대를 조직합니다. 싸우지 말라고 하셨으니 싸우지 않으나, 담대하게 나아가기 위해 찬양대를 조직해 "여호와께 감사하세 그의 인자하심이 영원하도다"(대하 20:21)라고 찬양을 부르면서 갔던 것입니다.

그런데 찬양이 시작되자 이상하게도 유다를 공격해 왔던 이 연합군들이 서로 혼란에 빠졌습니다. 그들은 엄청나게 많은 군대가 내려온다고 생각했을까요? 아니면 찬양 소리가 서로 간에 이간하는 소리로 들렸을까요? 그것도 아니면 하나님의 음성으로 들려서 왜 전쟁해야 하느냐며 서로 시비가 붙었을까요? 어쨌든 간에 그들은 서로 싸우기 시작합니다. 다시 말하면, 유다 백성은 입으로는 찬송을 부르며, 눈으로는 적들이 서로 싸워 진멸하는 광경을 직접 목격한 것입니다. 전혀 상상치도 못했던 방식으로 하나님이 역사하시는 것을 보게 된 것입니다. 성경은 그들이 서로 싸우고 결국에는 완전히 서로가 패해 버렸다고 말씀합니다. 유다가 그 전리품을 모아서 오는 데만 3일이 걸렸습니다. 얼마나 많은 군대가 모였는지 그렇게 됐다는 것입니다.

우리는 이 구절을 보면서 전심으로 기도하는 것이 얼마나 중요한가를 배우게 됩니다. 여호사밧의 기도를 한번 생각해 보십시오. 그는 그냥 기도한 것이 아닙니다. 과거에 하나님이 말씀하고 역사하셨던 것을 기억하면서 그걸 가지고 하나님 앞에 부르짖었습니다. 그가 얼마나 술

직하게 기도했는지, '우리는 어떻게 해야 될지 모르겠습니다. 오직 주님만 바라보고 있습니다'라고 하면서 하나님 앞에 자기의 심정을 드러내어 기도했습니다. 그리고 그는 믿었습니다. 하나님의 말씀을 믿고 하나님을 신뢰했습니다. 그러면서 전쟁에 나갈 때는 칼과 창을 가지고 나간 것이 아니라, 하나님의 찬양을 가지고 나간 것입니다.

우리는 이것을 배워야 합니다. 우리 앞에 어떤 일이 있을 때 경직되지 않은 채 하나님 앞에 온전히 기도하고, 하나님의 역사하시는 손길을 믿고 찬송하며 나아간다면 하나님이 역사하고 이루어 가시는 그 손길을 보게 될 것입니다. 어려움 속에서 두려움 가운데 시작된 기도가 그 모든 일을 전환시켰습니다. 믿음과 찬양으로 나아간다는, 전혀 다른 전법으로 승리를 이루어 낸 것입니다.

우리가 주님을 믿고 살아가는 데는 두려워할 것이 없습니다. 하나님이 우리를 인도할 것이며, 하나님이 우리의 기도를 듣고, 당신의 승리를 보여 주실 것이기 때문입니다.

질문

1. 약속의 말씀을 붙잡고 기도해서 응답받은 경험이 있다면 언제입니까?

2. 삶의 위기 앞에서 하나님이 우리의 생각과는 다른 방법을 명하실 때, 당신은 순종할 준비가 되어 있습니까?

죄로 묶인 인생,
기도로 끊으라

○
○

"여호와께서 므낫세와 그의 백성에게 이르셨으나 그들이 듣지 아니
하므로 여호와께서 앗수르 왕의 군대 지휘관들이 와서 치게 하시매
그들이 므낫세를 사로잡고 쇠사슬로 결박하여 바벨론으로 끌고 간
지라 그가 환난을 당하여 그의 하나님 여호와께 간구하고 그의 조상
들의 하나님 앞에 크게 겸손하여 기도하였으므로 하나님이 그의 기
도를 받으시며 그의 간구를 들으시사 그가 예루살렘에 돌아와서 다
시 왕위에 앉게 하시매 므낫세가 그제야 여호와께서 하나님이신 줄
을 알았더라"(대하 33:10-13).

기도는 하나님을 변화시키는 것이 아니라
기도자를 변화시킨다.

쇠렌 키르케고르(Søren Kierkegaard)

신앙의 유산이 중요한 이유

므낫세는 남 유다의 14대 왕으로, 그의 아버지는 히스기야 왕입니다. 선정을 베풀고 신앙이 좋았던 아버지 히스기야와는 달리, 외아들인 므낫세는 형편없는 왕이었습니다. 우리는 이런 것을 볼 때 기가 막히고, 어떻게 이런 일이 있을 수 있는지 회의감을 느끼게 됩니다. 히스기야는 종교 개혁을 단행했고, 사람들을 신앙으로 잘 이끌었으며, 무엇보다 그는 기도의 사람이었습니다. 하나님 앞에 기도하면서 쳐들어온 앗수르를 물리치기도 했고, 기도를 통해 죽을병에서 낫기도 했습니다. 당대에 활동했던 훌륭한 선지자인 이사야의 조언도 잘 따르던 왕이었습니다. 그런데 왜 므낫세와 같은 아들이 태어났을까요? 성경을 자세히 보면 그 이유를 알 수 있습니다.

히스기야는 죽음이 얼마 남지 않았다는 이야기를 듣고 하나님 앞에 기도해서 그의 삶을 더 연장 받습니다. 그의 삶이 연장되면서 낳은 자식이 바로 므낫세입니다. 믿음이 좋은 히스기야가 삶의 여정이 얼마 남지 않은 상황에서 자식을 낳게 된 것입니다. 그러다 보니 자식에게 바른 신앙을 가르쳐 주기보다는 많은 애정을 쏟으며 그저 곱게만 키웠던 것 같습니다. 신앙은 자연적으로 전수되는 것이 아닙니다. 우선은 하나님이 그를 택하셔야 하고, 그 후에는 자신이 하나님 앞에서 신앙을 바르게 쌓아 가야 합니다. 그런 면에서 볼 때 히스기야는 신앙 교육에 실패했던 것 같습니다.

부모들은 자신의 신앙에 대해서도 기도해야 하지만, 자식의 신앙을 위해서도 기도해야 합니다. 그것은 우리에게 주어진 아주 중요한 과제입니다. 자식에게 물질 한 푼이라도 더 물려주려고 애쓰기보다 그 영혼을 위해 기도하는 것이 더 가치 있는 일입니다. 하지만 자식이 잘되기를 바라며 뒤에서 밀어 주는 것보다 신앙으로 바로 키우는 것이 훨씬 더 중요하다는 것은 엎어진 물처럼 당해 보지 않으면 잘 모릅니다. 이전에는 '당연히 자식들이 잘 따라오겠지, 이런 신앙의 분위기 속에 있으니 당연히 예수 믿고 신앙생활 잘하겠지'라고 생각합니다. 그러나 그렇지 않다는 것을 알아야 합니다.

므낫세, 포로로 끌려가다

므낫세가 왕이 되었습니다. 처음에는 그의 아버지가 뒤에서 섭정을 했습니다. 그러다 서서히 혼자 힘으로 유다를 통치하게 됩니다. 그런데 그가 완전히 독립적인 왕의 위치에 서게 되자 절대 하지 말아야 할 것만 골라서 합니다. 우상을 끌어들이고 하나님의 성전에 바알과 아세라 신의 우상을 갖다 놓더니, 마술하는 사람과 요술하는 사람들 그리고 무당과 점치는 사람들을 끌어들여 그들에게 마술을 시키면서 어울리기 시작합니다.

하나님은 선지자를 통해, '네가 지금이라도 바로 돌아와서 하나님의 말씀을 섬기면 모든 것을 용서해 주겠다'고 통보하십니다. 그러나 그 말을 듣고도 므낫세는 악한 일을 여전히 멈추지 않습니다. 오히려 더 우상 숭배 관습을 끌어들이는 데 열을 올립니다. 당신이 하나님이라면 어떻게 할 것 같습니까? 결국 심판이 임했습니다. 앗수르 군대가 쳐들어왔고, 그 장군들이 예루살렘을 에워싸고 므낫세를 공격했습니다. 결국 므낫세는 생포되어 바벨론 땅으로 끌려가게 되었습니다. 그 당시는 바벨론이 아닌 앗수르가 절대권자였습니다.

그 머나먼 길을 끌려가는 유다 왕 므낫세를 생각해 보십시오. 그 당시 사람들은 포로를 수레나 나귀에 태워 끌고 가지 않았습니다. 생포해서 포로로 잡아갈 때는 쇠사슬에 묶어 끌고 갔습니다. 최소 한 달 이상 걸리는 그 먼 거리를 무거운 쇠사슬에 묶인 채 끌려가게 된 것입니다. 걸어가면서 그는 수많은 생각을 했을 것입니다.

가장 먼저 그는 무엇을 떠올렸을까요? 그가 그동안 우상 숭배를 한 것은 의도적으로 하나님을 대항한 것이라기보다는, 주변 나라들과 친구처럼 어울려 두면 그들이 공격하지 않을 거라는 계산 때문이었습니다. 그런데 그가 이렇게 앗수르에 끌려가게 되었음에도 아무도 도와주지 않습니다.

우리는 대개 친구를 의지하며 함께 어울려 지냅니다. 하지만 어려운 일 앞에서 내 일처럼 위로하며 도와주는 경우는 참으로 드뭅니다. 특히 악을 행하며 만난 친구는 어려움을 당했을 때 한순간에 사라져 버립니다. 마치 예수님이 비유를 든 둘째 아들과 같습니다. 돈을 가지고 다른 나라에 가서 허랑방탕하게 낭비할 때는 옆에 많은 친구들이 있었습니다. 하지만 돈을 다 탕진하고 완전히 거지 신세가 되자 친구들이 모두 떠나 버렸습니다. 세상을 온전히 믿고 의지하면 낭패를 보기 쉽습니다. 우리는 세상 속에 살지만 지혜롭게 적정한 선을 유지하면서 하나님을 온전히 의지해야 합니다. 사람을 의지했다가는 나중에 두고두고 후회할 일이 반드시 생깁니다.

므낫세는 끌려가는 내내 틀림없이 이런 생각을 했을 것입니다. '나를 도와줄 사람이 아무도 없구나.' 하긴 도와주고 싶어도 주변 나라들 역시 앗수르의 눈치를 보느라 와서 위로도 못할 형편입니다. 아마도 므낫세는 앗수르에 대한 배신감에 치를 떨었을 것입니다. '지금까지 내 별명이 '앗수르의 충실한 봉신(封臣)'이라 할 정도로 조공을 바치면서 그렇게 잘 섬겨 왔는데, 이렇게 나를 공격하다니….' 상상이 가십니까? 당시의 유다는 앗수르의 속국이라는 소리를 들을 만큼 철저히 앗수르를 의존했습니다. 유다의 선지자들에게 온갖 충고를 들으면서도 앗수르에 충성했는데, 결국 그 앗수르에 끌려가는 신세가 되어 버린 것입니다. 인생의 서글프고 쓰디쓴 맛을 삼키면서 그는 그 먼 나라로 끌려갔습니다.

인간이라는 존재는 참 묘합니다. 서로 잘 지내면서 주고받을 때는 좋은 관계가 되었다고 착각합니다. 그러다 조금이라도 적게 주면 '이놈 마음이 변했구나'라는 서운한 마음이 들고, 조금 더 주면 '이놈이 가진 게 많으면서도 지금까지 적게 줬구나' 하며 또 분해 합니다. 세상의 악한 사람들은 이런 눈으로 사람을 보기 때문에, 상대가 조금만 마음에

안 들어도 그렇게 무자비하게 공격해 짓밟아 버리는 것입니다.

다시 하나님 앞으로

결국 포로 신세로 전락해 사막 길을 끌려가면서 갈증과 태양 빛에 피부 가죽이 벗겨지고 피투성이가 된 그 처참한 상황 속에서 므낫세가 뼈저리게 깨달은 것이 있다면 무엇이겠습니까? 인간의 정이나 인간을 의지하는 것은 한계가 있고 어리석은 일이라는 후회였을 것입니다. 그러면서 한편으로는, '내가 이런 처지가 되었는데 바알과 아세라는 도대체 뭘 하고 있는가? 영매를 자처하던 그 능력 있는 마술사들과 점치는 무당들은 어디에 다 숨었는가? 지금이야말로 나타나야 하는 거 아닌가?' 하는 생각이 들었을 것입니다. 그동안 살아왔던 삶의 방식이나 추구하고 기대했던 모든 것이 다 뒤집힌 것입니다.

그러면서 그 마음속에 떠오른 것이 무엇이겠습니까? 그동안 선지자를 통해 말씀하셨던 하나님의 말씀이 드디어 이루어진다는 생각이었을 것입니다. 하나님에게 벌을 받고 심판받아 끌려가는 그제야 하나님이 신실하시다는 것을 깨달은 것입니다.

본문 12절은, "그가 환난을 당하여 그의 하나님 여호와께 간구하고 그의 조상들의 하나님 앞에 크게 겸손하여"라고 말씀합니다. 그래도 자라면서 아버지인 히스기야의 신앙을 보며 행했던 것들이 절대로 무관하지 않았다는 것이며, 다행히 선지자들이 있어서 그들의 충고를 완전히 잊은 상태는 아니었다는 것입니다. 상황이 어려워지니 그제야 하나님 앞에 자기를 아주 철저하게 낮추는 것을 볼 수 있습니다. 그 낮췄다는 것이 무엇이겠습니까? 크게 뉘우치고 하나님 앞에 부르짖었다는 것입니다. 그는 지금 낮춰 봤자 더 낮아질 것도 없습니다. 그런데 더 낮아졌다는 것은 마음을 낮추었다는 것입니다. 하나님 앞에 완전히 뉘우치며 기도했다는 것입니다. 아마 살려 달라고, 하나님만이 자신을 살릴 수 있다고 기도했을 것입니다.

자, 드디어 므낫세가 기도합니다. 하나님은 성경에 므낫세가 우상을 숭배하면서 행악했던 모든 것들을 아주 자세히 기록해 두셨습니다. 그런데 그가 기도한 것은 한두 절밖에 되지 않습니다. 당신이 하나님이라면 어떻게 하겠습니까? "네가 한 짓이 있는데 이놈아, 너는 더 혼 좀 나야 해"라고 호통을 친 뒤 그래도 기어와서 엎드리며 "하나님, 살려 주십시오" 하면 외면해 버리는 것이 맞지 않겠습니까? 그런데 하나님은 들으시는 분입니다. 그래서 우리 같은 사람도 하나님 앞에 기도할 소망을 갖는 것입니다. 죽어 마땅한 짓을 했음에도 이렇게 완전히 엎드려 살려 달라고 하면 응답하십니다.

왜 하나님은 그의 기도를 듣고 용서하신 것일까요? 이는 우리가 배워야 할 점입니다. 그는 하나님 앞에 엎드려 회개하고 뉘우치며 완전히 낮아졌습니다. 땅바닥에 완전히 엎드려진 것입니다. 더는 내려갈 곳도 없습니다. 그렇게 기도하자 하나님은 그를 회복시켜 다시 이스라엘로 돌아와 유다의 왕으로 복귀하게 하십니다.

그렇게 돌아온 므낫세는 여호와의 전에 있는 우상을 제거하고 여호와의 전을 건축한 산과 예루살렘에 쌓아 놓은 모든 제단들을 다 성 밖으로 던졌습니다(대하 33:15). 그리고 "여호와의 제단을 보수하고 화목제와 감사제를 그 제단 위에 드리고 유다를 명령하여 이스라엘 하나님 여호와를 섬기라"(대하 33:16)고 명령합니다. 사람이 완전히 낮아져서 엎드려 기도하더니 철저히 우상을 제거하고 하나님 앞으로 돌아온 것입니다. 말로만 회개가 아닌 진정한 회개를 한 것입니다. 그러나 백성은 므낫세와는 달리 완전히 회심하고 돌아오지는 않고 여전히 산당에서 제사를 드립니다. 이것이 우리의 마음에 아픔을 줍니다.

기도하는 사람이 따로 정해져 있는 것은 아닙니다. 기도에는 자격이 없습니다. 므낫세 같은 죄인조차 기도할 수 있습니다. 만약 그가 하나님 앞에 처음부터 바른 신앙이었다면 이런 수모도 당하지 않았을 것이고, 이런 배신을 당해 환난 속에 빠지지도 않았을 것입니다. 하지만 그의 삶은 어느 시기든 회개하고 돌아온다는 것이 얼마나 중요한지를 우리에게 가르쳐 줍니다. 하나님은 그의 기도 속에서 완전한 회개를 보셨기에 응답하신 것입니다. 하나님이 우리를 건져 주시는 구원의 손길이 이루어지게 하려면, 기도의 내용보다 마음을 완전히 바꾸어 전심으로 기도하는 것이 중요합니다.

므낫세의 기도를 들으신 하나님이라면 우리의 기도 또한 들으시지 않겠습니까? 므낫세가 기도의 응답을 받아서 그렇게 회개하고 돌이켜 완전히 달라진 사람이 되었듯이, 우리도 그렇게 될 수 있습니다. 하나님이 당신의 영광을 위해, 당신의 의의 이름을 위해 우리를 인도하고, 우리에게 응답하며 역사해 주실 것입니다. 므낫세의 기도를 드림으로 삶에 변화를 일으켜 하나님의 회복과 영광의 자리로 나아가는 인생이 되기를 축복합니다.

○ 질문

1. 당신이 부모로부터 받은 신앙의 영향은 무엇입니까?

2. 하나님을 진정한 하나님으로서 깨달은 적이 있다면 언제입니까?

인생이 멈췄을 때
기도의 호흡기를 달라

○
○

"그러나 내가 가는 길을 그가 아시나니 그가 나를 단련하신 후에는
내가 순금같이 되어 나오리라 내 발이 그의 걸음을 바로 따랐으며
내가 그의 길을 지켜 치우치지 아니하였고 내가 그의 입술의 명령을
어기지 아니하고 정한 음식보다 그의 입의 말씀을 귀히 여겼도다 그
는 뜻이 일정하시니 누가 능히 돌이키랴 그의 마음에 하고자 하시는
것이면 그것을 행하시나니"(욥 23:10-13).

기도하지 않아도 될 만큼 작은 짐은 없다.
그리고 너무 커서 기도해도 소용이 없는 문제는 없다.

성 패트릭(St. Patrick)

고난에 고난이 더해지다

우리는 욥을 아주 잘 안다고 생각합니다. 하지만 정말 욥의 상태를 제
대로 이해할 수 있을까요? 우리는 이 땅을 살아가면서 여러 가지 고난
을 받습니다. 만사형통하다고 자신할 사람은 거의 없을 것입니다. 인간
의 삶에는 다양한 요소들이 모여 있기 때문에 언제나 어려움이 있기 마
련입니다. 때로는 영적으로나 육적으로 잘되기도 하지만, 어떤 때는 두
가지 다 안 좋을 때도 있습니다. 내 삶이 평탄하면 자녀들이 곤경에 처
하기도 하고, 아이들이 자기 일을 잘하고 은혜 가운데 사는가 싶으면 경
제적으로 어려워지기도 합니다. 이처럼 인간은 다양한 어려움을 가지고
살아갑니다.

하지만 욥의 인생을 보면, 과연 인간이 고통을 당해도 어떻게 이렇
게까지 당할 수 있는지 생각하게 됩니다. 하루아침에 동방에서 가장 큰
부자가 재산을 몽땅 잃었습니다. 그 당시는 오늘날처럼 저축이나 부동
산이 아닌, 가축의 소유에 따라 부의 가치를 매기던 때입니다. 욥의 수
많은 가축이 한꺼번에 스바와 갈대아 사람들의 공격을 받아 빼앗김을

당하고 맙니다. 그의 자식들도 모조리 죽습니다. 가족의 죽음, 특히 자식이 먼저 죽는다는 것은 부모로서 견딜 수 없는 고통입니다. 자식들도 믿음이 좋았고, 욥은 자식들에게도 하나님의 은혜가 임하기를 간절히 바라는 마음으로 잔치가 있을 때마다 하나님 앞에 함께 제사를 드리며 세상 즐거움에만 치우치지 않도록 주의하던 사람이었습니다. 그런데 그런 자식들이 한꺼번에 죽고 말았습니다.

경제적으로 완전히 파탄이 났고, 가정도 붕괴돼 버렸습니다. 그의 아내는 도저히 이해할 수가 없었습니다. 하나님을 잘 믿는 사람이 어떻게 이렇게 망할 수 있는지, 하나님이 살아 계시다면 왜 이런 일이 일어나도록 내버려두시는지 굉장히 화가 났던 모양입니다. 그래서 욥을 향해 욕을 하고 하나님에게 저주를 퍼붓고는 욥을 떠나 버렸습니다. 요즘 말로 하면 가출을 한 것입니다. 가정이 완전히 붕괴되어 버렸습니다.

그런데 이것도 모자라, 새기를 꿈꿀 수조차 없게 욥의 몸에 질병이 왔습니다. 그냥 속으로만 앓는 병이 아니라 온몸이 헐어 진물이 흘렀고, 너무 가려워 기왓장으로 긁을 지경이 되고 말았습니다. 그야말로 경제적으로도 무너지고 병든 거지와 같은 신세가 된 것입니다. 겨우 목숨만 부지한 채 연명하고 있는데, 친구들이 와서 위로해 준다며 건넨 말이 오히려 욥을 괴롭게 하는 말이 되고 맙니다. "한번 봐라. 세상에 너처럼 불행한 사람은 내가 처음 봤다. 어쩌다가 이렇게 된 것인가? 하나님이 너를 저주한 것이 아니라면 어떻게 이런 일이 생길 수 있는가? 그러니 네가 하나님 앞에 회개하고 고침을 받는 게 옳지 않겠는가?" 그들은 바르게 말한다는 것이 욥에게는 큰 상처를 안겨 주었습니다.

그는 이 같은 어려운 지경에도 하나님 앞에 기도했습니다. 그런데 기도의 응답이 없습니다. 한마디로 하나님과 세상과 가정으로부터 철저히 버림받은 사람이 된 것입니다. "내가 어찌하면 하나님을 발견하고 그의 처소에 나아가랴 어찌하면 그 앞에서 내가 호소하며 변론할 말을 내 입에 채우고 내게 대답하시는 말씀을 내가 알며 내게 이르시는 것을 내가 깨달으랴"(욥 23:3-5). 그러니까 그는 지금까지 계속 하나님을 찾으며 기도를 드렸던 것입니다. 하지만 "그가 큰 권능을 가지시고 나와 더불어 다투시겠느냐 아니로다 도리어 내 말을 들으시리라"(욥 23:6) 하며 믿음을 버리지 않습니다. 친구들이 와서 어떤 말을 해도 하나님만은 내 말을 들으실 거라고 믿는 것입니다. 욥만큼 어려움을 당하고 혼란에 빠져 절망적인 사람도 없습니다. 납득할 수 없고, 아무도 납득시켜 주지 못하는 상황입니다.

어려움 속에서도 소망을 잃지 말라

"거기서는 정직한 자가 그와 변론할 수 있은즉 내가 심판자에게서 영원히 벗어나리라"(욥 23:7). 이런 상황에 처해 있으면서도 욥에게는 특별한 점이 있었습니다. 그에게는 하나님을 만나고 싶은 간절한 바람이 있었다는 것입니다. 이는 하나님 앞에 호소했을 때 무엇이 잘못됐는지, 어떻게 해야 할지를 하나님이 말씀해 주실 것이고, 그것을 깨닫게 해 주실 거라는 믿음입니다. 또 하나님은 나와 다투시는 분이 아니라, 내 처지를 들어 주시고 내가 정직하게 살아온 것을 말씀드릴 수 있으므로, 내가 이 심판에서 벗어나게 될 것이라는 마음가짐입니다.

욥은 단 한 번도 하나님을 부인하거나 원망하지 않았습니다. 인간이 당할 수 있는 최악의 시련을 겪으면서도 욥은 하나님이 없다고 저주하지 않았습니다. 인간이 최후까지 끊지 말아야 하는 신앙의 줄기가 바로 이것입니다. 억울한 일을 당할지라도, 하나님이 없다고 부정하거나 하나님을 원망하는 일은 하지 마십시오. 이것은 모든 것을 포기하는 것입니다.

욥에게는 하나님을 만나면 응답받는다는 확신이 있었습니다. 이는 '내가 지금 하나님과 만나지 못해서 그렇지, 하나님을 만나면 기도의 응답을 받는다'는 믿음입니다. 그리고 그에게는 하나님을 만나면 지금 받는 이 심판과 어려움에서 벗어나게 될 것이라는 소망이 있었습니다. 다시 말하면, 욥은 현실의 고난에 집중한 게 아니라, 어떻게 하면 하나님을 만날 것인가에만 집중한 것입니다. "어디로 가면 만납니까? 동쪽으로 가면 만납니까, 서쪽으로 가면 만납니까? 북쪽으로 가면 만납니까, 아니면 남쪽으로 가면 만납니까? 이 산으로 가면 만납니까, 이니면 저 산으로 가면 만납니까?" 이것을 우리에게 적용해 보면, 하나님을 만나 그분의 응답이 나타나기를 끝까지 기도해야 된다는 교훈이기도 합니다. 성경은 욥이 얼마나 하나님 앞에 열심히 기도했는지 그리고 하나님이 어떻게 응답하실 것인지를 기대하고 하나님을 찾아 왔는지를 기록하고 있습니다.

이렇게 실낱같은 희망이라도 가지고 하나님을 믿고 기도하자, 기도하는 가운데 그의 입에서 "내가 가는 길을 그가 아시나니 그가 나를 단련하신 후에는 내가 순금같이 되어 나오리라"(욥 23:10)라는 고백이 툭! 튀어나옵니다. 여기에서도 세 가지 중요한 의미를 표현하고 있습니다. '내가 가는 길은 하나님이 아신다, 하나님은 나를 멸망시키는 것이 아니라 지금 단련시키고 계시다, 그리고 하나님은 나를 결국 순금같이 만들어 내실 것이다.' 이것이야말로 소망이고 믿음입니다. 이런 사람은 반드시 응답을 받습니다.

결국 그는 나중에 모든 것이 회복되어 병도 낫고, 다시 자녀들도 낳게 됩니다. 그리고 그 자녀들이 결혼해서 대를 잇는 축복을 받습니다. 그가 잘못 알던 것에 대해 하나님으로부터 지적을 받기도 합니다. 결국 욥은 그 어려움 속에서도 하나님 앞에 매달리고 하나님을 의지함으로 처음보다 더 큰 복을 받게 됩니다. 그가 믿음을 버리지 않고 소망을 가지고 하나님 앞에 기도한 결과입니다. 욥이 처절한 기도 속에 담고 있던 것은 믿음과 소망이었습니다.

우리가 하나님을 믿는다면 소망을 가질 것이고, 소망을 가진다면 기도하게 될 것입니다. 기도할 때 한탄하고 마음 졸이는 그 지점에만 머물지 마십시오. 그럴수록 기도하고, 그럴수록 하나님을 바라보며 그분의 인도하심을 소망하면 욥을 건져 내신 하나님, 아니 건져 내는 정도가 아니라 욥에게 더 큰 복을 주신 그 하나님이 오늘 당신의 기도에 응답해 주실 것입니다.

◯ 질문

1. 하나님이 믿음의 사람들을 고난 가운데 있도록 내버려두시는 이유는 무엇입니까?

2. 당신은 욥과 같은 사람입니까, 아니면 욥의 친구들 같은 사람입니까? 그렇게 생각하는 이유는 무엇입니까?

12 다윗의 주의 이름을 구하는 기도

주의 이름이
기도 응답의 알파와 오메가다

○
○

"어떤 사람은 병거, 어떤 사람은 말을 의지하나 우리는 여호와 우리
하나님의 이름을 자랑하리로다 그들은 비틀거리며 엎드러지고 우리
는 일어나 바로 서도다 여호와여 왕을 구원하소서 우리가 부를 때에
우리에게 응답하소서"(시 20:7-9).

하나님의 이름을 구하다

시편 20편은 다윗이 전쟁에 나가면서 쓴 시입니다. 2인칭으로 다윗을 지칭하기 때문에 그가 직접 썼는지, 아니면 다른 사람이 '다윗을 위한 시'를 써서 헌정한 것인지 논란이 있기도 하지만, 성경은 분명히 '다윗의 시'라고 기록하고 있습니다.

1절은 "환난 날에 여호와께서 네게 응답하시고"라고 말씀합니다. 어느 날 갑자기 환난이 닥쳐 어려움이 생겼다는 의미가 아니라, 다윗이 전쟁을 앞두고 쓴 것입니다. 우리가 잘 아는 것처럼, 전쟁은 목숨을 걸고 하는 것입니다. 칼과 창이 부딪는 소리가 난무하고, 함성과 방패의 마찰 소리 및 철퇴와 공성퇴 소리가 온 전장을 가득 뒤덮을 것입니다. 죽어라고 외치는 소리와 죽음의 비명 소리가 뒤엉킬 것입니다. 이러한 상황 속에서 상대가 죽지 않으면 내가 죽어야 하는 절체절명의 순간을 맞이하게 됩니다. 죽음 앞에 긴장하지 않을 사람은 물론, 속으로 공포에 비명을 지르지 않을 사람은 한 사람도 없을 것입니다.

다윗이 다른 사람과 차이가 있다면, 그는 전쟁에 나가면서 하나님 앞에 기도를 드렸다는 것입니다. 역사를 통해 보면 이 세상 최고의 왕들, 최고의 장수들도 전쟁에 나갈 때는 자신이 믿는 신에게 제사를 드렸습니다. 알렉산더도 그랬고, 칭기즈 칸도 그랬습니다. 다시 말하면, 위대한 장군일수록, 큰 전쟁에 나갈수록 모든 이들이 똑같이, '내가 아무리 용맹하고 기술이 탁월하다 할지라도 신의 도움이 필요하다'고 생각했다는 것입니다.

사업을 하는 사람도 마찬가지입니다. 노력만 하면 된다고 생각하는 사람은 큰 사업가가 아닙니다. 큰 사업가들은 공통적으로 "뒤에서 돕는 손길이 있었다, 나는 행운이 따랐을 뿐이다"라고 고백합니다. 보이지 않는 손, 이것이 굉장히 중요한 것입니다.

그렇다면 알렉산더 대왕도, 칭기즈 칸도, 또 당대를 호령했던 유명한 왕들도 제사를 지내고 신의 힘을 빌리기를 원했다면, 다윗과의 차이는 무엇일까요? 결국은 다 비슷하지 않느냐 물을지 모르겠습니다. 그러나 분명 차이가 있습니다. 다윗은 하나님 앞에 기도했다는 것이고, 그들은 없는 신에게, 혹은 우상에게 기도했다는 것입니다.

우리는 기록으로 알고 있는 영웅 중에 가장 탁월한 장수로 다윗을 꼽을 수 있습니다. 사람들은 왜 다윗을 탁월한 장수라고 말하는 것일까요? 모든 장수들은 다 침략 전쟁을 했지만, 다윗은 그러지 않았습니다. 다윗은 전쟁에 나가서 패해 본 적도 없습니다. 다윗만큼 전쟁에 나가 싸우면서도 아름다운 문학적 기질과 심미적 가치의 신앙을 가진 사람은 없습니다. 또한 다윗처럼 어릴 때부터 용사였던 사람은 없습니다.

다윗이 이 같은 용맹함을 가지게 된 근원은 무엇일까요? 이렇게 탁월한 전쟁을 치를 수 있고, 이렇게 놀라운 성과를 이룰 수 있었던 이유는 딱 한 가지입니다. 그는 항상 하나님을 등에 업고, 하나님을 의지하고 전쟁에 임했기 때문입니다. "어떤 사람은 병거, 어떤 사람은 말을 의지하나 우리는 여호와 우리 하나님의 이름을 자랑하리로다"(시 20:7).

여기서 '어떤 사람'은 상대방을 말합니다. 우리는 세상적 시각으로 '병거와 말이 많으면 당연히 이기는 싸움이다'라고 생각합니다. 병거가 많으면 마차를 타고 가면서 칼로 휘두르기 때문에 그냥 맨몸으로 나오는 것과는 상대가 될 수 없습니다. 또한 말을 타고 가면 위에서 적군을 내리칠 수 있기에 훨씬 더 능률적입니다. 그러나 다윗은 병거와 말이 아닌 하나님을 등에 업고 나간다고 말합니다. 골리앗을 칠 때도 "너는 칼과 창과 단창으로 내게 나아오거니와 나는 만군의 여호와의 이름 곧 네가 모욕하는 이스라엘 군대의 하나님의 이름으로 네게 나아가노라"(삼상 17:45)라고 선포하던 그입니다. 그러니까 적들의 믿음은 칼과 단창이요, 자기의 힘이요, 말과 마병을 의지하는 한계의 믿음입니다. 그러나 다윗의 한계는 하나님이었습니다.

열린 눈으로 하나님이 주시는 승리를 바라보라

하나님 앞에 기도하는 사람은 약한 사람일까요, 무한한 능력의 사람일까요? 이것을 아는 것은 엄청난 인식의 확장을 가져옵니다. 우리는 당장 내가 아프고, 내가 힘들고, 내가 처리해야 할 일이 있으니까, 즉 어떤 도움이라도 필요하니까 "하나님, 하나님이 계신지 안 계신지 모르겠지만 날 좀 도와주세요"라고 기도하곤 합니다. 그러나 이런 기도는 성경에 나오는 대로 그렇게 자신을 내보이는 무한하신 하나님을 믿고 의지하면서 그 앞에 기도하고 나아가는 것과 얼마나 큰 차이가 나는지를 알아야 합니다. 교회에 나와 아무 생각 없이 앉아 있는 것과 교회에 나와서 하나님의 영광을 바라보며 예배를 드린다는 인식 사이에는 엄청난 간극이 존재합니다. 온 우주를 창조하고 주관하시는 그 하나님 앞에 기도한다는 것은 놀라운 은혜입니다. 다윗은 항상 그랬습니다.

다윗은 하나님에 대한 눈이 열려 있는 사람이었습니다. 그는 맑은 시냇가로, 푸른 초장으로 인도하시는 하나님에 대한 아름다운 시를 썼으며, 환난 중에 힘이 되시는 하나님, 원대하고도 강력한 힘의 하나님을 바라보며 기도했습니다. 이처럼 하나님을 향해 눈이 열려 있다는 것은 참으로 경이롭고 부러운 점이 아닐 수 없습니다.

하나님이 우리에게도 기도 가운데 이와 같은 은혜를 베풀어 주시기를 소망합니다. 정말 이 눈이 열려야 합니다. 하나님에 대한 눈이 열려 있으니 마병이 우습게 보이는 것입니다. 나는 하나님의 능력으로 나아가는데 적들은 마병을 믿고 나아오니 그들이 조금도 무섭지 않은 것입니다. 그들의 눈에는 다윗이 하찮게 보였을 것입니다. 그러나 그들이 아무리 수적으로 월등하다 할지라도, 의지하는 대상이 완전히 다릅니다. 마병은 수단일 뿐, 의지의 대상이나 자신을 가늠하는 척도가 될 수는 없습니다.

우리는 오늘도 삶의 현장으로 나가서 세상 사람들과 전쟁을 치르듯이 살아야 합니다. 그들은 말과 마병으로 무장하고 나올 것입니다. 물론 우리도 말을 타고 나갈는지 모릅니다. 어쩌면 칼만 든 채 맨몸으로 나갈 수도 있습니다. 그러나 그들과 우리와의 차이는 무엇입니까? 우리는 여호와 하나님이 나의 아버지가 되신다는 것입니다. 우리는 그 하나님을 등에 업고 나간다는 것입니다. 이런 엄청난 차이가 있는 것입니다.

백전백승의 비결

8절은, "그들은 비틀거리며 엎드러지고 우리는 일어나 바로 서도다"라고 말씀합니다. 이 말은 무슨 뜻입니까? 그들은 우리에게 패할 것이요, 우리는 반드시 승리할 거라는 것입니다. 왜 그렇습니까? 하나님은 실패하는 일이 없으신 왕 중의 왕이요, 가장 탁월한 능력자시요, 유일한 하나님이시기 때문입니다. 저들은 쓰러질 것입니다. 그러나 우리는 일어설 것입니다. 우리는 이 믿음을 가지고 나아가야 합니다.

전쟁에 나가면 창에 찔려 죽지 않는다 해도 창이나 칼에 상처를 입을 수 있습니다. 우리의 군사가 조금 다치거나 죽을 수도 있습니다. 그러나 하나님은 반드시 우리로 하여금 승리하게 하실 것입니다. 우리를 이기게 해 주실 것입니다. 다윗은 지금 이것을 고백하는 것입니다. 그리고 "여호와여 왕을 구원하소서 우리가 부를 때에 우리에게 응답하소서"(시 20:9)라고 기도하면서 나아가는 것입니다. 못 믿는 것이 아닙니다. 신뢰한다는 고백입니다.

인생의 전쟁터에 나가는 우리도 다윗처럼 기도해야 합니다. 그들은 말과 마병으로 나올 것입니다. 그러나 우리는 하나님을 모시고 나갑니다. 그들은 쓰러질 것입니다. 그러나 우리는 반드시 주의 이름으로 승리하게 될 것입니다.

"하나님이여, 우리를 구원해 주시옵소서. 나의 기도에 응답해 주시옵소서."

질문

1. 당신이 가진 가장 강력한 무기는 무엇입니까?

2. 당신은 인생이라는 전쟁터에서 하나님의 능력을 힘입어 승리를 경험한 적이 있습니까?

기도는
하나님의 손을 맞잡는 일이다

8

"내 육체와 마음은 쇠약하나 하나님은 내 마음의 반석이시요 영원
한 분깃이시라 무릇 주를 멀리하는 자는 망하리니 음녀같이 주를 떠
난 자를 주께서 다 멸하셨나이다 하나님께 가까이함이 내게 복이라
내가 주 여호와를 나의 피난처로 삼아 주의 모든 행적을 전파하리이
다"(시 73:26-28).

인생을 살다 보면 신앙인으로서 종종 갈등할 때가 있습니다. '왜 악한 사람이 잘되는 걸까? 저들은 저렇게 자기 힘을 과시하며 자기 마음대로 행동하고 사는데 왜 괜찮은 것일까? 반대로 나는 하나님의 뜻대로 살려 하고, 하나님의 인도하심을 받으려 하는데 왜 이렇게 되는 일이 없을까?' 나도 모르게 세상 사람들을 보면 부럽기도 하고, 믿는 내가 초라해 보이기도 하는 혼란을 겪을 때가 있습니다. 예수 그리스도를 믿고 살아가는 것은 굉장한 특권이요, 은혜 충만하고 소망이 있는 것임에도 불구하고 피해의식에 사로잡혀 살 때가 있다는 것입니다. 물론 이것은 정상이 아니고, 신앙이 약해진 상태입니다.

마음의 혼란을 고백하는 아삽의 기도

아삽도 그런 생각을 했던 것 같습니다. 아삽의 기도는 이렇게 시작됩니다. "하나님이 참으로 이스라엘 중 마음이 정결한 자에게 선을 행하시나 나는 거의 넘어질 뻔하였고 나의 걸음이 미끄러질 뻔하였으니 이는 내가 악인의 형통함을 보고 오만한 자를 질투하였음이로다 그들은 죽을 때에도 고통이 없고 그 힘이 강건하며"(시 73:1-4).

하나님을 알지 못하는 자들이 오히려 잘 먹고 잘사는 것 같고, 건강하게 살다 죽는 것처럼 보입니다. 그러나 거만해 보이는 사람들조차 다 환난이 있고, 속으로는 가슴앓이를 하며, 마지막에는 모두가 고통 가운데 죽습니다. 그런데 믿는 사람들은 하나님이 축복을 내려 주셔서 더 잘되고, 윤택한 가운데 건강하게 죽어야 한다는 일종의 의무감을 가지곤 합니다. 그래서 자신이나 믿는 사람들이 그렇지 못한 것처럼 느껴질 때, 상대적으로 믿지 않는 사람이 대단하게 살아가는 것처럼 보이는 것입니다. 믿음이 강하지 못할 때 다른 사람들이 더 대단해 보이는데, 사실은 그렇지 않습니다.

14절에 보면 마음의 혼란이 정점을 이룹니다. "나는 종일 재난을 당하며 아침마다 징벌을 받았도다." 자기 자신을 보았을 때는 모든 것이 안 되는 것처럼 보입니다. 믿음이 약한 사람이나 잘못된 믿음, 혹은 언저리 믿음을 가지고 있는 사람은 이렇게 시달립니다. 이런 혼란이 해결되는 자리가 어디일까요? 이와 같은 고민거리가 역전되는 자리가 있습니다. "하나님의 성소에 들어갈 때에야 그들의 종말을 내가 깨달았나이다"(시 73:17). '하나님의 성소', 즉 거룩한 자리에 들어가 기도할 때에야 비로소 이 진정한 가치를 알게 되었다는 것입니다.

사실 세상은 혼탁하고, 기세를 부리며 잘되는 것처럼 느껴집니다. 그만큼 사탄도 그 힘을 뻗어 나갑니다. 그에 비해서 우리는 힘이 없는 것처럼 느껴지고 점점 더 미약해져 가는 것만 같습니다. 이때 믿는 사람으로서 우리가 해야 할 일은 기도입니다.

기도함으로 하나님의 시각을 가지라

기도하면 이 문제가 해결되는 이유가 있습니다. 하나님의 살아 계심을 알게 되면 자연스럽게 나타나는 반응이 무엇입니까? '하나님이 이것을 다 보고 계시고, 하나님이 이 문제를 처리해 가신다. 할렐루야.' 이렇게 고백하게 되기 때문입니다. 믿음의 눈, 영의 눈, 이것이 열려야 되는 것입니다. 하나님이 당신의 기도에 이 눈을 열어 주시기를 원합니다.

하나님이 살아 계시며 역사하신다면, 그 하나님은 누구를 도우며 누구를 인도하시겠습니까? 믿는 자, 그 가운데서도 기도하는 자를 돕지 않으시겠습니까? 하나님은 기도로 믿음의 자리를 지켜가는 이들을 인도해 주실 것입니다.

세상의 모든 고민 앞에서, 너무나도 억울한 일을 당했을 때, 또는 일이 이상하게 꼬이는 것처럼 보일 때 우리가 할 수 있는 것은 기도입니다. 기도의 자리에 나와서 기도하고 또 기도하면, 우리 마음속의 안개가 하나씩 걷히고 구름이 사라지면서 '하나님은 살아계신다. 그 하나님이 역사하신다'라는 마음이 듭니다. 하나님의 그 은혜의 손길, 공의의 손길, 전능의 손길이 있다는 것을 알게 됩니다. 그리고 그 전능하신 손길을 의지하게 됩니다. 그러면 마음에 하나님의 자비로우심과 그 은혜를 느끼게 되는 것입니다.

그렇기에 '기도하는 성소'는 굉장히 중요합니다. 아삽 역시 기도하는 성소에 들어간 이후 그의 고백이 역전되는 것을 볼 수 있습니다. "내 육체와 마음은 쇠약하나 하나님은 내 마음의 반석이시요 영원한 분깃이시라"(시 73:26). 나는 육체도 쇠잔하고 마음도 쇠잔하나, 하나님은 내 마음의 반석이시요, 영원한 분깃이시라는 놀라운 고백을 하게 됩니다. 정말 하나님이 그러하시다는 고백입니다.

인간은 쇠잔할 수 있습니다. 영혼도 쇠잔할 수 있습니다. 그러나 '하나님은 내 마음의 반석이시요 영원한 분깃'이라는 믿음이 마음속에 점점 확실하게 자리를 잡으면 마음이 정리되기 시작합니다. 그러면서 힘을 받게 됩니다.

아삽은 이어서 "무릇 주를 멀리하는 자는 망하리니 음녀같이 주를 떠난 자를 주께서 다 멸하셨나이다"(시 73:27)라고 고백합니다. 자기는 떠나지 않았다는 것입니다. 자신은 떠나지 않았으나, 떠난 자는 반드시 망한다고 강조하는 것입니다. 세상 사람들이 그렇게 하는 것을 보면서 마음이 미끄러져서 "주님 믿어 봤자 소용이 없네" 하면서 떠나면 다 망한다는 것입니다.

주님 앞에 나와서 기도하는 사람은 이렇게 자신만만하게 말할 자격이 있습니다. 이는, '주를 가까이하는 자는 흥하리니 믿음의 의인들처럼 주님을 가까이한 자를 주께서 다 축복하신다'라고 바꿔 말할 수 있습니다. 그러므로 마지막 28절을 마음에 담고 잊어서는 안 됩니다. "하나님께 가까이함이 내게 복이라 내가 주 여호와를 나의 피난처로 삼아 주의 모든 행적을 전파하리이다." 그는 얼마나 기뻤던지, "하나님을 가까이함이 내게 복이라. 주님이 나의 피난처가 되심으로 내가 주님을 피난처로 삼아 하나님이 나에게 행하시는 그 은혜와 축복들, 인도하심과 능력의 손길들까지 내가 받은 것들을 사람들한테 증거하겠다"고 고백하는 것입니다.

고민과 환난 가운데 있다면, 그 모든 것을 가지고 주님 앞으로 나오십시오. 주님을 당신의 피난처로 삼으십시오. 그리고 주님 앞에 그 모든 문제를 고하십시오. 하나님은 우리의 반석이시요, 우리의 영원한 분깃이며 피난처시요, 우리 기도에 응답하실 유일한 분이십니다. 기도하면서 하나님이 주시는 위로와 힘을 얻어, 오늘도 주님과 함께 살아가는 삶이 되기를 간절히 소망하십시오.

질문

1. 세상에서 악한 자들이 득세하는 것에 대해 당신은 어떻게 생각합니까?

2. 세상의 방법이 아닌 하나님의 방법을 따라 묵묵히 살아가는 삶에는 어떤 유익이 따릅니까?

사울의 때를 놓치지 않는 기도

하나님의 때,
기도의 알람이 울린다

8

"너희는 여호와를 만날 만한 때에 찾으라 가까이 계실 때에 그를 부르라 악인은 그의 길을, 불의한 자는 그의 생각을 버리고 여호와께로 돌아오라 그리하면 그가 긍휼히 여기시리라 우리 하나님께로 돌아오라 그가 너그럽게 용서하시리라 이는 내 생각이 너희의 생각과 다르며 내 길은 너희의 길과 다름이니라 여호와의 말씀이니라 이는 하늘이 땅보다 높음같이 내 길은 너희의 길보다 높으며 내 생각은 너희의 생각보다 높음이니라"(사 55:6-9).

기도는 하나님이 우리에게 내려 주신 최고의 선물입니다. 세상 모든 사람이 다 기도할 수 있으나, 하나님에게 기도할 수 있는 권한을 받지 못한 사람도 너무나 많습니다. 예수 그리스도를 믿어서 진정으로 하나님 앞에 기도할 수 있는 사람들은 그야말로 특권을 받은 것입니다.

성경은 "너희는 여호와를 만날 만한 때에 찾으라 가까이 계실 때에 그를 부르라"(사 55:6)라고 말씀합니다. 하나님을 믿고 예수 그리스도 안에 있다고 하면서도 기도의 중요성을 느끼지 못하는 사람이 있습니다. 기도하려는 마음이 있다는 것 그리고 하나님 앞에 나아가 기도할 수 있다는 것은 매우 큰 축복입니다.

예수님을 믿는다고 하고 교회에 다니면서도 기도를 소홀히 하는 사람들이 많습니다. 물론 나름의 이유는 있을 것입니다. 그러나 그 이유가 하나님 보시기에도 "그래, 그 상황에서는 어쩔 수 없지"라고 인정하실 만한 이유일까요? 저는 그렇게 생각하지 않습니다. 하나님은 우리를 그리스도 안에서 불러 주셨습니다. 따라서 우리는 기도할 때를 놓치지 말아야 합니다. 하나님이 기도할 기회를 주셨을 때 기도하는 것은 굉장히 중요합니다. 그래서 하나님이 가까이 계실 때 그를 부르고, 또 만날 만한 때에 만나야 합니다.

사울을 통해 배우는 네 가지 교훈

기도할 수 있는 기회를 놓치지 말라

한번 생각해 보십시오. 이스라엘의 초대 왕이었던 사울도 하나님을 믿었습니다. 그도 처음 왕이 되었을 때는 하나님 앞에 나아와 기도했을 것입니다. 그러나 기도하고 겸손히 하나님의 인도하심을 받는 일에 형식적이었고, 그러다 보니 아주 중요한 부분에서 실수를 반복하게 됩니다. 하나님 앞에 엎드려 기도해야 할 때 기도하지 않고, 하나님의 뜻에 맡겨야 할 것도 자기가 해 버립니다. 상황이 안 좋으면 하나님 앞에 나아와 기도해야 하는데 하지 않습니다. 악신에게 휘둘릴 때도 기도했다는 말이 없습니다. 블레셋과의 전쟁을 앞둔 상태에서 긴장은 점차 고조되고 상황은 긴박하게 돌아가는데, 기도하고 하나님의 인도하심을 받기보다는 자기가 제사장처럼 제사를 드려 버립니다. 이후 여러 번 후회하는 심정을 토로하지만, 후회에 머무를 뿐 회개하지 않습니다. 그러다 나중에는 하나님 앞에 기도할 기회마저도 상실해 버립니다.

하나님이 기도할 기회를 주셨을 때 기도할 수 있는 것은 축복입니다. 하루를 마치고 하나님 앞에 엎드려 기도하는 것, 새벽마다 주님 앞에 나아가 기도하는 것은 의무가 아니라 축복인 것입니다. 이 축복을 믿고 나아와 기도한다면, 이건 정말 축복 중에 축복이라 할 수 있습니다. 우리는 간혹 '죽기 전에 기도하면 되지'라고 생각합니다. 하지만 사울을 보십시오. 그는 자신이 언제 죽을지를 몰랐기에 결국 전쟁에 나가서 기도 한번 하지 못한 채 죽고 말았습니다. 다른 사람이라면 죽음을 앞둔 순간에라도 하나님을 부르며 기도했을 것입니다. 그러나 하나님이 기도할 때를 주셨으나 기도하지 않고 하나님을 찾지 않았던 사람인지라, 죽음 앞에서도 기도하지 못합니다. 그러므로 기도할 수 있을 때 기도한다는 것은 참으로 중요한 일입니다. 아침마다 주님 앞에 나와서 기도한다면 그처럼 잘하는 일이 없습니다.

하나님 앞으로 돌아가라

기도할 수 있을 때 기도하는 것만큼 중요한 것이 또 있습니다. "악인은 그의 길을, 불의한 자는 그의 생각을 버리고 여호와께로 돌아오라 그리하면 그가 긍휼히 여기시리라 우리 하나님께로 돌아오라 그가 너그럽게 용서하시리라"(사 55:7). 불의한 마음을 버리고 하나님 앞에 돌아오는 것, 이것이 두 번째로 중요한 것입니다. 기도하는 동안 자꾸 마음에 걸리는 것이 있다면 떨쳐 버리십시오. 우리는 그것이 없어도 살 수 있습니다. 또 그것이 그야말로 치명적인 아픔을 주는 것이라 할지라도 하나님 앞에 떨쳐 버리고, 즉 그 '생각을 버리고' 은혜의 품속으로 '돌아오라'고 하십니다. 정리하자면, 회개하고 하나님 앞으로 제대로 나아오라는 것입니다. 우리에게는 이런 태도가 필요합니다. 입으로만 하는 기도가 아니라, 우리 삶에서의 기도가 중요하다는 것입니다.

하나님과 우리의 다름을 인정하라

그런데 기도할 때 생각해야 하는 아주 중요한 것이 또 하나 있습니다. 우리는 이 구절을 꼭 기억해야 합니다. "이는 내 생각이 너희의 생각과 다르며 내 길은 너희의 길과 다름이니라 여호와의 말씀이니라"(사 55:8). 하나님의 생각과 우리의 생각이 다르다는 것을 인정하는 것입니다. 우리가 원하고 바라는, 그랬으면 좋겠다는 그 생각과 하나님의 생각이 다를 수 있습니다. 우리는 이것을 받아들여야 합니다. 그럴 때 믿음이 성장합니다. 나는 이것을 원하나 하나님은 다른 것을 말씀하실 수 있습니다. 사람 사이에도 차이가 존재하는데, 하나님과 우리와의 차이는 훨씬 더 크지 않겠습니까?

여기에서 이야기하는 '다름'은 수평적인 다름입니다. 하나님은 우리와 다르실 수 있습니다. 그러나 우리가 믿을 수 있는 것은 무엇입니까? 하나님의 다름과 나의 다름 중에 옳은 것은 하나님의 다름이라는 것입니다. 그렇다면 우리는 기도하지 말아야 할까요? 기도할 필요가 없는 것일까요? 아닙니다. 하나님은 우리가 기도하는 동안에 우리의 마음과 생각을 당신의 방법으로 이끌어 가십니다. 그래서 기도가 필요한 것입니다.

또 하나 중요한 내용이 9절에 나옵니다. "이는 하늘이 땅보다 높음같이 내 길은 너희의 길보다 높으며 내 생각은 너희의 생각보다 높음이니라." 하나님과 우리 사이에는 수직적 다름이 있다는 것입니다. 이는 수준의 차이라고 할 수 있습니다. 어른과 아이의 생각의 차이는 엄청납니다. 만약 하나님은 가만히 앉아 계시고 우리가 말하는 것마다 "그래, 맞다", "그래, 다 들어줄게"라고 하신다면, 하나님은 능력만 있지 생각은 없다고 할 수 있을 것입니다. 하나님과 우리는 수평적 차이도 있고 수직적 차이도 있습니다. 그렇기에 우리는 하나님 앞으로 돌아가서 하나님을 '믿어야' 하는 것입니다. 그러면 하나님이 가장 좋은 것으로 주실 거라 믿습니다.

하나님의 응답이 최선임을 믿으라

우리는 어떤 문제를 가지고 하나님 앞에 기도합니다. 기도에 큰 문제가 없다면 항상 그대로 응답하십니다. 그러나 하나님의 생각은 우리의 생각보다 높으십니다. 능력의 차도 있고, 지혜의 차도 있고, 앞일을 보는 통찰력에도 차이가 있습니다. 우리는 비교 대상조차 되지 못합니다. 그러니 우리가 할 수 있는 것은 기도하고 하나님을 믿는 것뿐입니다. 못 믿는 것은 기도 실컷 해 놓고 전능하신 하나님 앞에서 떼쓰는 것과 똑같습니다.

하나님 앞에 기도하고 하나님을 믿으십시오. 이렇게 모범을 보이신 분이 예수님입니다. 예수님은 돌아가시기 전 겟세마네 동산에서 무슨 기도를 하셨습니까? '내 잔을 멀리 떠나게 해 달라, 할 수 있으면 이 잔을 마시지 않게 해 달라'는 것이 예수님의 기도였습니다. 그러나 하나님의 뜻은 예수님의 뜻과 달랐습니다. 잔을 마시는 것이었습니다. 그 자리에서 예수님은, '하나님의 뜻이 옳습니다' 하고 순종하며 고난의 길로 가셨습니다.

사도 바울도 전도 여행을 할 때 문제를 놓고 기도하고 그 길로 가기를 원했으나 몇 번이나 막히는 일이 있었습니다. 하나님의 뜻이 그의 뜻과 달랐던 것입니다. 하나님을 위한 것인데도 다를 수 있습니다. 그럴 때 하나님의 뜻이 꺾여 내가 원하는 대로 되는 게 아니라, 하나님이 우리를 설복(說伏)시키십니다.

그러므로 우리는 이 네 가지를 잊지 말아야 합니다. 기도하고, 돌아와서, 하나님이 우리와 다름을 인정하고, 하나님을 믿으라는 것입니다. 그러면 우리의 기도는 신나는 특권으로 다가올 것입니다. 우리는 눈앞에 보이는 것을 원하며 기도하는데, 하나님은 우리의 기도만이 아니라 기도의 원인까지도 알고 인도하십니다. 그렇기에 하나님은 "내가 가까이 있을 때 나를 찾고, 네가 기도해야 할 때 기도하라"고 하시는 것입니다.

열심히 기도하십시오. 하나님의 최상의 응답, 하나님의 인도하심을 받게 될 것입니다.

○ 질문

1. 당신이 하나님의 영역을 침범했다고 느낄 때는 언제입니까?

2. 기도할 기회가 찾아왔을 때 그 기회를 붙잡기 위해 당신이 노력해야 할 영역이 있다면 무엇입니까?(예: 매일 기도의 시간을 정한다, 매일 말씀을 읽는다)

15 예레미야의 부르짖는 기도

부르짖음으로
기도의 초인종을 울리라

8

"예레미야가 아직 시위대 뜰에 갇혀 있을 때에 여호와의 말씀이 그에게 두 번째로 임하니라 이르시되 일을 행하시는 여호와, 그것을 만들며 성취하시는 여호와, 그의 이름을 여호와라 하는 이가 이와 같이 이르시도다 너는 내게 부르짖으라 내가 네게 응답하겠고 네가 알지 못하는 크고 은밀한 일을 네게 보이리라"(렘 33:1-3).

기도는
역경을 먹고 자라난다.

유진 H. 피터슨(Eugene H. Peterson)

기도에 관심 있는 사람들이 좋아하는 성경 구절 가운데 하나가 예레미야 33장 3절입니다. 333이라서 잊어버릴 수도 없습니다. 하지만 이 구절의 진정한 의미가 무엇인지를 바르게 아는 것이 더욱 중요합니다. 우리는 단순히 우리 삶에 필요한 성경 구절을 자의적으로 해석하고 의지하려는 성향이 있는데, 이 장에서는 이 구절을 바르게 이해해 보려 합니다.

예레미야에게 임한 계시

1절에 보면, 예레미야는 시위대 뜰에 갇혀 있습니다. 이곳은 절대 놓쳐서는 안 되는 중요한 죄수를 가두고 시위대가 지키는 왕의 감옥입니다. 예레미야는 이스라엘 백성에게 회개하라고 외쳤다가 갇혔습니다. 회개하라는 외침은 그들을 정죄하는 것이기에 가둔 것입니다. 특히 권좌에 있는 사람이나 종교 지도자들에게는, '지금 너희들이 잘못 다스리고 잘못 가고 있으니 하나님이 회개하라고 하신다'는 뜻으로 들린 것입니다.

어떤 면으로는 사회적으로 아주 인기 없는 선지자가 예레미야였습니다. 하나님이 그에게 회개를 촉구하게 하는 사명을 주셨기에 그렇게 외쳤을 뿐인데, 많은 사람에게 배척당해 감옥에 갇히는 일을 당합니다. 장관 집의 우물에 갇혔다가 풀려났는데도 계속 그러니까, 이제는 아예 다른 사람과는 접촉조차 불가능한 시위대 뜰 안에 가둬 버린 것입니다.

그렇다면 예레미야는 지금 무엇을 원하겠습니까? 우리의 일반적인 생각으로는 그 뜰에서 벗어나는 자유일 것입니다. 마치 안개 속에 갇힌 듯 답답한 상황이 아닐 수 없습니다. 언제 풀려날지, 어떤 일이 벌어지게 될지 알 수 없는 감옥에 있는 것을 좋아하는 사람은 아무도 없기 때문입니다.

그런데 감옥에 갇혀 있는 그때, 하나님의 계시가 그에게 내렸습니다. '너는 내게 부르짖으라'는 것입니다. 예레미야는 선지자입니다. 기도 안 하는 사람이 아닙니다. 그런데 인간적으로 가장 답답한 상황에 놓여 있는 그때, 하나님은 그에게 부르짖으라는 계시를 주신 것입니다. 우리는 계시라 하면 뭔가 대단하고 황홀한 현상이 하늘로부터 펼쳐져야 한다고 생각합니다. 하지만 하나님은 '부르짖으라'고 말씀하십니다. 이미 32장에서 목청껏 부르짖던 예레미야에게 더 부르짖으라고 하시는 것은 그다지 어울리지 않는 것 같습니다. 그렇다면 예레미야에게 또 부르짖으라고 하시는 의도는, '더 열심히 기도해라, 더 간절히 기도해라'라는 말씀으로 해석할 수 있습니다.

그러므로 원망할 게 아니라, 어려우면 어려울수록 더 부르짖어야 합니다. 너무 속상해도 왜 이런 일을 당해야 하느냐며 원망하지 말고, 더 기도해야 하는 것입니다. 화나는 일이 있으면 순식간에 그 화가 내 마음을 사로잡습니다. 그때 하나님 앞에 기도하십시오. 하나님은 우리의 기도를 듣기 원하십니다. 우리의 기도 가운데 역사하기를 바라십니다. 믿음의 사람이라면 이것을 잊지 말아야 합니다. 하나님은 부르짖으면 응답하겠다고 하십니다.

재미있게도 개역한글 성경은 우리가 알지 못하는 크고 '비밀한' 일을 보이겠다고 번역해 놓았습니다. '비밀한'이나 '은밀한'이나 같은 맥락입니다. 무언가 특별한 일을 보여 주신다는 것입니다. 응답과 기도에 대한 강조입니다.

이 한 구절 안에는 무수한 강조가 있는데, 그냥 응답하는 것이 아니라 '반드시 응답하겠고, 크고 은밀한 일을 보이겠다'고 강조하고 있습니다. 사용되는 인칭대명사도 '너는 내게', '내가 네게', '네가 네게', 이렇게 'you, I', 'I, you' 등으로 계속해서 반복합니다. '내가 너에게 꼭 응답하겠다'는 강조입니다. 응답하시는 분은 오직 하나님밖에 없습니다. 그런데도 하나님은 '내가 너에게 응답하겠다'고 확실히 확인시켜 주고 계십니다. 믿음이 없는 사람은 쉽게 기도하지 않습니다. 그러나 기도하는 사람은 하나님으로부터 특별한 기도의 응답을 받을 것이라고 성경이 가르쳐 주는 것입니다.

이스라엘의 멸망을 예언하게 하시다

그러면 우리는 하나님이 보여 주시겠다는 '크고 은밀한 일'이 무엇인지를 좀 더 생각해 봐야 합니다. 감옥에 갇혀 있는 예레미야에게 크고 은밀한 일이라는 것은 무엇입니까? '그가 거기에서 석방되고, 사람들이 그 앞으로 회개하고 돌아오는 것' 그리고 그 사람들이, '당신이 그렇게 외쳐 준 것이 참 고맙다'라고 하는 상황이 펼쳐지는 것, 이것이 일반적인 생각일 것입니다. 그러나 성경을 통해 이후의 사건들을 보면, 이스라엘 백성이 아무리 버텨도 이방 나라들에게 망하고 맙니다.

이스라엘은 바벨론과 여러 나라에게 망합니다. 망한다는 말은 사람들이 너무나 듣기 싫어하는 소리입니다. 그러나 하나님은, '나라가 망하게 되고 바벨론의 포로로 내보내는 것은 너희가 이렇게 방종하면서 사는 것이 여기서는 고쳐지지 않기 때문이다. 앗수르와 바벨론에 가서 회복되면 다시 돌아와 하나님을 섬기고 번영하게 될 거다'라고 말씀해 주십니다.

이것은 인간적인 생각과는 전혀 딴판입니다. 또 거짓 선지자들이 보편적으로 할 수 있는 그런 예언도 아닙니다. 거짓 선지자들이 할 수 있는 예언은 어떤 것이겠습니까? '괜찮다. 하나님은 우리를 버리지 않으신다.' 그러면서 사람들을 위로하거나, 아니면 '하나님이 혹시 벌을 내리시더라도 그렇게 심각한 벌은 내리지 않으신다'라고 위안의 말을 하면서 희망을 불어넣어 주는 것입니다. 희망을 불어넣어 준다고 다 좋은 것이 아니며, 심판을 이야기한다고 다 나쁜 것도 아닙니다. 나에게 유익하며 하나님이 진정 우리를 어떻게 하실 것인가를 분명히 보여 준다면, 그것이 옳은 것입니다. 예를 들어, 병든 자가 있다면 어느 병원에 가서 어떻게 치료해야 한다고 가르쳐 주어야지, 이상한 약 하나 주고는 무조건 '괜찮다. 이거 먹으면 다 낫는다'라고 하면 사기입니다.

인간의 확실한 회복은 하나님 앞으로 돌이켜서, 하나님이 이끄시는 길로 나아가 하나님과의 관계를 회복하는 것입니다. 하나님이 예레미야에게 보여 주신 크고 은밀한 일은 인간적인 관점으로는 끔찍하고 답답한 일입니다. 하지만 예레미야는 당연히 그의 사명대로 하나님 앞에 기도를 드렸습니다.

예레미야의 인생을 보면, 그는 말씀을 증거하면서 회개를 촉구하다가 두들겨 맞기도 하고 감옥에 갇히기도 하는 등 사람 취급조차 받지 못했습니다. 나중에는 계속되는 모진 핍박을 견디다 못해 애굽으로 피신을 가고, 결국 그곳에서 죽음을 맞이하게 됩니다.

크고 은밀한 일은 그에게 아무 유익도 되지 못했습니다. 그러나 인간에게 가장 귀한 가치는 오늘 한순간에만 만족스러운 게 아니라, 하나님이 우리를 이끄시고자 하는 삶으로 점차 나아가는 것입니다. 물론 하나님은 우리의 세속적인 현세의 보상과 즐거움도 무조건 외면하지는 않으십니다. 그러나 그렇게 세속적으로 더 나아지는 것에만 모든 응답의 초점을 맞추고 계시지는 않습니다.

그렇다면 기도를 통해 얻는 유익은 무엇입니까? 기도하면서 하나님의 뜻을 이해하고, 하나님이 주시는 힘을 공급받아 맡겨진 일을 감당하게 되는 것입니다. 무조건 벗어나야만 응답이라고 생각하지 마십시오. 때로는 감당하면서 그것을 이기고 나아가 자기 역할을 충실하게 해내는 것이 기도의 응답이기도 합니다.

예레미야에게 보여 주신 크고 은밀한 일, 즉 "너희가 지금은 아무리 잘 버티고 있어도, 결국 나라는 망하고 앗수르와 바벨론으로 끌려가 포로가 될 것이다"라는 외침을 들은 이스라엘 백성의 반응은 어땠을까요?

"저게 하나님의 말씀을 전한다는 선지자가 할 소리인가?"라는 비난을 퍼부으며 돌을 집어 던졌을 것입니다. 하지만 예레미야는 하나님의 계시를 받았을 때 실망하지 않았을 것입니다. 예레미야의 사명은 이 땅에서 잘 먹고 잘사는 것이 아니라, 회개를 촉구하는 것이었기 때문입니다.

하나님을 신뢰함으로 기도하라

우리가 어떤 문제를 놓고 기도할 때, 하나님이 해결해 주셔야 하는 문제라면 해결해 주실 것입니다. 그러나 감당해야 할 일이라면, 왜 감당해야 하는지를 깨닫게 하며 극복할 힘도 주실 거라 믿습니다. 그러므로 우리는 하나님을 철저히 신뢰해야 합니다. 안 그러면 하나님이 기도에 응답하지 않으시는 것이 괴로워집니다. 그럴 때 믿음이 없으면, 하나님은 내 기도에 응답하지 않으신다고 생각합니다.

지금까지 살면서 기도한 그대로 응답받은 것도 있고, 응답받지 못한 것도 있을 것입니다. 이때 우리는 이렇게 고백할 수 있어야 합니다. "그대로 응답하지 않으신 것이 감사합니다." 그게 더 잘된 것입니다.

우리는 자녀들이 원하는 것을 요구할 때 무조건 들어주지 않습니다. 자녀를 사랑하기 때문에 최대한 가장 유익하고 좋은 방식으로 해 주려고 합니다. 그러므로 먼저 하나님에 대한 신뢰를 온전히 이루어야 합니다. 그 가운데서 하나님 앞에 기도하면, 우리는 기도하는 그 시간이 얼마나 귀한지를 깨닫습니다. 그러다 보면 나는 자라고, 하나님은 기뻐하며 더 좋은 손길로 인도하십니다. 마치 우리를 망하게 할 것 같은 모든 고통과 아픔과 환난의 잔해들도 하나님의 손에 모이면, 하나님의 그 놀라운 섭리 가운데서 우리를 하나님의 기뻐하시는 사람으로 서게 하는 도구가 되는 것처럼 말입니다.

그러므로 기도하면서 따라가야 합니다. 내 방식은 아닐지라도, 하나님은 분명히 "하나님, 그게 맞습니다"라고 고백할 수밖에 없도록 응답하십니다. 우리에게 크고 은밀한 것을 보여 주며, 그것을 보고 나아가게 해 주실 거라 믿습니다. 그러니 열심히 기도하십시오. 하나님을 신뢰하며 기도하십시오. 하나님은 더 좋은 것으로 응답하실 뿐 아니라, 더 좋은 쪽으로 이끌어 가신다는 비전을 바라보십시오.

하나님이 당신의 마음을 활짝 열어 주시고, 당신의 기도가 하나님에게로 쏟아지게 하는 성령님의 역사가 있기를 바랍니다. 또 당신의 기도에 하나님이 응답하시어 크고 은밀한 것을 보이는 역사를 베풀어 주시기를 축복합니다.

○ 질문

1. 당신은 잠잠히 기도합니까, 아니면 부르짖어 기도합니까? 각각의 기도가 가진 유익은 무엇이라 생각합니까?

2. 하나님의 사명을 감당하면서 당하는 고난에 대해 당신은 어떻게 생각합니까?

기도의 불꽃으로
세상의 풀무불을 덮으라

8

"사드락과 메삭과 아벳느고가 왕에게 대답하여 이르되 느부갓네살이
여 우리가 이 일에 대하여 왕에게 대답할 필요가 없나이다 왕이여 우
리가 섬기는 하나님이 계시다면 우리를 맹렬히 타는 풀무불 가운데
에서 능히 건져 내시겠고 왕의 손에서도 건져 내시리이다 그렇게 하
지 아니하실지라도 왕이여 우리가 왕의 신들을 섬기지도 아니하고 왕
이 세우신 금 신상에게 절하지도 아니할 줄을 아옵소서"(단 3:16-18).

세상의 함정에 빠지다

사드락과 메삭과 아벳느고는 다니엘의 친구들입니다. 사람들은 이들을
죽이기 위해 음모를 꾸몄습니다. 왕의 신상을 만들어 놓고 거기에 절하
지 않는 사람은 왕에게 충성하지 않고 반역하는 자이므로 그를 죽여야
한다는 것이었습니다. 느부갓네살 왕은 자기에게 충성을 다하려는 사람
들의 요구를 거절할 수 없어 칙령을 내렸습니다. 그런데 문제가 생겼습
니다. 왕인 자신이 사랑하는 사드락과 메삭과 아벳느고가 하나님을 섬
기기 때문에 왕의 신상에 절을 하지 않는다는 것이었습니다. 그들에게
만 특별 권한을 줘서 왕의 신상에 절하지 않아도 된다고 하면 왕의 통
제 기강이 무너져 버리기에 왕은 너무나 고민이 되었습니다.

　사드락과 메삭과 아벳느고는 왕의 신상에 절을 하고 살든지, 절하지
않고 죽든지 둘 중 하나를 택해야 했습니다. 생과 사의 문제입니다. 왕
은 너무나 답답해서 세 사람을 불러들입니다. 그리고는 "너희는 꼭 너
희 신에게만 절을 해야 하느냐? 너희가 풀무불에 던져질 때 너희 신이
구해 주기라도 한다더냐?" 하면서 회유와 협박과 사정을 합니다. 그냥

절해 버리고 함께 잘 지내자는 것입니다. 느부갓네살 왕은 사드락과 메삭과 아벳느고를 회유해서 이 문제를 해결해 보려 합니다.

사실 왕의 신상에는 절을 넙죽넙죽 잘하면서도 뒤에 가서 음흉한 궤계를 꾸미는 사람들이 얼마나 많았겠습니까? 그러나 사드락과 메삭과 아벳느고는 왕의 신상에는 절하지 않았지만, 너무나 충직한 사람들이었던 것입니다.

왕의 말을 들은 그들은 절대로 절하는 일은 없을 거라고 대답합니다. 참으로 대단한 신앙의 절개입니다. 오늘 우리는 신앙의 대통합, 혹은 종교 간의 교류라는 단어를 잘 사용합니다. 만약 종교 간의 대화가 허용되고, 더구나 기독교 안에서 이루어진다면 기독교의 본질적인 내용은 많이 허물어져야 합니다. 인간적으로 타종교 사람들과 대화하며 그들을 돕고 이끌어 주는 것은 휴머니즘의 실현이므로 좋은 일입니다. 그러나 기독교가 타종교와 서로 교통하면서 대화를 한다는 것은 그 종교를 인정한다는 것이므로, 그렇게 되었을 때는 사드락과 메삭과 아벳느고가 우상에 절하지 않은 행위는 한낱 어리석은 일이 되고 맙니다. 성경에서 말씀하신 '우상을 만들지 말고 거기에 절하지 말라'는 계명을 어긴 것을 넘어서, 그것을 조장하고 우상 숭배자들을 가까이하는 셈이 되는 것입니다. 신앙의 절개란 무엇입니까? 하나님만 믿는 것입니다.

어느 대학생들이 모인 자리에서 '북한 사람을 돕기 위해 개신교와 가톨릭이 협력할 수 있느냐'는 질문을 받았습니다. 저는, '할 수 있다. 그것은 휴머니즘의 차원에서 당연한 일이다'라고 대답했습니다. 우리가 같이 힘을 합쳐 국가가 잘되도록 돕는 것은 국민의 도리로서도 마땅히 해야 할 일입니다. 우리는 타종교인을 싫어하는 것이 아닙니다. 적으로 생각하는 것도 결코 아닙니다. 그러나 나의 행동이 하나님을 섬기는 사람으로서 합당한 일인지를 생각할 때는 문제가 생기는 것입니다. 무슨 종교를 믿든 상관없다고 한다면, 사도 바울의 성경은 전부 제거해야 합니다.

신앙의 절개를 지키는 믿음

우리가 믿는 신은 오직 하나님입니다. 우리의 구원자는 오직 주 예수 그리스도입니다. 그렇기에 사드락과 메삭과 아벳느고는 목숨을 걸고 "절할 수 없습니다"라고 단호하게 말한 것입니다. 이 말만 번복하면 모든 게 잘될 것임을 그들도 알았습니다. 그러나 이 말 한마디에 그들의 전 생애와 전 인격이 담겨 있습니다. 이는 신앙의 정체성을 드러내는 것이기 때문입니다.

그러면서 그들은, "우리가 풀무불에 던져짐을 당하더라도 주님이 거기에서 건져 내실 것입니다"라고 선언합니다. 이는, '불이 이글이글 타고 사람을 던져 넣으면 그대로 녹아 버리는 그 자리에서도 하나님은 우리를 보호하시고 안전하게 건져 내실 것이다, 이것은 내가 대단한 것이 아니라, 하나님은 당신을 믿는 자들에게 그렇게 해 주실 줄 믿는다'라는 고백인 것입니다. 이러한 고백으로도 부족해서 그들은 "왕의 손에서도 우리를 건져 내실 것입니다"라고 말합니다. 왕이 아무리 높을지라도 왕의 권위보다 하나님의 권위가 훨씬 높다는 고백을 왕이 기분 나쁘지 않게 인정하는 것입니다. 이것이 우리의 믿음이 되어야 합니다. 믿음의 힘은 바로 여기에서 나옵니다.

당신에게는 이런 고백이 있습니까? 이 모든 것을 다 상쇄하고도 남을 하나님에 대한 간절한 고백이 있습니까? '하나님, 나는 하나님을 사랑합니다. 이 세상 그 무엇보다도 하나님을 사랑합니다. 그리하여 내가 불이익을 당한다 해도, 나는 하나님의 뜻대로 할 것입니다. 내가 거기에서 죽을지라도, 나는 하나님의 뜻대로 따라갈 것입니다. 하나님은 어느 곳, 어떤 일에서든 나를 구원해 주실 줄 믿습니다.' 이것이 우리의 신앙 고백이 되어야 합니다. 마음으로는 전혀 하나님에게 매이지 않으면서 하나님이 역사해 주시기를 바란 채 하나님의 힘을 간구한다는 것은 성경과 맞지 않는 것입니다.

다니엘의 세 친구들은 심지어 이렇게 고백합니다. "그렇게 하지 아니하실지라도"(단 3:18). 하나님이 풀무불과 왕의 손에서 건져 주지 않으신다 할지라도, 그래도 그들은 왕의 신상에 절을 할 수 없다는 고백입니다. 이들에게는 이 상황이 죽느냐, 사느냐의 문제가 아니라, 하나님을 의지하느냐, 안 하느냐의 문제였던 것입니다. 당장의 위기에서 벗어나는 자체가 문제가 아니라, 내가 하나님의 뜻대로 했느냐, 안 했느냐가 문제라는 것입니다.

저는 당신이 이 세 친구와 같은 믿음을 가지고 하나님 앞에 나아왔으면 좋겠습니다. 이 세상에서 이러한 믿음을 가지고 하나님을 모시고 살았으면 좋겠습니다. 오늘 잠깐 유익을 얻기 위해 타협하는 것이 아니라, 하나님만 바라보는 신앙이 되어야 합니다. 그렇다고 해서 모든 것에 믿지 않는 사람과 타협하지 말라는 말이 아닙니다. 신앙의 절개를 놓고 보았을 때는 타협이 있을 수 없다는 것입니다. 이는 우리가 어떤 손해를 볼지라도 하나님을 믿는 일에는 변함이 없으며, 후회하지 않는다는 신념입니다.

세상이 감당할 수 없는 믿음을 가지라

당신의 마음에 어떤 어려움이 있을지라도, 하나님은 그 어려움에서 당신을 구해 주실 거라는 것을 믿어야 합니다. 그 자리에서 구해 주지 않으실지라도, 현실적으로는 그렇게 되지 않을지라도 하나님에 대한 변함없는 믿음을 가지고 나아가야 합니다. 이것이 진짜 믿음입니다. 이 땅에서는 불에 타 죽을지도 모릅니다. 그러나 그들에게는 분명 하늘나라의 상급이 있습니다.

물론 하나님은 다니엘의 세 친구를 풀무불 속에서 건져 내셨습니다. 이 세 사람이 풀무불에 던져졌을 때, 그 안에서 세 사람이 아닌 네 사람이 거니는 것이 보였습니다. 하나님이 함께하시는 것입니다.

설령 '그렇게 하지 아니하실지라도' 잘한 것입니다. 이런 각오로 산다면, 이 세상은 우리를 감당할 수 없습니다. 이 세상의 힘이 세다고요? 아닙니다. 우리 힘이 훨씬 더 셉니다. 세상은 우리를 꺾으려 해도 꺾을 수 없습니다. 우리는 이 힘을 하나님, 그리스도 안에서 얻을 수 있습니다. 히브리서 11장은 믿음의 사람들이 하나님의 뜻을 이루기 위해 여러 가지 환난과 핍박 속에서 죽어 갔으나, 그들은 끝까지 믿음을 안고 나아갔다고 말씀합니다. 이런 믿음을 세상이 감당할 수 없는 믿음이라고 하는 것입니다.

우리도 세상이 감당할 수 없는 믿음, 사드락과 메삭과 아벳느고와 같은 믿음을 가지고 기도해야 합니다. 우리 육신의 생은 어려움 속에서 하나님으로부터 구원을 받겠지만, 영원한 몸은 결단코 죽지 않고 하나님의 영광과 상급 아래로 나아가게 될 것을 믿는 믿음을 가지고 기도해야 합니다. 이와 같은 믿음으로 열심히 기도하십시오. 이 기도를 통해서 하나님이 역사하셔서 당신을 이끌어 가시는 은혜가 충만하기를 날마다 구하며 살아가십시오.

질문

1. 당신이 만일 생명의 위협을 받는 자리에서 하나님 부인할 것을 강요받는다면, 당신은 어떤 선택을 하겠습니까?

2. '그렇게 하지 아니하실지라도' 감사하는 믿음을 갖기 위해 당신이 더 노력하고 애써야 할 것은 무엇입니까?

하나님의 긍휼을 바랄 때
은혜의 바다가 펼쳐진다

"나의 하나님이여 귀를 기울여 들으시며 눈을 떠서 우리의 황폐한
상황과 주의 이름으로 일컫는 성을 보옵소서 우리가 주 앞에 간구
하옵는 것은 우리의 공의를 의지하여 하는 것이 아니요 주의 큰 긍
휼을 의지하여 함이니이다 주여 들으소서 주여 용서하소서 주여 귀
를 기울이시고 행하소서 지체하지 마옵소서 나의 하나님이여 주 자
신을 위하여 하시옵소서 이는 주의 성과 주의 백성이 주의 이름으로
일컫는 바 됨이니이다"(단 9:18-19).

다니엘 9장은 다니엘의 기도와 하나님의 해석으로 이루어져 있습니다. 다니엘은 1절에서 이 글을 쓰게 된 역사적 배경을 이야기한 뒤, 기도하게 된 이유와 죄를 자백하면서 간구하는 내용을 서술합니다. 다니엘서는 시간적 연대에 따라 서술하지 않고, 그가 특별히 좋아하는 주제를 중심으로 정리해 놓았습니다. 9장의 시대적 배경은 메대 족속인 다리오 왕 원년이니, 다니엘 6장에 나오는 사자굴 사건과 연결되는 시점입니다. 다리오 왕은 메대의 마지막 왕이면서 고레스의 장인이기도 합니다.

말씀을 붙들고 기도하다

우리는 다니엘이 기도를 드리게 된 동기를 "곧 그 통치 원년에 나 다니엘이 책을 통해 여호와께서 말씀으로 선지자 예레미야에게 알려 주신 그 연수를 깨달았나니"(단 9:2)라는 구절을 통해 엿볼 수 있습니다. 학자들마다 조금씩 견해 차이가 있지만, 다니엘이 본 서책은 예레미야서라는 것이 일반적인 학설입니다. 예레미야와 다니엘은 동시대 사람입니다. 예레미야의 기록이 다니엘의 손에까지 넘어갔고, 그 하나님의 말씀을 세심하게 들여다본 것입니다. 다시 말하면, 다니엘은 기도만 하는 몽상가가 아니었다는 것을 발견하게 됩니다. 그가 기도하게 된 동기는, 하나님의 말씀을 보면서 그 말씀에 의지해서 엎드려 기도하기 시작했다는 것입니다.

우리 기도의 가장 확실한 보증은 약속의 말씀에 있습니다. '내 말이 너희 안에 거하면 무엇이든 구하는 대로 이루리라'(요 15:7)는 말씀을 통해 보아도, 약속의 말씀을 믿고 의지하는 것이 얼마나 중요한 일인지를 알 수 있습니다. 오늘날 많은 사람들이 하나님 앞에 기도 생활을 한다고 할 때, 성경은 들여다보지 않고 기도만 합니다. 그러다가 곁길로 빠져나가는 경우가 많습니다. 성경으로 잘 다져지지 않은 사람을 마귀는 굉장히 쉽게 공격하는데, 그 경우에는 여지없이 당하고 맙니다. 하나님의 뜻이 맞는지 아닌지를 분별하지 못한 채 그저 이상 중에 보이면 전부 하나님의 이상으로 생각하는 것입니다. 마귀도 이상을 줄 수 있고, 사탄도 기적을 베풀 수 있다는 사실을 알아야 합니다. 이때 하나님의 뜻, 하나님의 역사 그리고 하나님의 표적을 측정할 수 있는 도구는 오직 하나님의 말씀입니다. 말씀이 기준이 되어야 합니다.

이런 면에서 볼 때 다니엘은 하나님의 말씀을 열심히 본 사람이고, 동시대 다른 사람을 통해 주시는 말씀에도 귀를 기울여 세심하게 연구하던 통찰력을 지닌 사람이었음을 알 수 있습니다. 하나님은 자신에게 뿐 아니라 예레미야에게도 역사하신다는 것을 인정하면서도, 그것이 과연 하나님의 뜻에 준한 것인지를 하나씩 점검한 것입니다.

우리는 평소 관심을 기울이던 주제에 관해 다른 사람이 언급하면 솔

깃해서, 자신도 모르게 무분별하게 빠져들고 마는 경우가 있습니다. 하지만 이것이 과연 하나님의 뜻인지, 하나님이 주신 말씀에 기초를 두고 있는지를 진지하게 살펴야 합니다. 이것이 신앙인과 비신앙인의 차이입니다.

하나님의 말씀을 가까이하십시오. 이해되지 않아도 한번 들여다보고, 또 보고, 계속해서 보다 보면 성령님이 우리의 눈을 열어 주시어 하나님의 뜻을 환히 보게 하실 것이며, 거기에 성령의 감동이 일어나서 우리도 기도의 사람으로 바뀌게 될 것입니다. 하나님의 말씀이 우리의 길이요, 우리 길의 빛이며 등불이라는 사실을 잊지 마십시오.

이스라엘의 죄를 자백하다

여기서 또 강조하고 싶은 것은 동기와 자백입니다. 다니엘의 기도하는 모습을 가만히 들여다보면 참 신기합니다. 그는 지금 포로로 와 있고, 이스라엘 백성은 고통의 나날을 보내고 있으며, 조국인 예루살렘은 멸망해 버린 아주 힘겨운 상황입니다. 그런데 그는 하나님 앞에 엎드려 간구의 기도보다도 자백을 먼저 합니다. 우리라면 빨리 건져 달라고, 빨리 어떻게든 이 문제를 해결해 달라고 간구할 것 같은데, 다니엘은 그렇게 기도하지 않습니다. 오히려 예레미야서를 보면서 70년의 기한이 차면 포로 생활에서 벗어나게 해 주신다는 약속을 읽고 하나님 앞에 기도하기를, 그 70년의 기한을 넘기지도 말고 약속하신 대로 70년 후에 꼭 이스라엘 민족을 회복시켜 주실 것을 하나님 앞에 부르짖습니다. 그러면서 이스라엘이 하나님 앞에 너무나 많은 죄를 지었음을 먼저 자백하고 있는 것입니다.

사실 모든 축복과 감사는 하나님 앞의 고백으로 시작됩니다. 어려운 시련 가운데서도 건져 주셨다는 말에 공감할 사람이 많을 것입니다. 오늘의 내가 있기까지 플러스알파가 된 것에 대한 감사보다는, 그야말로 너무나 어려운 시련 가운데서 나의 잘못된 부분을 훤히 알게 하시고, 치료하고 고쳐 가시는 하나님의 손길을 체험하면서 거기서 진짜 감사가 나온다는 사실입니다. 진정한 감사는 무언가 풍성하게 채워질 때보다, 근본적으로 변화시켜 가며 깨닫게 하실 때 나옵니다.

우리는 하나님 앞에 엎드려 기도할 때, 지금까지의 잘못들이 자꾸만 생각나 나도 모르는 사이에 하나님 앞에 고백하고 시인하며 눈물을 흘리게 될 때 영혼이 깨끗이 씻기는 느낌을 받곤 합니다. 하지만 우리는 마치 목마른 자와 같이 계속해서 갈구만 하는 것은 아닌지 모르겠습니다. 어쩌면 하나님의 성령이 내 안에서 강하게 역사하시지 않는데도 의식조차 하지 못할 때가 많습니다. 우리는 우리의 영혼이 하나님 앞에 진정으로 수용할 것은 수용하고 자백할 것은 자백하며 주님 앞에 나아가는지 반드시 점검해 봐야 합니다.

9장의 내용을 보면, 다니엘이 여러 차례 전심으로 민족의 죄를 회개하는 장면이 나옵니다. 5절에서도 "우리는 이미 범죄하여 패역하며 행악하며 반역하여 주의 법도와 규례를 떠났사오며"라고 통회합니다. 사실입니다. 그들은 그렇게 패역하고 행악하고 반역하며 살았습니다. 그러기에 "주여 수치가 우리에게 돌아오고 우리의 왕들과 우리의 고관과 조상들에게 돌아온 것은 우리가 주께 범죄하였음이니이다"(단 9:8)라고 자백합니다. 그뿐 아니라, "온 이스라엘이 주의 율법을 범하고 치우쳐 가서 주의 목소리를 듣지 아니하였으므로 이 저주가 우리에게 내렸으되"(단 9:11), 오늘 우리가 이렇게 어려움을 겪게 된 것은 하나님 앞에 범죄하고 하나님의 말씀을 청종치 않으며 주의 율법을 지키지 않았기 때문이라는 것입니다.

사업이 잘 안 되거나 집안이 좀 어려울 때, 하나님 앞에 조용히 앉아서 말씀을 보는 가운데 그 말씀을 통해 성령님이 마음을 감동시키시어 자신도 모르게, '주여, 그렇습니다. 오늘날 이렇게 된 것은 내가 하나님 앞에 바로 서지 못하고, 하나님의 율례를 지키지 못했으며, 하나님 말씀에 귀 기울이지 않았기 때문입니다'라는 고백이 나오지 않던가요? 그 감동으로 하나님 앞에 자백한다면, 그의 영혼은 지금 치료받고 있는 것입니다. 다니엘의 놀라운 점이 바로 여기에 있습니다.

그뿐 아닙니다. "강한 손으로 주의 백성을 애굽 땅에서 인도하여 내시고 오늘과 같이 명성을 얻으신 우리 주 하나님이여 우리는 범죄하였고 악을 행하였나이다"(단 9:15). 하나님은 우리를 애굽에서 건져내 주시고 말로 다할 수 없는 은혜를 베풀어 주셨지만, 우리는 악을 행하고 죄를 범했다고 고백합니다. 하나님의 축복과 그들이 하나님 앞에 범죄하는 모습을 대비하면서 괴로워하고 있는 것입니다.

우리에게 이와 같은 심령이 있었으면 좋겠습니다. 다윗도 그랬습니다. 자신의 죄악을 깨달았을 때, "하나님이여 내 속에 정한 마음을 창조하시고 … 주의 성령을 내게서 거두지 마소서"(시 51:10-11)라고 기도했습니다. 또한 "내가 탄식함으로 피곤하여 밤마다 눈물로 내 침상을 띄

우며 내 요를 적시나이다"(시 6:6)라고 고백하기도 했습니다.

하나님 앞에 이런 애틋한 마음이 있어야 합니다. '나는 흠 없이 하나님 앞에 서기를 간절히 바라는데, 나의 모습은 하나님 앞에 깨끗하지 못하다.' 이런 회개하고 자복하는 마음이 있을 때, 하나님은 그 속에서 새 역사를 창조해 주실 것입니다. 하나님은 회개하는 자를 멸시치 아니하시며, 당신 앞에 엎드려 자복하는 자에게 긍휼을 베푸시어 은혜로 일으켜 세워 주십니다.

하나님의 긍휼을 구하다

그런 뒤 다니엘은 간구의 기도를 드립니다. 이런 모습을 보면서 우리도 다니엘과 같은 사람이 되었으면 좋겠다는 생각을 하곤 합니다. 다니엘의 간구를 보면, 그는 하나님의 용서를 구합니다. 그런데 이 용서의 근거는 하나님의 긍휼에 있다는 것입니다.

우리는 도저히 용서받을 수 없는 사람입니다. 우리는 하나님 앞에 멸망 받아야 마땅한 사람입니다. 죽고 또 죽고 일백 번 고쳐 죽어도, 우리는 하나님 앞에서 그 죄의 값을 치를 수가 없습니다. 하지만 용서할 수 있는 분이 계십니다. 바로 하나님입니다. 그 하나님의 긍휼이 너무나 크기 때문에, 그 긍휼에 의지해서 용서해 달라고 기도할 수 있는 것입니다.

다니엘서를 통해 주시는 메시지는 신약의 메시지와 정확하게 연결되어 있습니다. 로마서를 보십시오. "의인은 없나니 하나도 없으며"(롬 3:10)라는 구절에 비춰 보아도 우리는 모두 죄인입니다. 그러나 우리를 의롭

다 하시는 이는 예수 그리스도시니, 그가 우리를 위해 대신 십자가에 못 박혀 죽으셔서 우리는 그를 믿게 되었고, 그를 믿고 하나님의 긍휼하심을 받아들여 죄 사함과 구원을 얻는 것입니다. 그러므로 우리가 간구하고 그 간구에 응답을 받는 것도, 우리가 죄에서 구원을 받는 것도 우리의 의로 말미암아 되는 것이 아닙니다. 이 모든 것은 결국 하나님의 자비로우신 긍휼로 되는 것입니다.

그러므로 다니엘은, "나의 하나님이여 귀를 기울여 들으시며 눈을 떠서 우리의 황폐한 상황과 주의 이름으로 일컫는 성을 보옵소서 우리가 주 앞에 간구하옵는 것은 우리의 공의를 의지하여 하는 것이 아니요 주의 큰 긍휼을 의지하여 함이니이다"(단 9:18)라는 고백을 할 수밖에 없습니다. 다니엘의 이 고백은 우리의 고백이기도 합니다.

주의 긍휼을 의지하는 은혜를 아는 사람을 가리켜 신앙의 철이 들었다고 말할 수 있을 것입니다. 그 크신 하나님의 사랑은 말로 다 형언할 수 없어서, 바다를 먹물 삼고 하늘을 두루마리로 쓴다 해도 다 기록할 수 없습니다. 넘쳐흘러 들어오는 그 감동과 사랑을 느끼는 사람은 하나님의 긍휼이 얼마나 큰지, 그 앞에 자기 몸을 던지게 됩니다.

"주여 들으소서 주여 용서하소서 주여 귀를 기울이시고 행하소서 지체하지 마옵소서 나의 하나님이여 주 자신을 위하여 하시옵소서"(단 9:19). 하나님은 우리를 구원하심으로 당신의 긍휼이 얼마나 큰지를 보여 주십니다. 도무지 용서받을 수 없는 죄인을 용서하신 것은 전적으로 하나님의 긍휼입니다. 참 놀라운 일이 아닐 수 없습니다. 다니엘은 지금 그런 하나님의 능력을 고백하고 있는 것입니다. 내가 하나님을 붙들고 무언가를 해서 용서해 주시는 것이 아닙니다. 하나님이 나를 붙드셔야만, 하나님이 긍휼을 베풀어 주셔야만 죄의 용서를 받을 수 있는 것입니다.

우리가 구원받은 것은 예수를 믿는 우리의 자발적인 행위 때문이 아닙니다. 하나님이 우리를 부르고 붙들어 주신 것입니다. 이는 마치 아이가 아빠 손을 잡고 가는 것이 아니라, 아빠가 아이 손을 붙들고 가는 것과 같습니다. 만약 아이가 아빠를 잡았다면, 넘어질 때는 아이가 손을 놓을 수밖에 없습니다. 그러나 아빠가 아이 손을 잡고 있으면, 아이가 넘어지는 순간 그 아이를 끌어당겨 올립니다. 넘어지지 않고 서게 된 것은 온전히 아빠의 힘입니다.

다니엘의 마음속에는 하나님의 영광, 하나님의 긍휼, 하나님의 자비가 꽉 차 있습니다. '하나님이 하시고자 하면 반드시 이루신다'는 흔들림 없는 내적 확신을 가진 것입니다. 모든 것은 하나님의 손으로부터 나오며, 하나님과 연관되지 않은 것이 없고, 하나님이 이루어 주셔야만 합니다.

다니엘처럼 기도해 보십시오. "주여, 우리의 의를 위한 것도 아니요, 우리의 죄를 가지고도 심판하지 마시고, 하나님의 자비와 긍휼의 손길로 인도해 주시옵소서. 우리가 상상할 수 없고 형언할 수 없는 긍휼로 우리를 안아 주시고 용서해 주시옵소서." 이렇게 기도할 수 있다면, 우리는 하나님의 은혜의 바다에서 헤엄치면서 살게 될 것입니다.

언제든지 말씀 앞에 근거를 두고 기도하십시오. 무엇보다 먼저 하나님 앞에 허물이 없는가를 생각하고, 하나님 앞에 솔직히 자백하십시오.

그리고 하나님을 전적으로 의지하며 능력의 손에 맡기십시오. 하나님만이 긍휼과 자비를 가지고 계십니다. 당신의 삶에 기도를 통해 오는 하나님의 크신 긍휼과 자비와 용서의 은혜가 날마다 넘치기를 소망하십시오.

질문

1. 다니엘은 민족의 구원을 위해 하나님 앞에 말씀을 붙들고 기도했습니다. 당신이 나라와 민족을 위해 구하는 것은 무엇입니까?

2. 나라와 민족을 위해 기도하지 않았다면, 그 기도를 행하기 위해 필요한 노력은 무엇입니까?

썩은 동아줄을 내려놓고
하나님의 의를 붙들라

○
○

"내가 산의 뿌리까지 내려갔사오며 땅이 그 빗장으로 나를 오래도록
막았사오나 나의 하나님 여호와여 주께서 내 생명을 구덩이에서 건
지셨나이다 내 영혼이 내 속에서 피곤할 때에 내가 여호와를 생각하
였더니 내 기도가 주께 이르렀사오며 주의 성전에 미쳤나이다 거짓
되고 헛된 것을 숭상하는 모든 자는 자기에게 베푸신 은혜를 버렸사
오나 나는 감사하는 목소리로 주께 제사를 드리며 나의 서원을 주께
갚겠나이다 구원은 여호와께 속하였나이다 하니라 여호와께서 그
물고기에게 말씀하시매 요나를 육지에 토하니라"(욘 2:6-10).

용기는
기도를 마친 두려움이다.

도로시 버나드(Dorothy Bernard)

사명을 거부하는 선지자

하나님이 요나 선지자에게 사명을 주십니다. 니느웨라는 성으로 가서 복음을 전하고, 그들을 회개시켜 구원을 얻게 하라는 것입니다. 신약의 관점으로 말하면 그런 것이고, 구약의 관점으로 말하자면 자기의 죄를 자복하고 하나님 앞에 돌아와 구원을 받으라는 것이었습니다. 그런데 이 사명을 받은 요나는 너무나 속이 상했습니다. 그는 니느웨 성 사람들이 멸망당해 죽었으면 좋겠다고 생각하고 있었기 때문입니다.

앗수르의 수도 니느웨는 당시 중동 지역의 최강국으로, 이스라엘에게는 가장 위협적인 적국이었습니다. 그런데 하나님은 요나를 불러, 그 니느웨로 가서 회개를 외치면 그 사람들이 회개하고 구원을 받을 거라는 것입니다. 하나님의 징벌로부터 벗어날 것이고, 하나님의 평안 속으로 들어온다는 것이었습니다. 하나님의 말씀은 요나가 생각하기에 너무나 부당하고 화가 치솟으며 속이 상하는 일이었습니다.

어느 날 한 영화제에서 액션 배우로 이름을 날린 사람이 주연상을 발표하기 위해 나왔습니다. 그런데 시상식에서 봉투를 열고 수상자의 이름을 확인하더니, "나는 이 사람의 이름을 발표하지 않겠습니다. 이번 결정은 부당합니다" 하고는 무대에서 내려가 버렸습니다. 시상식장에 앉아 있던 사람들은 모두 깜짝 놀랐고, 분위기는 매우 썰렁해졌습니다. 시청자들도 깜짝 놀랐습니다. 그 당시는 영화제 시상을 중계하면 많은 사람이 시청하던 때였습니다. 자기의 감정을 조절하지 못하고 그 많은 사람 앞에서, 그 중요한 자리에서 내뱉은 한마디로 인해 비난을 받으며 그의 명예는 추락하고 말았습니다. 그 이후로 그는 영화계에서 자취를 감추었습니다. 그리고 몇 년이 지난 뒤에 사망했다는 기사를 보았습니다.

요나도 하나님으로부터 사명을 받았으나 사명을 거부한 대가를 받습니다. 하나님이 주신 사명이 일반적인 인간의 마음으로 볼 때 부당한 것만은 아닌 듯한데, 요나의 성질이 대단했던 것 같습니다. 아무리 그래도 하나님으로부터 말씀을 받은 선지자가 그렇게 정반대 쪽으로 가 버린다는 것은 이해되지 않습니다. 그는 대전으로 가라는 말씀에 신의주로 간 것입니다. 그런 그의 행동은 하나님 앞에 맞서서 대항한 것이었습니다.

그는 '하나님의 얼굴을 피해서' 다시스로 가 버립니다. 다시스로 가 버리면 하나님이 그곳으로 와서 명령하지 못하실 거고, 잘못을 질책하거나 간섭하지 못하실 것이며, 그렇게 되면 사명에서 벗어나 마음의 부담을 갖지 않아도 된다고 판단한 것 같습니다.

다시스와 니느웨는 정반대의 곳인데, 그곳으로 가기 위해서는 예루살렘에서 욥바로 가서 배를 타야 합니다. 그런데 마침 다시스로 가는 배가 있었습니다. 그때 아마 요나는 '그러면 그렇지. 이게 옳은 일이야. 잘 풀리고 있는 거지'라고 생각했을지도 모릅니다. 당시에는 교통수단이 그렇게 많지 않았기 때문에, 어느 한 지역으로 가는 배를 바로 만나기란 어려웠습니다. 한 달, 또는 몇 달까지도 기다려야 그 배를 탈 수 있었습니다. 그런데 욥바로 내려간 지 얼마 안 되어 바로 다시스로 가는 배를 타게 된 것입니다. 순풍에 돛 단 것처럼 배는 바다 위로 잘 흘러갔습니다. 자기의 성질대로, 자기의 판단대로, 하나님의 뜻을 거부한 대로 잘되는 것 같았습니다.

고통의 자리에서 사명을 떠올리다

그런데 배가 바다 한가운데 왔을 때입니다. 순식간에 폭풍이 불기 시작하더니, 요나가 탄 배는 격랑에 휩싸이게 되었습니다. 순식간에 엄청난 풍랑이 일었기 때문에 오랜 경력의 뱃사람들조차 죽음의 공포를 느낄 만큼 두려움에 휩싸이고 말았습니다. 그때는 기상학이 발달되지 않더라도 계절의 변화와 자연의 흐름을 보면서 배를 띄우곤 했는데, 예상하지 못한 폭풍이 밀어닥친 것입니다. 그들은 이것을 신의 진노라고 생각하며 두려움에 떨었습니다.

요나는 이 모든 것이 하나님이 자기에게 주시는 벌이라는 것을 알았습니다. 올 것이 온 것입니다. 그의 마음은 번뇌에 사로잡혔고, 결국은 마음의 각오를 했던 것 같습니다. 요나는 화물선의 뱃사공들에게 다가가 자신으로 인해 그런 것 같으니 자신을 바다에 던지라고 요구합니다. 사도행전에도 이와 비슷한 장면이 나옵니다. 바울을 태우고 로마로 가던 배가 풍랑을 만나자 무거운 물건들, 가치 없는 물건들부터 먼저 버립니다. 그래서 배를 가능한 한 가볍게 만듭니다. 배가 무거워서 유연

하게 파도를 넘지 못하면 부서지기 때문입니다. 그런데 요나를 태운 배는 그렇게 되기 전에 요나를 먼저 바다에 던졌습니다. 아마 사공들도 이렇게 모두 침몰해 죽을 바에야 무엇이든 해 보는 게 낫겠다고 생각했던 것 같습니다.

요나가 물속으로 떨어지자마자 물고기가 삼킨 것은 아닌 듯합니다. 그는 물속에 떨어져 완전히 가라앉았습니다. "내가 산의 뿌리까지 내려 갔사오며"(욘 2:6)라고 한 것을 보면, 바다 밑 깊숙이 떨어졌던 것 같습니다. 그때 큰 물고기가 와서 삼켰습니다.

문제는, 3일 밤과 낮 동안 물고기 배 속에 있게 되는데, 물고기 배 속이 얌전하겠습니까? 엄청 괴로웠을 것입니다. 요나는 바다에 던져질 때만 해도 죽고 싶었을 것입니다. 이럴 바에는 죽는 게 낫겠다는 마음에 던지라고 하지 않았겠습니까? 죽어도 니느웨에는 가기 싫고, 하나님 말씀에 순종해야 한다는 것은 알지만 지시된 사명은 너무나 부당하고, 그럴 바에는 아예 죽는 게 낫겠다고 생각한 것 같습니다. 아직도 성질이 살아 있는 것입니다.

그런데 죽기를 원했지만 죽지 않았습니다. 물고기 배 속에서 3일을 지내는데, 얼마나 힘들고 고통스러웠는지, 회개가 터져 나오기 시작합니다. "요나가 물고기 배 속에서 그의 하나님 여호와께 기도하여 이르되 내가 받는 고난으로 말미암아 여호와께 불러 아뢰었더니 주께서 내게 대답하셨고 내가 스올의 배 속에서 부르짖었더니 주께서 내 음성을 들으셨나이다"(욘 2:1-2). 니느웨 성 사람이 회개해야 할 것이 아니라, 선지자인 그가 먼저 회개해야 했습니다. 니느웨 성 사람이 복음을 들어야 할 것이 아니라, 선지자인 그가 복음을 들었어야 했던 것입니다. 그런데 이런 사람의 절규하는 부르짖음도 하나님이 들어주십니다. 이것이 이 장에서 살펴볼 기도의 중요성입니다. 그 어떤 죄인이라도, 그 어떤 어려움에 처한 사람이라도, 하나님에게 부르짖으면 들어주신다는 것입니다.

요나는 하나님 앞에 부르짖었고, 마침내 하나님은 그를 구원하십니다. "내가 산의 뿌리까지 내려갔사오며 땅이 그 빗장으로 나를 오래도록 막았사오나 나의 하나님 여호와여 주께서 내 생명을 구덩이에서 건지셨나이다"(욘 2:6).

"내 영혼이 내 속에서 피곤할 때에 내가 여호와를 생각하였더니"(욘 2:7a). 너무 고통스러워 하나님을 생각하며 기도했더니, "내 기도가 주께 이르렀사오며 주의 성전에 미쳤나이다"(욘 2:7b)라고 기도합니다. 그리고 그 기도가 성전에 계신 주님 앞에 다다랐습니다. 이는 어떤 어려움 속에서도 기도해야 한다는 것을 보여 줍니다. "거짓되고 헛된 것을 숭상하는 모든 자는 자기에게 베푸신 은혜를 버렸사오나 나는 감사하는 목소리로 주께 제사를 드리며 나의 서원을 주께 갚겠나이다 구원은 여호와께 속하였나이다"(욘 2:8-9).

요나는 자신을 구원해 주시면 주의 사명을 다 행하겠다고 기도했습니다. 그렇게 감사의 노래를 부르며 하나님에게 순종하겠다고 기도하자, 하나님은 물고기가 요나를 토하도록 하셨습니다. 다시 물고기 밖으로 나와 목숨을 건진 그가 도착한 곳은 처음 출항했던 욥바였습니다. 그의 사명이 없어진 것도 아니고, 이제 그 일을 안 해도 되는 것이 아닙니다. 욥바에서 그는 다시 니느웨로 가야 합니다. 하나님 앞에 그렇게 서원했기 때문에 받아들이고 가게 되는 것입니다.

하나님의 사명을 기쁘게 받으라

여기에서 깨닫는 중요한 교훈이 무엇입니까? 하나님 앞에 회개하면 하나님이 들어주신다는 것입니다. 그리고 우리는 하나님을 절대로 벗어날 수 없다는 것입니다. 그러므로 하나님이 사명을 주실 때는 기쁘고 감사하게 받아들여야 하며, 그 일을 행할 때 하나님이 역사하고 이루어 주신다는 것입니다. 나중에 보면 하나님의 말씀을 아무리 전해도 안 들을 것 같던 니느웨 사람들이 회개합니다. 하나님의 역사는 이렇게 놀라운 것입니다.

어떤 상황 속에서든 하나님 앞에 기도하면 하나님이 응답하십니다. 또 우리는 하나님을 벗어날 수 없다는 것을 잊어서는 안 됩니다. 이것은 우리를 구속하신다는 의미가 아니라, 하나님의 자비와 사랑이 우리를 떠나지 않으신다는 약속입니다.

무엇보다 중요한 것은, 주신 사명을 따라서 믿음으로 행하면 반드시 이루어 가신다는 것입니다. 하나님이 그렇게 하십니다. 당신에게 요나와 같은 모습이 있다 해도 하나님 앞에 기도하십시오. 하나님은 당신의 기도를 들어주실 것입니다. 우리도 그렇지만, 하나님도 우리를 벗어나실 수가 없습니다.

○ 질문

1. 당신이 요나처럼 느껴질 때는 언제입니까?

2. 하나님이 당신의 원수에게 복음을 전하라고 하신다면, 당신은 순종할 수 있겠습니까?

하나님의 능력을 받고 싶다면
기도해야 합니다.
하나님의 간섭과 하나님의 역사가 필요하다면
기도해야 합니다. 하나님은 다 아십니다.
그러나 기도해야 합니다.
은혜 받을 그릇이 준비되어야 하기 때문이며,
역사를 받아들일 그릇이 준비되어야 하기 때문입니다.

2부

신약의 기도

기도의 씨앗이
회개에 합당한 열매를 맺는다

8

"이때에 예루살렘과 온 유대와 요단 강 사방에서 다 그에게 나아와
자기들의 죄를 자복하고 요단 강에서 그에게 세례를 받더니 요한이
많은 바리새인들과 사두개인들이 세례 베푸는 데로 오는 것을 보고
이르되 독사의 자식들아 누가 너희를 가르쳐 임박한 진노를 피하라
하더냐 그러므로 회개에 합당한 열매를 맺고 속으로 아브라함이 우
리 조상이라고 생각하지 말라 내가 너희에게 이르노니 하나님이 능
히 이 돌들로도 아브라함의 자손이 되게 하시리라 이미 도끼가 나무
뿌리에 놓였으니 좋은 열매를 맺지 아니하는 나무마다 찍혀 불에 던
져지리라"(마 3:5-10).

세례 요한의 설교는 대부분 세 가지 내용이 주축을 이룹니다. 그는 먼저 회개를 촉구하고, 그다음에 세례를 주었습니다. 그냥 세례를 준 것이 아니라 거듭남, 곧 지금까지의 삶을 정리하고 하나님 앞에 새롭게 태어나야 한다는 상징으로 준 것입니다. 그리고 늘 그런 것은 아니나, 예수님이야말로 메시아라고 증거했습니다. 그가 주장한 세 가지의 메시지는 모두 중요합니다.

사람이 하나님 앞으로 나아오려면 진정한 회개가 있어야 합니다. 당시 사람들의 삶의 모습은 하나님 앞에 나아온 사람이라고 할 수 없었습니다. 하나님을 진정으로 모셨으면 변화의 삶이 있어야 하는데, 모든 것은 그대로 두고 단지 아브라함의 자손이라는 것만으로 구원받기를 바랐습니다. 그러므로 구약의 마지막 선지자인 세례 요한이, 우리를 진정으로 구원해 주실 메시아가 왔다고 공적으로 증거한 분이 바로 예수 그리스도였다는 것은 아주 중요한 의미가 있습니다.

세례 요한의 설교

세례 요한은 설교를 통해 세 가지 중요한 이야기를 합니다. 첫째는, 회개에 합당한 삶을 살라는 것입니다. 세례 요한은 항상 회개를 강조했습니다. 예수 그리스도를 믿을 때 가장 중요한 것은 회개입니다. 잘못 산 과거에 대한 구체적인 회개를 통해, 우리는 죄인으로서 스스로는 절대 자신을 구원할 수 없다는 고백이 있어야 합니다. 이런 회개가 없이 그냥 예수님이 좋아서 믿었다고만 한다면, 이는 진정으로 예수님을 믿는다고 말할 수 없습니다.

정말 좋은 것을 보면 자신이 이미 가진 것을 부인하거나 버리게 됩니다. 아이들은 순진하고 단순합니다. 좋아하는 게 보이면 쥐고 있던 것을 놓아 버리고 그걸 잡습니다. 이것이 인간의 본능입니다. 우리가 예수 그리스도를 믿고 은혜 속에 들어가면, 과거의 삶에 대해 순간적으로 역겨움을 느낍니다. '내가 왜 그런 삶을 살았을까?' 하고 후회하게 됩니다.

세례 요한은 메시아가 아니었으므로 자기가 구원시켜 준다고 말하지 않고, 오직 하나님 앞에 회개하라고 말하면서 세례를 주었습니다. 하지만 예수님은 회개를 촉구하며 자기를 믿으라고 하시며 성령으로 세례를 주셨습니다.

세례 요한의 설교가 가진 두 번째 특징은, 아브라함의 자손이라는 것만으로 자만하지 말라는 것입니다. 이는 믿음의 가정에서 태어났다고 천국에 갈 거라 생각하지 말라는 것과 비슷합니다. 믿음의 부모를 가지고 있으니 나는 어떤 짓을 해도 하나님이 보호하고 인도하실 거라는 자만을 버리라는 뜻입니다. 신앙은 자신이 하나님 앞에 바로 서서 의지해야 하는 것입니다. 그러므로 신앙생활하면서 예수님을 믿는다는 것이 얼마나 큰 축복인지, 이 은혜를 무엇으로도 비교할 수 없다는 감동이 온다면 신앙이 바르게 세워지고 있는 것입니다.

셋째는, 바른 신앙의 삶을 살아야 한다고 말합니다. 세례 요한의 말이 맞습니다. 세례 요한은 예수님처럼 메시아가 아니므로 바른 삶을 살아야 한다고 전심으로 외치고 있는 것입니다. 결국은 삶으로 심판받을 수밖에 없다는 것입니다. 이스라엘 사람들은 은근히, 하나님은 아브라함의 후손인 이스라엘 백성은 심판하지 않고 그 외의 모든 이들만 심판하신다고 생각했습니다. 그런데 세례 요한은 그게 답답하다는 것입니다. 마음대로 살고 아무렇게나 지내면서 아브라함의 후손이라는 특권으로 구원받고 심판을 면할 수 있다는 생각은 어리석다는 것입니다.

회개에 합당한 열매를 맺으라

정리하자면, 우리가 세례 요한의 설교를 통해서 배워야 하는 것은 첫째, 회개입니다. 회개가 없이는 하나님의 깊은 은혜에 들어가지 못합니다. 심지어 부부 간에도 잘못한 것이 있으면 미안하다고 진심으로 사과할 때 원만하게 해결됩니다. 그런데 미안하다고 하지 않고 계속 갖고 있으면 상처가 쌓이게 되어 결국은 폭발하고 맙니다. 인간관계에서도 용서를 빌고 뉘우치는 게 그만큼 중요한데, 하물며 하나님 앞에 회개한다는 것은 더더욱 중요한 일입니다. 인간은 관계가 개선되면 마무리가 되지만, 하나님 앞에 회개한다는 것은 하나님과의 관계 개선뿐 아니라 우리 영혼 구원을 위한 가장 중요한 한걸음입니다.

둘째, 좋은 열매 맺는 삶을 사는 것입니다. 회개 이전에 좋지 못한 열매를 맺으며 살았다면, 회개한 이후로는 좋은 열매를 맺어야 합니다. 믿음과 삶이 다르면 그건 이중적인 태도입니다. 믿음이 있습니까? 그러면 삶이 함께 따라야 합니다. 세상 사람들이 어떤 소리를 해도, 우리를 무시하고 욕한다 해도 예수님과 함께 간다는 것이 우리의 철칙이 되어야 합니다. 예수님을 믿으면서도 가치 기준을 예수님에게 두지 않고 세상에 두다 보니 문제가 되는 것입니다.

최고의 대학을 나온다고 최고의 삶을 사는 것이 아닙니다. 성실하지 못해서 진학하지 못했다면 게으른 자를 싫어하시는 하나님 앞에 문제가 되겠지만, 최선을 다했으나 결과가 좋지 못하다면 배짱을 두둑이 가지십시오. 하나님이 분명히 인도해 주실 것입니다. 믿음의 사람은 그래야 합니다. 그래야 끝까지 하나님 앞에서 좋은 열매를 맺을 수 있습니다.

또 하나 강조하고 싶은 것이 있습니다. 이렇게 가면 하나님이 우리를 어떻게 하실까요? 세례 요한은 '돌들로도 아브라함의 자손이 되게 하시리라'고 언급합니다. 세상 사람이 볼 때는 아무것도 아닌 사람도 하나님이 기뻐하시는 아브라함의 자손으로 만드신다는 것입니다. 아브라함의 자손이란 혈통이 아니라, 믿음의 계통을 통해서 생긴다는 것을 강조하는 것입니다. 이는 우리 삶 가운데서도 마찬가지입니다.

에이브러햄 링컨의 삶을 보면, 어느 누구도 그가 미국의 대통령이 될 거라고는 상상조차 하지 못했습니다. 빗물이 새는 오두막에서 소작농으로 살던 그였습니다. 그러던 중 어머니가 죽고 계모가 들어왔는데, 믿음 좋은 분이 들어와 그에게 성경을 읽어 주었습니다. 그 성경을 통해서 링

컨은 글을 깨우칩니다. 글을 깨우치고 나니 책을 보고 싶다는 욕망이 들어 다른 집에 가서 일을 해 주는 대가로 책을 빌려다 읽습니다. 때로는 책을 보다가 잠드는 바람에 책이 젖어 노동을 해서 그 대가를 치렀다는 일화도 있습니다. 책을 빌려 준 사람도 그 아이가 위대한 지도자가 되리라고는 생각조차 하지 못했을 것입니다. 대통령이 된 그는 노예를 해방시키는 등 그의 신앙을 백악관에서 그대로 나타냅니다. 그야말로 돌덩이를 아브라함의 자손으로 만드신 것이라 할 수 있습니다.

우리는 이런 하나님을 섬기고 있다는 것을 기억해야 합니다. 남들이 나를 아무것도 아닌 돌이라 취급해도 좋습니다. 하나님의 인도하심을 구해 보십시오. 하나님은 돌과 같은 우리를 아브라함의 자손으로 만드실 것입니다.

우리는 날마다 우리 안에서 역사하고 이끌어 가실 하나님의 손길을 바라보며 의지해야 합니다. 우리를 다듬고 풍성하게 만들어 주셔서 하나님의 영광의 도구가 되게 하실 것을 소망하며 기도하는 삶을 살아야 합니다.

○ 질문

1. 이스라엘 사람들에게는 구원의 보증처럼 여겨지는, 아브라함의 후손이라는 선민사상이 있었습니다. 당신이 가진 선민사상은 무엇입니까?

2. 당신은 구원에 합당한 철저한 회개를 하나님 앞에 올려 드리고 있습니까?

기도는 사람이 아닌
하나님을 향한 고백이다

○
○

"또 너희는 기도할 때에 외식하는 자와 같이 하지 말라 그들은 사람
에게 보이려고 회당과 큰 거리 어귀에 서서 기도하기를 좋아하느니
라 내가 진실로 너희에게 이르노니 그들은 자기 상을 이미 받았느
니라 너는 기도할 때에 네 골방에 들어가 문을 닫고 은밀한 중에 계
신 네 아버지께 기도하라 은밀한 중에 보시는 네 아버지께서 갚으시
리라 또 기도할 때에 이방인과 같이 중언부언하지 말라 그들은 말을
많이 하여야 들으실 줄 생각하느니라 그러므로 그들을 본받지 말라
구하기 전에 너희에게 있어야 할 것을 하나님 너희 아버지께서 아시
느니라"(마 6:5-8).

잘못된 기도의 습관을 버리라

예수님은, "너희는 기도할 때에 외식하는 자와 같이 하지 말라 그들은 사람에게 보이려고 회당과 큰 거리 어귀에 서서 기도하기를 좋아하느니라"(마 6:5)라고 경고하십니다. 기도의 대상은 하나님입니다. 하지만 외식하는 사람은 기도의 대상이 다른 사람이며, 기도를 통해 자기를 드러내는 잘못된 행위를 반복합니다. 하나님을 향한 기도의 행위를 통해서 자기 이름을 날리고 자기를 드러내는 데 이용한다는 것입니다. 하나님은 결코 '괜찮다. 그래도 기도했다는 것은 장한 일이야'라고 하시지 않습니다. 독약을 마시는 사람을 보며, '그래, 안 먹는 것보다 낫지. 약은 약이니까'라고 말할 수 없는 것과 같은 맥락입니다.

우리는 외식에 대한 예수님의 지적을 보면서, '그러면 기도하지 말라는 것인가' 하며 이분법적 판단을 해 버리기 쉬운데, 유대인들에게 구제와 기도와 금식은 대표적인 의입니다. 그러므로 더욱 외식적인 기도를 해서는 안 된다는 강조의 말씀입니다. 기도는 하나님에게 하는 것이므로 사람 앞에서 드러내려는 태도를 고치라는 것입니다. 다른 사람이 보는 앞에서 기도하려 하고, 그래서 다른 사람의 칭찬을 받는다면 그것은 기만입니다.

주님은 그런 자들에게, "그들은 자기 상을 이미 받았느니라"(마 6:5)라고 질책하십니다. 그들의 의도와 목적대로 다른 사람으로부터 칭찬을 받았으니 이미 상을 받았다는 것입니다. 기도의 목적이 하나님에게 응답받는 것이라면 굳이 사람들 앞에 기도하는 모습을 드러내려고 하지는 않을 테니 말입니다.

예수님은, "너는 기도할 때에 네 골방에 들어가 문을 닫고 은밀한 중에 계신 네 아버지께 기도하라"(마 6:6a)고 말씀하십니다. 골방에서 드리는 기도만이 진정한 기도라는 것이 아닙니다. 기도는 하나님과 기도하는 자와의 은밀한 관계지, 다른 사람을 끼고 그들 앞에 드러내는 것이 아니라는 것입니다. 교회에 나와 기도해도 하나님 앞에 진실한 기도가 오간다면 은밀한 가운데 드리는 기도이며 골방에서 하는 기도라고 말할 수 있습니다. 그럴 때 "은밀한 중에 보시는 네 아버지께서 갚으시리라"(마 6:6b)라고 하십니다. '갚는다'는 말은 앞 절의 '이미 상을 받았느니라'라는 말과 대칭이 됩니다. 인간으로부터 그것을 끌어내는 쇼를 해서 칭찬을 받았다면, 그 기도에 하나님이 굳이 응답하실 필요가 없는 것 아닙니까?

더 나아가 "기도할 때에 이방인과 같이 중언부언하지 말라"(마 6:7a)고 말씀하십니다. 중언부언의 '중'(重)은 거듭된다는 뜻의 한자이며, '부'(復)는 더한다는 것입니다. 거듭되고 보태서 말을 하는 것이 왜 잘못인지 이해되지 않을 수 있는데, 이 말씀의 정확한 의미는 아무 의미 없이 주술을 외우듯, 마치 계속해서 테이프를 돌리듯 반복해서 말하는 것을 뜻합니다.

이렇게 이방인들이 중언부언하는 모습을 성경 안에서 찾아볼 수 있습니다. 엘리야가 갈멜 산에서 바알의 선지자들과 대결을 벌일 때, 그들은 아침부터 12시까지 세 시간 동안 계속해서 무언가를 중얼거리면서 기도했습니다. 심지어 나중에는 자해 행위까지 했습니다. 또 바울이 에베소에 갔을 때 아데미 여신상 앞에서 사제들이 주술을 읊듯이 끝없이 중얼거리는데, 이 같은 행위를 중언부언이라고 하는 것입니다. 그렇게 중언부언하면서 외형적으로 시간을 길게 늘어놓아야 하나님이 들으실 거라고 생각하며 기도하지 말라는 것입니다. "그들은 말을 많이 하여야 들으실 줄 생각하느니라"(마 6:7b). 제정신으로 길게 기도하려면 너무 힘드니까 똑같은 소리를 계속 되풀이하면서 말하는 것입니다. 예수님은 그런 그들을 본받지 말라고 말씀하십니다.

물론 기도는 무조건 짧아야 한다는 말이 아닙니다. "구하기 전에 너희에게 있어야 할 것을 하나님 너희 아버지께서 아시느니라"(마 6:8). 우리에게 있어야 할 것과 우리가 무엇을 구할 것인지를 하나님은 다 아십니다. 하지만 기도는 정보 제공의 의미만 있는 것이 아닙니다. 우리의 문제점들을 하나님 앞에 내려놓고, 우리의 마음을 쏟아 놓고 우리의 인격을 다해서 하나님을 의지하면서 그분 앞에 다가가 교제하는 것입니다. 하나님은 우리 기도의 말(語)이 아니라, 기도하는 우리의 마음(心)을 들으십니다. 그렇기에 전심으로 기도하라고 하시는 것입니다.

우리가 아픈 것도, 우리 자녀가 어려운 것도 하나님은 모두 아십니다. 하지만 하나님이 아신다고 해서 '하나님, 다 아시지요? 그러니 끝!'이라고 기도를 마칠 수는 없습니다. 말하지 않고 가만히 있으면 문제 자체가 내면에 잠복해 있기 때문입니다. 그것은 말로 내뱉는 순간 터져 나옵니다. 한 번 하고 두 번 하다 보면 자꾸만 확대되어 일어납니다. 기도도 마찬가지입니다. 하나님 앞에 기도하고 또 기도하면, 자연스럽게 우리 마음이 계속해서 하나님 앞으로 더 다가서게 되고 그분을 의지하게 됩니다. 그러면서 하나님을 읽고 그분과 교제하게 되는 것입니다.

외식의 기도는 하나님 앞에 하는 것이 아니라, 사람 앞에 함으로써 기도의 본질이 퇴색되어 버린 기도입니다. 우리는 누군가를 보면서 '저 사람은 말장난을 잘해'라고 판단할 때가 있습니다. 뭔가 말은 잘해서 혹하게 끌어당기나 그 말에 모순이 있는 것을 말장난이라고 합니다. '기도장난'도 있습니다. 기도를 가지고 장난을 치는 것입니다. 이는 하나님 앞에 하는 것처럼 하면서 사람 앞에서 하는 것을 말합니다. 기도는 하나님으로부터 응답을 받는 것이지, 사람으로부터 인정받으려고 하는 것이 아닙니다. 이것이 바뀌면 위선이 되고 외식이 됩니다.

기도는 어떤 주술을 외움으로써 무인가 현상이 일어나는 사연 법칙도 아닙니다. 하나님 앞에 기도해서 하나님으로부터 응답받는 것이므로 인격적이어야 합니다. 기도는 인격적으로 간절히, 하나님 앞에 전심으로 드려야 합니다. 간절하면 반복할 수밖에 없고, 간절하면 기도가 길어질 수밖에 없습니다. 그것은 너무나도 당연하고 자연스러운 것입니다. 그러나 이것을 중언부언이라고 할 수 없는 것은, 여기에 기도하는 사람의 인격과 진심이 들어 있기 때문입니다.

서기관과 바리새인들은 그 당시 이스라엘 사람들에게 가장 존경을 받는 사람들이었습니다. 그렇게 성경적인 지식이 있고 신앙이 좋으면 뭐가 잘못됐다는 것을 잘 알 건데도 그들은 외식적인 신앙 행위를 반복합니다. 그 이유는 이스라엘이라는 나라의 특수성에서 찾아야 할 듯합니다. 이스라엘은 다종교 국가인 우리와 달리 유일신인 하나님만을 섬겨야 하는 국가입니다. 그들은 선택받은 하나님의 백성입니다. 하지만 바벨론 포로 생활 이후 예수님이 오실 때까지 너무나도 큰 고통과 어둠의 시기를 거쳐 왔습니다. 그러면서 그들의 마음속에 있던 하나님에 대한 확신이 조금씩 희미해지기 시작했습니다. 하나님 앞에 기도하면 즉각 응답하셔서 다른 민족보다 뛰어나게 만들어 주어야 하는데, 몇 백 년 동안 계속 고통의 상태로 있다 보니 하나님에 대한 믿음이 퇴색되었습니다. 하나님이 그들을 징계하고 계시다는 것과 메시아를 만나기 위한 기다림의 시간이라는 생각은 하지 못한 것입니다.

문제는, 서기관과 바리새인들은 이미 하나님 앞에 헌신된 사람들인데도 신앙은 없고 종교의 형태만 남아 있다는 것입니다. 그러니 하나님 앞에 본질적으로 가는 것이 아니라, 자기 외형만 자꾸 갈고 닦아서 사람들에게 보이고, 그것을 이용해서 생업으로 삼는 것입니다. 이게 외식의 근본입니다. 하나님을 진정으로 믿고 섬기는 신앙이 아니라, 하나의 학파요, 그들만의 그룹을 형성했을 뿐이고, 그것을 구축하기 위해서 외식하는 것입니다. 그래서 하나님 앞에 전심으로 기도하며 하나님 앞에 진실한 모습으로 나타나는 것이 중요하다고 예수님이 자꾸 지적하시는 것입니다.

기도의 특권을 누리라

기도의 사전적인 의미는 "인간보다 능력이 뛰어나다고 생각하는 어떠한 절대적 존재에게 빎. 또는 그런 의식"(표준국어대사전)입니다. 신앙이 없는 일반 사람들에게는 단순히 비는 행위에 불과하겠지만, 성경에서는 '하나님 앞에 간청을 드리는 것'을 기도라고 정의합니다. 또한 성경은 기도를 '하나님이 당신을 섬기는 자에게 주신 특권'이라고 말씀합니다. 이는 소리 내어, 혹은 깊은 묵상 가운데 하나님과 기도를 통해 나누는 교류입니다. 철저하게 언어라는 도구를 통해 이뤄지면서도 무엇보다 인격적이고 마음이 앞서야만 하는 것입니다. 물론 언어를 통한 기도만 이 절대적인 것은 아닙니다. 하지만 말을 하면서 그 말을 내 귀로 듣게 되면 마음의 생각이 정리됩니다. 또 말의 표현을 스스로 들으면서 어떻게 하나님 앞에 더 표현하고 싶어지는지에 대한 변화의 과정을 느낄 수 있습니다. 말로 표현하며 기도하는 것은 그만큼 중요합니다.

기도는 하나님이 우리에게 주신 특권이라고 했습니다. 특별한 권리이며 선물인 것입니다. 그러므로 이것을 누릴 줄 모르면 어리석은 자입니다. 다른 사람보다도 특별한 선물을 받았거나 감옥에서 특사를 받은 사람이 남들에게는 왜 안 해 주느냐며 불평하지는 않을 것입니다. 오히려 벅찬 감격과 기쁨으로 받을 것입니다. 성경에는 기도라는 단어가 수없이 많이 나옵니다. 이는 그만큼 하나님이 강조하신다는 것이고, 그걸 누리지 못하면 손해라는 것을 의미합니다.

기도는 호흡과 같습니다. 호흡은 마음대로 하고 말고 할 수 있는 것이 아닙니다. '아, 나는 한 번 호흡하고 두 번 쉬기로 했어'라고 할 수 없다는 것입니다. 또 어떤 의미에서 기도는 식사와 같습니다. 매일 해야 한다는 것입니다. 먹기 싫을 때는 안 먹고, 먹고 싶을 때만 무한정 먹는다면 정상이라 하기 어렵고, 어쩌면 병에 걸려 식욕에 문제가 생길 수도 있습니다.

사실 기도는 하나님이 반드시 하라고 하신 것입니다. 아무리 신앙이 좋다 하더라도 기도 생활이 잘 안 되면 그 사람은 진정한 신앙인이라 말할 수 없습니다. 그러니 어떻게 하면 기도를 감사하며 즐겁게 할 수 있을지를 생각해 보십시오. 막연히 어렵게만 생각하거나, 하고 싶을 때 하고 하기 싫으면 하지 않거나, 또 몰아서 한꺼번에 한다면 정상적이지 않습니다. 우리는 즐겁게 하나님 앞에 나아와 기도해야 합니다.

우리가 기도하지 않는 이유는 두 가지입니다. 기도의 응답에 대한 믿음이 없거나 기도를 업으로 생각하기 때문입니다. 어떤 말을 해야 잘 들어주실지, 어떤 형식으로 해야 할지 자꾸 외형적인 것을 생각하는 것입니다. 또 무언가 선생님을 찾아가서 배워야 할 것 같은 부담스러운 일로 생각하니 못 하는 것입니다.

새벽 기도를 예로 들어 봅시다. 기도가 즐겁고 감사하며 하나님 앞에 기도하고 싶은 마음이 간절하다면 새벽에 나오는 것이 어렵지 않습니다. 칼바람을 맞아 가면서도 기도의 자리에 나온다는 것이 정말 신나며, 하나님이 기뻐하시는 일이라고 생각합니다. 하지만 업으로 생각하면, '아, 내가 집사고 장로인데 새벽 기도 안 나가면 믿음 없다고 그럴 거야'라는 마음으로 어쩔 수 없이 나옵니다. 본질은 빠져 버린 채 외형만 남는 것입니다. 이것이야말로 외식하는 것입니다. 기도는 정말 무엇과도 바꿀 수 없는 특권입니다. 그래서 예수님도 이 중요한 기도를 왜 그렇게 엉터리로 만들어 버리고 모든 사람에게 외식을 가르쳐 주는 형식으로 이끌어 가느냐고 지적하시는 것입니다.

기도는 무당들도 하고 타종교도 하니 하위 개념으로 보는 경향이 있는데, 기도는 신앙생활의 최상위 개념입니다. 성경을 보다 보면 하나님의 역사하심을 보게 되는데, 그 하나님의 역사를 보며 기도로 옮겨 가는 것이 정상적인 반응입니다. 예수 그리스도를 믿으면서 기도가 메말라 있다면 정상적인 신앙인이라고 할 수 없습니다. 기도하지 않는 사람은 눈앞에 하나님의 역사가 일어나도 볼 수 없습니다. 당연한 결과로만 생각합니다. 하지만 기도의 사람은 하나님이 내 앞에서 어떻게 역사하시는지를 느끼게 됩니다.

성경은 기도하지 않는 성취를 보여 준 적이 없습니다. 예수님은 기도하고 난 뒤에 십자가를 지셨습니다. 또 기도하고 난 뒤에 공생애 사역을 시작하셨습니다. 솔로몬도 기도하고 난 뒤에 지혜를 얻었습니다. 다윗의 백전백승도 기도 후에 얻은 것입니다. 그러므로 예수님의 기도의 자세를 고치라는 말은 기도하지 말라는 것이 아니라, 더욱 열심히 바르게 기도하라는 이야기입니다.

기도하십시오. 예수 그리스도의 이름을 가지고 하나님 앞에 전심으로 기도하십시오. 그 은혜를 힘입고 하나님의 능력 가운데 동행하게 되기를 날마다 구하십시오. 하나님이 갚아 주실 것입니다.

○ 질문

1. 당신의 기도 골방은 어디입니까?

2. 성경에는 기도에 대한 수많은 약속들이 기록되어 있습니다. 당신이 붙잡고 싶은 기도에 관한 약속의 말씀은 무엇입니까?

예수님의 구하고 찾고 두드리는 기도

기도의 무릎으로
약속의 하나님을 붙들라

O
O

"구하라 그리하면 너희에게 주실 것이요 찾으라 그리하면 찾아낼 것
이요 문을 두드리라 그리하면 너희에게 열릴 것이니 구하는 이마다
받을 것이요 찾는 이는 찾아낼 것이요 두드리는 이에게는 열릴 것이
니라 너희 중에 누가 아들이 떡을 달라 하는데 돌을 주며 생선을 달
라 하는데 뱀을 줄 사람이 있겠느냐 너희가 악한 자라도 좋은 것으
로 자식에게 줄 줄 알거든 하물며 하늘에 계신 너희 아버지께서 구
하는 자에게 좋은 것으로 주시지 않겠느냐"(마 7:7-11).

예수님처럼 기도하기

본문은 아주 잘 알려져 있으나, 기도하는 사람이라면 절대 그냥 넘길 수 없는 말씀입니다. 성경에는 기도와 관련된 많은 내용이 담겨 있지만, 우리에게 구체적으로 와 닿는 말씀으로는 첫손에 꼽히는 구절이라고 생각합니다.

예수님은 이 땅에 계실 때 기도를 아주 많이 강조하셨습니다. 기도하지 않는 성도는 성도가 아니라고 할 정도로 기도를 강조하셨습니다. 또 실제로 기도하는 모습도 여러 번 보여 주셨습니다. 이른 아침 새벽 미명에 나가서 기도하셨고, 또 아주 바빴던 하루를 보내신 날에도 하나님 앞에 나아가 기도하셨습니다.

아직도 '열심히 노력한다면 기도가 무슨 필요가 있는가?' 하고 생각하는 사람들을 위해 간단히 설명하자면, 자신이 노력해서 다 얻을 수 있다고 생각하는 것은 망상이며, 기도와 노력을 분리하는 것은 불신앙이라고 할 수 있습니다. 우리는 신비주의의 영향을 받아, 기도하고 노력하는 것이 마치 하나님을 믿지 못해 의심하는 것처럼 느끼고, 기도하고 약을 복용하거나 병원 치료를 받으면 믿음이 약한 것 으로 생각합니다. 반면 기도에만 전념하고 몰입하면 하나님이 다 이루어 주실 것이라고 믿는 경향이 있습니다. 이것은 진정한 신앙이라고 할 수 없습니다. 다윗이 왜 기도한 뒤 전쟁을 했으며, 바울은 기도만 하면 되지 왜 열심히 다니면서 사람들을 구원시키려고 노력했겠습니까? 하나님은 전능하셔서 모든 것을 이루어 주실 수 있지만, 아주 특별한 경우(이것은 하나님이 판단하실 일입니다) 외에는 우리에게 기도하며 노력하라고 하십니다. 노력하라고 명령하신 분도 하나님이고, 기도하라고 하신 분도 하나님입니다. 전능하신 하나님은 기도하는 신앙인을 통해 역사하기를 기뻐하십니다.

예수님은 운명적이거나 어쩔 수 없이 필요에 따라서 기도하신 게 아니라, 기도하는 시간이 정말 즐거우셨던 것 같습니다. 기도하러 아침에도 가고 저녁에도 나가는 것은 누가 시킨다고 되는 것이 아니기 때문입니다. 예수님에게는 특별 새벽 기도 기간이 없었습니다. 예수님은 참하나님이며 참사람이시기 때문에, 기도하면 할수록 기도의 제목이 더 많아지고 기도가 길어졌을 것입니다. 그래서 주님도 의도적으로 멈추셔야 했을지도 모르겠습니다.

우리는 기도해야 한다는 당위성은 잘 압니다. 그러나 어떻게 하면 좀 더 좋은 기도, 응답받는 기도, 능력 있는 기도를 할 수 있을지를 생각할 때가 많습니다. 예수님은 어떻게 그렇게 능력 있는 기도를 하셨는지, 그 실제적 모범을 봤으면 좋겠다는 생각이 드는 것입니다. 예수님은 "구하라 그리하면 너희에게 주실 것이요 찾으라 그리하면 찾아낼 것이요"라고 하면서 기도를 강조하기도 하셨고, '누구든지 기도하면 응답받을 것이다'라고 격려하기도 하셨습니다. 또 '지금까지 너희는 내 이름으로 기도하지 않았지만, 이제부터 내 이름으로 기도하면 하나님이 너희에게 응답하실 것이다'라고 확신을 주기도 하셨습니다.

그런데 실제적으로 기도할 때 처음에는 어떻게 운을 떼셨는지, 본 내용은 어떻게 하셨는지 그리고 마지막 부분에는 어떻게 마무리하셨는지를 보고 싶은데, 처음부터 끝까지 시범을 보이듯 기도의 내용을 보여주신 적은 없습니다. 물론 요한복음에 보면 예수님의 기도가 길게 기록되어 있습니다. 그 내용을 보면 예수님의 기도가 얼마나 탄탄했는지, 그 깊이가 얼마나 깊었는지, 그 수준이 얼마나 대단했는지를 알 수 있습니다. 하지만 그것이 기도의 시범이라고는 할 수 없습니다.

이를 다른 의미로 생각해 보면, 보여 줄 필요가 없다는 것입니다. 기도하면 자연적으로 문리가 트인다는 것입니다. 예를 들어, 야구 선수에게 이렇게 할 때는 이렇게 쳐야 하고, 저렇게 할 때는 저렇게 쳐야 한다고 말한다고 해서 그가 공을 잘 치게 되는 것이 아닙니다. 기본적인 자세를 잡고 허공을 휘두르는 배팅이나 다양하게 날아오는 공을 계속 치면서 연습해야 합니다. 하나님을 향해 예수 그리스도의 이름을 의지해서 믿음으로 기도하면 백발백중입니다.

그러므로 기도는 자주 해야 더 하게 됩니다. 하나님 앞에 간절함을 가지고 계속해서 기도하면 기도를 어떻게 하는 것인지, 기도 시간이 얼마나 즐거운지, 기도가 내 인생에 얼마나 중요한지를 깨닫게 됩니다. 무엇이든지 마찬가지지만, 기도는 열심히 해 봐야 그 기쁨을 알게 됩니다. 그렇다고 열심히 기도해서 많은 기도가 모여야만 응답이 되는 것은 아닙니다. 하나님은 우리에게 하나님과의 소통의 통로를 주셨는데, 그 통로를 넓히고 계속 닦는 작업이 기도인 것입니다.

어떻게 기도해야 하는가

힘써 기도하라

그러면 본문에서 가르쳐 주는 것은 무엇입니까? 첫째, '힘써 기도하라' 는 것입니다. 하나님은 우리의 소리만 듣지 않으십니다. 우리의 마음을 들으십니다. 우리의 간절함을 들으십니다. 그래서 우리는 더욱 소리 내어 기도해야 합니다. 소리 내어 기도하다 보면 마음의 간절함이 드러나게 됩니다. 표현이 점잖게 나오지 않습니다. 단발적 문장으로 토해 내든지, 아니면 무언가 간절함이 느껴집니다. 부부 간에도 배우자의 언성이 높아질 때면 상대방이 흥분했다거나 기분이 언짢다는 것이 드러나 느껴지는 것처럼, 간절하게 기도의 응답을 받고 싶은 사람이라면 점잖게 기도할 수 없습니다. 그러므로 힘써 기도하는 것은 너무나 중요합니다. '구하라, 찾으라, 문을 두드리라. 구하는 이가, 찾는 이가, 문을 두드리는 이에게….' 이 내용만 보아도 얼마나 간절하게 기도해야 하는지를 알 수 있습니다.

성경을 보면 믿음의 사람치고 기도하지 않은 사람이 없습니다. "하나님이여 사슴이 시냇물을 찾기에 갈급함같이 내 영혼이 주를 찾기에 갈급하니이다"(시 42:1). 이 기도 속에 담긴 간절함이 느껴집니까? 또 '노력'이 이 안에 있다는 것을 발견해야 합니다. '구하라, 찾으라, 문을 두드리

라. 구하는 이마다…' 예수님이 얼마나 노력을 강조하시는지 보십시오. 주님은 아침부터 저녁 그리고 밤까지 기도와 사역을 열심히 이루어 가셨습니다. 예수님은 그리스도로서의 임무를 이루기 위해 아침부터 깊은 저녁까지 노력하신 것입니다.

세계적인 투자가 워런 버핏과의 식사비용이 수십억대가 넘는다고 합니다. 길지 않은 시간이지만 워런 버핏과의 식사라는 것만으로도 가치가 있기 때문입니다. 그가 던져 주는 몇 마디의 조언이 굉장히 유익하다고 생각한 것입니다. 하지만 이른 새벽에 기도하러 나가서 듣는 설교 말씀이 훨씬 더 가치 있고 유익하다는 것을 기억하십시오. 주님은 "구하라 그리하면 너희에게 주실 것이요 찾으라 그리하면 찾아낼 것이요"(마 7:7)라고 약속하셨습니다. 예수님은 지금 노래를 부르시는 것이 아닙니다. 기도가 얼마나 중요한지, 힘써서 계속해야 한다고 강조하며 가르쳐 주고 계신 것입니다.

하나님의 응답을 신뢰하라

둘째, 우리의 기도에 '반드시 응답하신다'는 것을 믿어야 합니다. 이것은 하나님을 신뢰하는 것입니다. 우리는 어떤 것은 응답된 것 같고, 어떤 것은 응답되지 않은 것 같다고 생각합니다. 또 어떤 사람은, '내가 기도해 보니 응답이 안 된 것 같은데, 내가 기도할 줄 몰라서 그러나?' 하며 여러 생각을 할 것입니다.

기억하십시오. 하나님 앞에 나아와 예수 그리스도를 믿고 그분의 이름으로 기도하면, 그 기도는 반드시 응답됩니다. 물론 하나님은 우리의 사환이 아니십니다. 하나님은 우리보다 지혜가 훨씬 넓으신 분입니다. 우리는 현재만 보이지만, 하나님은 우리의 과거와 현재와 미래를 아십니다. 또 우리는 나밖에 모르지만, 하나님은 모든 사람 속에 있는 나를 아십니다. 그러므로 어떤 모양으로 응답될 것인지는 일단 뒤로 놔두고, 반드시 응답하신다는 것만 기억하십시오.

"구하는 이마다, 찾는 이는, 두드리는 이에게는…." 이 말씀의 주어는 구하는 이도, 열리는 문도, 그렇게 되는 자연 법칙도 아닙니다. 다음 구절의 "하물며 하늘에 계신 너희 아버지께서 구하는 자에게 좋은 것으로 주시지 않겠느냐"(마 7:11)라는 말씀에도 나타나듯, 주어는 '하나님'이라는 것을 알 수 있습니다. 그러므로 우리가 구할 때 하나님이 주신다는 것을 믿어야 합니다.

스스로 구해서 얻는다는 것은 나이가 들면 들수록 자신할 수 없다는 것을 깨닫게 됩니다. 하지만 기도하면 할수록 기도의 연속성, 즉 믿음과 노력을 원하신다는 것을 깨닫습니다. "여호와께서 집을 세우지 아니하시면 세우는 자의 수고가 헛되며 여호와께서 성을 지키지 아니하시면 파수꾼의 깨어 있음이 헛되도다"(시 127:1)라고 했습니다. 하나님의 함께하심과 그분이 그렇게 해 주실 것을 믿어야 합니다.

예수님은, "구하라 그리하면 너희에게 주실 것이요", 기도하고 "찾으라 그리하면 찾아낼 것"이라고 약속하셨습니다. '그리하면'의 의미는 이렇습니다. 하나님 앞에 오늘 내가 기도합니다. '그리하면' 하나님이 응답하신다는 것입니다. 또 "구하는 이마다 받을 것이요 찾는 이는 찾아낼 것이요 두드리는 이에게는 열릴 것이니라"라고 하셨습니다. '구하는 이마다' 반드시 응답하신다는 것입니다.

더 좋은 것으로 응답하심을 믿으라

셋째, 하나님의 응답이 우리의 기대와 다를 수 있다는 것입니다. 하나님은 기도한 대로 응답하실 때도 많습니다. 그러나 하나님은 우리보다 지혜가 탁월하시고, 우리의 생각보다 훨씬 수가 많으시며, 우리보다 우리자신을 더 잘 아십니다. 현재의 내가 원하는 것 하나를 통해서도 나의 전인격과 전 생애를 보면서 응답하십니다. 그렇기 때문에 하나님의 응답은 더 좋은 것으로 주어집니다. 오늘 내가 기도한 것을 보면서 그대로 응답하는 것이 좋으면 응답하시고, 아니면 더 좋은 것으로 더디게 주기도하십니다. '하나님은 더 좋은 것으로 응답하신다'는 것을 잊지 마십시오.

하나님의 응답은 항상 그렇습니다. 하나님은 우리의 아버지이시기 때문에 그렇습니다. "자, 아들이 떡을 달라 하는데 누가 돌을 주겠으며, 아들이 생선을 달라 하는데 누가 뱀을 주겠느냐? 세상에는 그런 아버지가 없는데, 하나님은 오죽 더 하시겠느냐?" 우리는 이것을 믿어야 합니다.

그러므로 기도하고, 또 기도하십시오. 응답이 더딘 것처럼 생각이 들때면 때로는 속상한 마음이 생깁니다. 하지만 그것은 마귀의 시험입니다. 우리는 응답의 하나님이심을 믿으며 그분 앞에 간절히 기도해야 합니다.

전능하신 하나님의 존재를 잊지 말라

그런데 기도를 하면서도 우리가 진정 무엇을 원하는지를 놓칠 때가 많습니다. 잘되기를 원하고, 시험에 합격하기를 원하고, 건강하기를 원합니다. 하지만 이것이 확실한 '무엇'이라고 할 수는 없습니다. 이것은 그냥 '원하는 것들'일 뿐입니다. 예수님이 강조하시는 것은 '무엇'입니다. 진심으로 바라는 그 '무엇' 말입니다. 슈퍼에 갈 때 무엇을 구입할시 목록을 명확하게 기록해 가지 않으면 충동구매를 하기 쉽습니다. 나중에 보면 정작 구입해야 할 것은 두고 다른 것들을 구입한 경우가 많습니다. 그러므로 우리는 '원하는 것들'만을 매번 구하는 기도에서 전심으로 예수 그리스도를 믿고 바라보는 기도로 나아가야 합니다.

하루는 예수님이 제자들과 함께 저녁에 배를 타고 건너편으로 가고 하셨습니다. 달빛을 받으며 배는 건너편을 향해 미끄러지듯 가고 있었습니다. 그런데 갈릴리 바다 가운데 왔을 때 광풍이 호수를 내리쳤습니다. 제자들은 어릴 적부터 갈릴리 바다를 잘 알고 있었습니다. 제자 중에는 어부 출신이 많았기 때문입니다. 그들은 광풍을 한두 번 경험한 것이 아닐 것이며, 이럴 때 어떻게 해야 하는지도 알고 있었을 것입니다. 그러니 당연히 온갖 조치를 취했을 것입니다. 그런데 배가 물에 잠기기 시작했습니다. 이제 배가 가라앉는 것은 시간문제입니다. 제자들은 이 위기 상황에서 예수님이 어디 계신지를 찾았습니다. 예수님은 배 한 편에서 주무시고 계셨습니다. "주여, 주여, 우리가 죽게 되었습니다!" 그러자 예수님은 일어나 바람과 물결을 꾸짖어 잠잠하게 하시며, 제자들을 향해 "너희 믿음이 어디 있느냐?"고 꾸짖으셨습니다. 제자들은 예수님을 두려워하고 놀랍게 여기면서 서로의 얼굴을 보며 말했습니다. "그가 누구이기에 바람과 물을 명하매 순종하는가"(눅 8:22-25).

저는 이 이야기를 통해 제자들의 몇 가지 문제점을 지적하고자 합니다. 첫째는, 제자들이 주님을 믿지 못했다는 것이고(아마 지금까지 자신의 능력을 믿었을 것입니다.), 둘째는, 주님이 가자고 명령하셨고 주님이 함께 계신다면 결코 죽지 않는다는 것을 믿지 못했다는 것입니다. 주님이 진정 하나님의 아들이라면, 건너편으로 가자고 하셨을 때 그곳으로 가게 됩니다. 그러나 그것을 믿지 못했기 때문에 어려움을 당하자 자신들의 능력으로 해결하려 하고, 그것이 안 되자 죽는 줄로만 여겼다는 것입니다. 제자들은 예수님을 믿었습니다. 그러나 예수님을 하나님의 아들, 곧 하나님으로 믿지는 못한 것입니다.

주님을 모신 우리의 인생은 결코 낭만적이지만은 않습니다. 주님을 모시고 산다 해도 주님이 내 일상을 대신 살아 주시지 않으며, 주님의 능력으로 건너뛰게 해 주시지도 않습니다. 만경창파에 띄워진 우리의 배는 순풍에 미끄러지듯 가는 경우도 있으나, 광풍을 만날 수도 있다는 것을 알아야 합니다. 주님이 보여 주신 것은 광풍을 막아 주신다는 것이 아니라, 광풍 속에서 함께하시고, 광풍을 이기게 하신다는 것입니다.

주님의 목적은 무엇입니까? 광풍을 물리치는 것이 아니라, 건너편으로 가는 것입니다. 우리의 약점은 게으르고, 어려움을 피하고자 하고, 온실에 들어가 만사형통을 바란다는 것입니다. '예수님을 믿으면 그렇게 될 수 있지 않을까?' 하며 요행을 기대합니다. 하지만 성경을 보면 그렇지 않습니다. 바다를 지날 때는 광풍을 만날 수도 있음을 알아야 하고, 그 시간 예수님이 함께 하신다는 것도 믿어야 합니다.

그러므로 우리가 구하고 찾고 문을 두드릴 때, 간절히 기도하고 노력할 때 이루시는 분이 누구인지를 간과해서는 안 됩니다. "너희 중에 누가 아들이 떡을 달라 하는데 돌을 주며 생선을 달라 하는데 뱀을 줄 사람이 있겠느냐 너희가 악한 자라도 좋은 것으로 자식에게 줄 줄 알거든 하물며 하늘에 계신 너희 아버지께서 구하는 자에게 좋은 것으로 주시지 않겠느냐"(마 7:9-11). 주시는 분은 신실하고 전능하신 하나님입니다. 더 좋은 것으로 주시는 하나님, 그 신실하고 좋으신 하나님이 계시기에 우리는 실망할 이유가 없습니다. 하나님 앞에 기도하면 되는 것입니다.

우리가 기도할 때 응답할 분은 여러 사람이 아닌 하나님 한 분입니다. 우리가 기도하는 통로도 하나입니다. 그렇다면 우리는 그 하나님에게 대놓고 끝까지 기도해야 합니다. 구하면 주실 것입니다. 찾으면 찾게 될 것입니다. 문을 두드리면 열리게 될 것입니다. 하나님이 오늘 당신의 기도 가운데 응답하고 역사하실 것을 믿으며 기도하십시오. 그래서 그 기도의 응답을 힘입는 삶을 살아가십시오.

◯ 질문

1. 구하고 찾고 두드리는 기도를 통해 응답받은 경험이 있다면 무엇입니까?

2. 예수님은 기도의 노력에 대해 말씀하셨습니다. 당신의 기도 생활에 있어 더욱 노력해야 할 영역이 있다면 무엇입니까?

기도는 부스러기 같은 인생을
천국 백성으로 바꾼다

○
○

"예수께서 거기서 나가사 두로와 시돈 지방으로 들어가시니 가나안 여자 하나가 그 지경에서 나와서 소리 질러 이르되 주 다윗의 자손 이여 나를 불쌍히 여기소서 내 딸이 흉악하게 귀신 들렸나이다 하 되 예수는 한 말씀도 대답하지 아니하시니 제자들이 와서 청하여 말 하되 그 여자가 우리 뒤에서 소리를 지르오니 그를 보내소서 예수께 서 대답하여 이르시되 나는 이스라엘 집의 잃어버린 양 외에는 다른 데로 보내심을 받지 아니하였노라 하시니 여자가 와서 예수께 절하 며 이르되 주여 저를 도우소서 대답하여 이르시되 자녀의 떡을 취하 여 개들에게 던짐이 마땅하지 아니하니라 여자가 이르되 주여 옳소 이다마는 개들도 제 주인의 상에서 떨어지는 부스러기를 먹나이다 하니 이에 예수께서 대답하여 이르시되 여자여 네 믿음이 크도다 네 소원대로 되리라 하시니 그때로부터 그의 딸이 나으니라"(마 15:21-28).

기도는 죄를 멈추도록 이끌지만,
죄는 기도를 멈추도록 유혹할 것이다.

존 버니언(John Bunyan)

우리는 수로보니게 여인과 관련된 이 말씀을 아주 잘 알고 있습니다. 이 장에서는 '이 여인을 향한 하나님의 열심'이라는 관점으로 살펴보려 합니다. 똑같은 사건이 마가복음 7장에도 나옵니다. 수로보니게 여인은 가나안 여인이라고도 하고, 또 헬라인이라고도 합니다. 수로보니게 족속은 '시리아에 있는 베니게에 속한 족속'이라는 뜻으로, 시리아는 이스라엘 북쪽에 있습니다. 이스라엘 민족에게 다른 민족은 다 이방인이기 때문에, 본문에서도 가나안 족속이라고 하면서 또 이방인이라는 의미를 담아 표현하기도 합니다.

예수님과 수로보니게 여인의 만남

마태복음 15장은 예루살렘으로부터 올라온 바리새인들과 서기관들이 예수님을 처음 만나는 장면으로 시작됩니다. 그들은 다짜고짜 예수님에게, "당신의 제자들이 어찌하여 장로들의 전통을 범하나이까 떡 먹을 때에 손을 씻지 아니하나이다"(마 15:2)라고 따져 묻습니다. 여기서 예루살렘 지방과 뒤에 나오는 두로와 시돈 지방은 서로 대조적인 모습을 보여 줍니다. 또 바리새인과 서기관들의 모습과 가나안 여인의 모습이 서로 대조를 이룹니다. 예루살렘은 하나님이 택한 이스라엘의 수도이고, 그곳에서 온 바리새인과 서기관들은 자칭 하나님의 백성 중에서도 특출나게 하나님을 열심히 믿는 자들입니다. 반면 21절부터 나오는 두로와 시돈 지역을 우리나라로 표현한다면, 저 압록강을 지나서 만주 지역으로 볼 수 있습니다. 해안가에 위치한 이방 지역입니다. 이방 지역에 사는 가나안 여인은 바리새인과 서기관들이 볼 때 하나님과는 전혀 연관 없는 존재로 보였을 것입니다.

그런데 이 여인이 예수님을 만나게 됩니다. 대부분의 학자들은 예수님이 위쪽의 두로와 시돈에 가신 것은 사역을 하다가 잠시 쉬기 위해서였다고 짐작합니다. 쉬기 위해 가셨으니 사역을 안 하시려는 마음이었을 것입니다. 가나안 여인이 예수님을 발견하고 나아오자 예수님이 피하십니다. 그 여인이 찾아와서 하소연하는데도 예수님은 아무 말씀도 하지 않으십니다. 그런데 본문을 보면 가나안 여인의 믿음이 정말 대단하다는 것을 알 수 있습니다. 예수님은 "여자여 네 믿음이 크도다 네 소원대로 되리라"(마 15:28) 하며 칭찬하십니다.

우리는 본문에서 이 여인의 믿음을 키우기 위해 하나님이 그를 신실하게 인도하신 모습을 짧은 구절이지만 발견할 수 있습니다. 이 장에서는 하나님의 관점과 예수님 그리고 하나님이 변화시키신 여인을 동시에 생각해 보려 합니다. 하나님은 예수님을 이 땅에 보내셨고, 예수님은 우리를 구원하는 사역을 이끌어 가시는데, 그 사역 가운데 이 여인의 구원을 우리에게 보여 주신 것입니다.

우리는 여인의 부르짖음을 살펴볼 필요가 있습니다. "가나안 여자 하나가 그 지경에서 나와서 소리 질러 이르되 주 다윗의 자손이여 나를 불쌍히 여기소서 내 딸이 흉악하게 귀신 들렸나이다 하되"(마 15:22). 여인은 "주 다윗의 자손이여 나를 불쌍히 여겨 주십시오"라고 간절히 부르짖습니다. '주 다윗의 자손이여'라는 부르짖음은 우리가 익히 잘 아는 부르짖음입니다. 그래서 이 말씀을 볼 때 '참 좋은 믿음을 가지고 있구나. 예수님이 다윗의 자손인 것을 바르게 인지하고 있구나'라고 생각할 수 있습니다. 그러나 자세히 보면, 처음에는 그녀의 믿음에 간절함은 있었지만 예수님에 대한 분명한 인식은 없었음을 알 수 있습니다. 그 여인은 남의 옷을 입고 예수님에게 나아온 것입니다.

'주 다윗의 자손이여'라는 부르짖음은 성경 곳곳에 나옵니다. 한 예로, 마태복음 9장을 보면 두 맹인이 나와서 예수님에게, "다윗의 자손이여 우리를 불쌍히 여기소서"(마 9:27)라고 부르짖습니다. 아마 이 여인도 예수님에 대한 소식을 많이 들었던 것으로 생각됩니다. 그래서 예수님에게 찾아온 사람들이 예수님을 향해 '다윗의 자손이여 우리를 불쌍히 여기소서'라고 부르짖곤 했다는 것을 기억했던 것 같습니다.

이 여인에게는 간절한 소망이 있었습니다. 그의 딸이 흉악한 마귀의 권세에 사로잡힌 채 너무나 불쌍한 가운데 있어, 그 딸을 고치기 위해 예수님 앞으로 나아온 것입니다. 그런데 여인의 신분은 두로와 시돈 땅에 사는 수로보니게 여인, 곧 이방 여인입니다. 이스라엘 민족의 시각으로 볼 때는 감히 유대인에게 나아갈 수도 없는 신분입니다. 아마 그녀도 예수님이 자신의 딸을 고쳐 주실까 하는 근심 가운데 나아갔을 것입니다. 하지만 예수님에게 고침을 받았던 사람들의 소문을 들었던 터라 그들처럼 예수님 앞에 나아와 부르짖었습니다. "주 다윗의 자손이여 나를 불쌍히 여기소서." 그러나 이 부르짖음은 자신의 옷이 아닌 남의 옷이었습니다.

믿지 않는 세상 사람들이 종종 그러한 믿음을 가지고 있습니다. 농사를 짓는 사람들은 농사를 잘 짓게 해 달라고 농사의 신에게 기도합니다. 배를 타는 사람들은 물고기를 많이 잡게 해달라고 바다의 신에게 기도합니다. 배를 타는 사람들은 농사의 신에게 기도하지 않습니다. 농사를 잘 짓게 하는 신이 따로 있고, 바다를 다스리는 신이 따로 있다고 생각하기 때문입니다. 또 아들 낳기를 원하는 사람들은 다산의 신에게 기도합니다.

여인은 예수라는 사람이 귀신을 많이 쫓아낸다는 소문을 듣고 그들이 부르짖었던 그 부르짖음으로 부릅니다. "다윗의 자손이여 나를 불쌍히 여기소서." 그러나 정말 다윗의 자손이라는 의미를 바로 알았을까요? 다윗의 자손의 의미는 하나님이 약속하신 메시아라는 것입니다. 하나님은 '다윗의 자손이 너희를 구원할 것이다'라고 구약에서 누누이 약속하셨습니다. 그분이 바로 우리의 메시아이시고, 그분이 이스라엘을 구원하실 거라는 것입니다. 이는 '하나님이 이스라엘에게 약속하신 그 약속이 바로 다윗의 자손이고, 그분이 바로 메시아이십니다. 다시 오실 분, 그분이 당신입니다'라는 고백인데, 여인에게는 그렇지 못했습니다.

때로 어떤 사람들은 가족이 예수를 믿으면 자신도 같이 천국에 따라간다고 생각합니다. '아내가 믿으니까 아내의 치맛자락 잡고 천국에 갈 수 있겠지'라고 생각하는 사람도 있습니다. 또 어떤 사람들은 머리를 써서 한 자녀는 교회에 보내고, 한 자녀는 성당에 보내고, 한 자녀는 절에 보냅니다. 그래서 세 명 중 한 명이 천국에 가면 자기도 따라가겠다는 것입니다. 정말 그렇습니까? 하나님은 우리에게 살아 계신 하나님, 우리를 위해 죽으신 예수님에 대한 분명한 믿음을 요구하십니다.

그래서 예수님의 반응이 어떻게 나타납니까? "예수는 한 말씀도 대답하지 아니하시니"(마 15:23). '네가 주 다윗의 자손이라고 불렀지만, 너와 나는 아무 상관이 없다'는 말씀입니다. 여인의 간절한 부르짖음에 오히려 제자들이 당황합니다. "저렇게 간절하게 부르짖는데 좀 고쳐서 보내주시지요"라고 부탁할 정도입니다. 그런데 예수님은 "나는 이스라엘 집의 잃어버린 양 외에는 다른 데로 보내심을 받지 아니하였노라"(마 15:24) 하며 매몰차게 거절하십니다. 그 여인의 고백에 믿음에서 나온 간절함은 묻어 있으나, 하나님과 예수님 자신에 대한 분명한 믿음은 아니라는 말씀입니다.

여인의 믿음을 자라게 하시는 하나님의 열심

이렇게 말씀하신 의미는, 하나님은 택한 백성을 구원하기 위한 구원의 순서를 가지고 계시다는 것입니다. 먼저는 이스라엘 백성을 구약에서 택해 주시고, 그들을 부르시어 하나님의 백성으로서 쭉 이끌어 오셨습니다. 그러고는 예수님을 보내시어 그분이 십자가에 죽으시고 난 다음에 오순절 성령의 사역 이후에 그 예수님의 복음이 예루살렘과 온 유대 그리고 사마리아와 땅 끝까지 퍼지게 하려는 순서를 가지고 계셨습니다. 이런 구원의 순서를 생각할 때, 마태복음 15장의 상황은 예수님이 오셔서 이스라엘 민족에서 열두 제자를 부르시고, 하나님의 백성을 불러 주셔서, 예수님이 그 약속의 메시아라는 참복음을 가르쳐 주고 계시는 중입니다. 하나님의 큰 구원 역사의 과정으로 볼 때, 아직 이방인까지는 복음이 전해질 단계가 되지 않았던 것입니다. 아직 오순절 사건이 남아 있고, 아직 예루살렘교회가 핍박을 받는 사건이 남아 있었습니다. 그 이후에 사마리아와 두로와 시돈 그리고 아시아 지역에서 유럽으로 퍼져 나가는 복음의 순서가 남아 있는 것입니다. 그러므로 예수님은, 나는 아직 이방인에게까지 신경을 쓸 때가 아니라는 의미로 하신 말씀인 것입니다.

요한복음 6장 37절에 보면, 예수님은 "아버지께서 내게 주시는 자는 다 내게로 올 것이요"라고 말씀하십니다. 하나님이 주신 자들을 구원하는 순서가 있는데, 그 순서에 맞게 그들을 구원해서 하나님에게로 데리고 가시겠다는 것입니다. 예수님은 이 일을 위해 열두 제자를 부른 후 그들을 훈련하고 계실 뿐, 아직 이 가나안 여인에게까지 복음이 갈 순서는 아니었던 것입니다. 그런데 하나님은 이 여인을 불쌍히 여기시어 그를 향한 열심을 가지고 그를 변화시켜 나가고 계십니다.

"여자가 와서 예수께 절하며 이르되 주여 저를 도우소서"(마 15:25). 여인의 부르짖음에는 '저는 아직 구원 얻을 때가 아닌 것을 깨닫습니다. 그러나 저를 불쌍히 여겨 주십시오. 저는 이방인입니다. 저를 불쌍히 여겨 주십시오'라는 간절한 간구가 담겨 있습니다. 그런데 예수님의 두 번째 반응은 무엇입니까? "대답하여 이르시되 자녀의 떡을 취하여 개들에게 던짐이 마땅하지 아니하니라"(마 15:26). 예수님이 던지시는 대답은 점점 더 여인에게 절망을 안겨 줍니다. 여인을 향해서 "너는 개다"라고 말씀하신 것입니다. '나는 자녀들을 위해서 보내심을 받았지, 개들을 위해서 보내심을 받지 않았다'는 말씀입니다. 예수님은 이스라엘 백성을 자녀로, 이방인들을 개들로 표현하셨습니다. 이스라엘에서 '개'라는 표현은 아주 최악의 욕인 것을 아셨음에도 그렇게 말씀하신 것입니다.

그러나 이 말씀을 마가복음 7장에서 보면, 하나님이 이 여인을 향한 구원의 메시지로 들려주고 계신 것을 알 수 있습니다. 24-26절을 보십시오. "예수께서 일어나사 거기를 떠나 두로 지방으로 가서 한 집에 들어가 아무도 모르게 하시려 하나 숨길 수 없더라 이에 더러운 귀신 들린 어린 딸을 둔 한 여자가 예수의 소문을 듣고 곧 와서 그 발아래에 엎드리니 그 여자는 헬라인이요 수로보니게 족속이라." 그리고 이어서 "예수께서 이르시되 자녀로 먼저 배불리 먹게 할지니 자녀의 떡을 취하여 개들에게 던짐이 마땅치 아니하니라"(막 7:27)라고 말씀하십니다. 마가복음에서는 마태복음에 없는 말씀을 더 하셨습니다. "자녀로 먼저 배불리 먹게 할지니." 여인을 개로 지칭하신 것은 예수님이 그의 믿음을 시험하신 것입니다!

마가복음의 말씀을 잘 보면, 하나님이 이 여인에게 참구원의 비밀을 가르쳐 주실 뜻을 두고 계신 것을 알 수 있습니다. '자녀로 먼저 배불리 먹게 할지니.' 이는 앞서 말씀하신 예수님의 내용과 마찬가지입니다. 자녀들이 먼저 밥을 먹고, 개는 그다음에 먹는다는 것입니다. 다시 말해서, 하나님은 먼저 이스라엘 백성을 구원하시고, 이방인에 대한 구원의 계획은 이후에 있으니 좀 기다리라는 말씀입니다. 그런데 하나님이 이 여인에게 지혜를 주십니다. 여인은 생각했습니다. 주인의 자녀들이 먼저 먹고 개들이 먹는 것이 당연하지만, 개들도 주인과 같이 먹을 방법이 있을 거라는 것입니다. "여자가 대답하여 이르되 주여 옳소이다마는 상 아래 개들도 아이들이 먹던 부스러기를 먹나이다"(막 7:28).

이 여인이 가장 먼저 보인 반응은, 자신의 모습을 철저하게 인정하는 것이었습니다. "주님, 옳습니다. 저는 정말 개와 같은 자입니다. 저는 이방인이고, 저는 정말 죄인입니다"라고 하나님 앞에서 고백했습니다. 하나님은 이렇게 철저히 자신의 모습을 가지고 죄인임을 고백하는 자에게 지혜를 주십니다. 개는 당연히 주인이 먹고 난 다음에 먹습니다. 그러나 식탁 주위를 어슬렁거리다 보면 주인의 자녀들이 먹다가 떨어뜨린 것을 먹게 됩니다. 그것은 동시에 먹는 것이라 할 수 있습니다. 이는, '하나님, 제가 너무나 간절합니다. 하나님이 저에게 부스러기와 같은 은혜라도 주시기를 원합니다'라는 태도입니다. 하나님이 그 부스러기와 같은 은혜를 주신다면 자신의 딸이 낫겠다는 것입니다. 이것이 그 여인의 믿음이었습니다. 하나님이 그 여인에게 지혜와 총명을 주신 것입니다.

지혜는 무엇입니까? 하나님이 계획하신 구원의 큰 뜻이 아닙니까? 당연히 하나님은 이스라엘 백성을 구원하신 후에 이방인들을 구원할 계획을 가지고 계셨습니다. 그러나 이 여인이 가졌던 총명은 무엇입니까? 그렇지만 지금 구원을 얻을 수 있는 방법이 있다는 것입니다. 예수님도 놀라셨습니다. '아, 정말 하나님이 이 여인에게 이런 지혜와 믿음을 주셨구나! 하나님이 나를 통해 이스라엘을 구원하신 후에 이방인을 구원할 뜻을 주셨으나, 지금 이 여인을 구원할 믿음을 하나님이 이 여인에게 주셨구나!'라고 알게 되신 것입니다.

예수님은 이 여인을 이렇게 인도하시는 하나님의 열심을 보셨습니다. 그래서 "여자여 네 믿음이 크도다 네 소원대로 되리라"(마 15:28) 하며 칭찬을 아끼지 않으셨습니다. 여인의 믿음은 정말 큰 믿음입니다. 부스러기와 같은 은혜라도 붙들고 싶은, 붙들기 원하는 믿음이었습니다.

이런 큰 믿음을 주신 분은 누구십니까? 하나님입니다. 하나님이 이 여인에게 이러한 총명을 주셔서 당신의 은혜를 누리게 하셨습니다. 오늘도 이 이방 여인과 같은 우리를 하나님은 열심히 변화시키실 것입니다. 하나님 앞에 나아가는 우리의 모습은 이 이방 여인과 같습니다. 하나님이 우리를 구원하실 때 예수 그리스도의 보혈로 구속하시고, 이방인이나 유대인이나 동일하게 하나님의 자녀로 불러 주시고, 하나님 앞에 나아갈 수 있는 은혜를 주셨습니다. 이 은혜를 받은 우리를 하나님은 당신의 열심으로 이끄시며, 우리의 믿음이 더욱 자라길 원하십니다.

수로보니게 여인은 개와 같은 자신의 모습을 인정하고 하나님 앞에 간절한 모습으로 나아왔습니다. 우리도 마찬가지입니다. 하나님은 죄로 인해 구원받을 수 없는 우리를 구속해 주시고, 당신 앞에 나아오게 하시고, 그 크신 사랑으로 천국까지 인도하신다는 구원의 약속을 주셨습니다. 그뿐 아닙니다. 하나님은 매순간 우리의 믿음을 인도해 주실 것입니다.

이 여인과 같은 간절한 믿음으로 하나님 앞에 나아가십시오. 우리는 하나님이 부스러기 같은 은혜라도 내려 주시기를, 그래서 하나님에게 한 걸음 더 나아갈 수 있게 해 주시기를 기도해야 합니다. 하나님의 그 열심으로 우리를 다스리고 변화시켜 주실 것을 간절히 구할 때, 하나님은 성령의 은혜로 우리를 변화시켜 주실 것입니다.

질문

1. 예수님을 믿으면서 비참해지는 순간을 경험한 적이 있다면 언제입니까?

2. '하나님의 열심'이 '당신의 구원'에 미친 영향은 무엇입니까?

중풍병자와 네 친구의 행함이 있는 기도

소망을 품고 행하면
기도는 기적이 된다

○
○

"수일 후에 예수께서 다시 가버나움에 들어가시니 집에 계시다는 소문이 들린지라 많은 사람이 모여서 문 앞까지도 들어설 자리가 없게 되었는데 예수께서 그들에게 도를 말씀하시더니 사람들이 한 중풍병자를 네 사람에게 메워 가지고 예수께로 올새 무리들 때문에 예수께 데려갈 수 없으므로 그 계신 곳의 지붕을 뜯어 구멍을 내고 중풍병자가 누운 상을 달아 내리니 예수께서 그들의 믿음을 보시고 중풍병자에게 이르시되 작은 자야 네 죄 사함을 받았느니라 하시니 어떤 서기관들이 거기 앉아서 마음에 생각하기를 이 사람이 어찌 이렇게 말하는가 신성 모독이로다 오직 하나님 한 분 외에는 누가 능히 죄를 사하겠느냐 그들이 속으로 이렇게 생각하는 줄을 예수께서 곧 중심에 아시고 이르시되 어찌하여 이것을 마음에 생각하느냐 중풍병자에게 네 죄 사함을 받았느니라 하는 말과 일어나 네 상을 가지고 걸어가라 하는 말 중에서 어느 것이 쉽겠느냐 그러나 인자가 땅에서 죄를 사하는 권세가 있는 줄을 너희로 알게 하려 하노라 하시고 중풍병자에게 말씀하시되 내가 네게 이르노니 일어나 네 상을 가지고 집으로 가라 하시니 그가 일어나 곧 상을 가지고 모든 사람 앞에서 나가거늘 그들이 다 놀라 하나님께 영광을 돌리며 이르되 우리가 이런 일을 도무지 보지 못하였다 하더라"(막 2:1-12).

중풍병자와 네 친구의 지붕을 뚫는 믿음

예수님이 가버나움에 오셨을 때 한 집에 유하시자, 사람들이 예수님의 말씀을 듣기 위해 모였습니다. 수많은 사람이 가득 차 입구까지 막혀서 집 안으로 들어갈 수도, 나올 수도 없었습니다. 그런데 한 중풍병자가 있었습니다. 아마도 전신이 마비된 중풍병자였던 것 같습니다. 네 친구가 그를 들것으로 옮겨 예수님 앞에 데려다 놓기를 원했으나 입구부터 사람들로 막혀 버리니 도저히 그들을 뚫고 예수님 앞으로 갈 수가 없었습니다. 그래서 그들이 생각해 낸 것은 예수님이 계신 방 위의 지붕을 뚫는 것이었습니다. 우리나라 주택은 짚이나 콘크리트 구조상 지붕을 뚫는다는 것이 쉽지 않습니다. 물론 이스라엘도 지붕을 뚫는 것이 쉬운 일은 아닙니다. 하지만 이스라엘은 벽돌 같은 것을 통으로 이어서 지붕을 만들기 때문에, 벽돌만 뜯어내면 지붕이 뚫리게 되어 있었습니다. 그들은 지붕을 뚫고 침상에 사람을 누인 채로 달아 내렸습니다.

이것을 한번 상상해 보십시오. 모여 있던 사람들이 얼마나 황당했겠습니까? 갑자기 지붕에서 '툭툭' 소리가 났을 것입니다. 그래도 주님은 개의치 않고 말씀을 전하셨을 것입니다. 그런데 갑자기 '부스럭부스럭' 소리를 내면서 지붕이 뜯겨 나가더니 뚫린 구멍 사이로 침상이 하나 내려옵니다. 그렇게까지 하면서 예수님을 만나야 하는지, 우리가 볼 때는 좀 극성스럽고 특이해 보입니다. 그때 예수님은 그 상황을 보시고는 "네 죄를 용서한다"라고 말씀하셨습니다. 아마 그 사람의 병은 죄로 인해 온 것 같습니다. 그랬더니 유대 지도자들이 옆에서 듣고 있다가 참람하다고 합니다. '어떻게 죄를 사해 주는 권세를 갖고 있는가. 이건 하나님밖에 할 수 없는데'라고 하면서 신성모독이라고 수군거립니다. 예수님이 그들의 말을 듣고 물으십니다. "자, 그러면 죄를 용서한다는 말이 쉽겠느냐, 일어나 네 침상을 들고 걸어가라는 말이 쉽겠느냐?" 쉽게 대답할 수 없는 질문입니다.

사실 말 자체의 무게를 놓고 보면 침상을 들고 걸어가라는 말이 훨씬 무겁습니다. 죄를 용서한다는 것의 결과는 보이지 않으니 그렇게 말하는 것쯤은 쉬워 보입니다. 그러나 실제 의미를 살펴보면, 죄를 사하는 것은 하나님만이 하실 수 있는 일이고, 침상을 들고 일어나서 가라는 말은 인간도 할 수 있는 표현입니다. 그렇다면 전자가 훨씬 무거운 것입니다.

주님은 애매한 질문을 던져 놓으셨습니다. 이 두 가지 모두 하나님의 역사가 아니면 일어날 수 없는 일임을 말씀하고 계신 것입니다. 그러고는 예수님은 그 누워 있는 중풍병자에게 "내가 네게 이르노니 일어나 네 상을 가지고 집으로 가라"(막 2:11)고 말씀하십니다. 그러자 그가 벌떡 일어나더니 자기의 침상을 들고 집으로 갔습니다. 모여 있던 사람들은 너무나 놀랍고 생전 처음 보는 일 앞에 감탄하면서 하나님에게 영광을 돌렸습니다.

지붕을 뚫고 상을 달아 내린 행동에 담긴 의미

우리는 본문을 통해 지붕을 뚫고 상을 내리는 의미를 자세히 살피는 것이 중요하다고 봅니다. 이 중풍병자가 낫게 된 것은 지붕을 뚫고 상을 내렸기 때문입니다. 여기에는 세 가지의 특별한 의미가 있습니다.

중풍병자의 간절함

첫째, 병든 자의 간절한 소원이 있었습니다. 병든 자가 가고 싶지 않았다면, 가고 싶다는 표현을 강력하게 하지 않았다면 친구들이 이렇게 억지로 끌고 가서 지붕을 뚫고 침상을 달아 내리는 일은 없었을 것입니다. 그가 주님 앞으로 나아갈 수 없는 안타까운 심정을 드러냈기에 친구들이 듣고 함께 열심을 낸 것입니다.

오늘 우리 앞에 어려운 일이 있습니다. 그리고 어려운 일을 해결하시는 주님이 계십니다. 그런데 주님 앞으로 나아가는 데는 장애물이 있습니다. 그것을 뚫고 주님 앞으로 가야 하는데, 장애물이 있다고 주저앉아 못 가는 것이 우리의 일반적인 모습입니다. 우리는 '아, 오늘은 주님 앞에 가려고 했는데 사람들이 많네. 다음에 와서 만나야지' 하면서 포기하고 돌아갑니다. 그다음에 다시 왔는데 역시 또 사람들이 많으면 '다음에 다시 또 오자' 하고 포기한다면 결코 주님을 만날 수 없습니다.

성경을 보십시오. 삭개오가 주님을 만나기 위해 돌무화과나무 위로 올라갔던 사실을 기억할 것입니다. 또 열두 해 동안 혈루증을 앓은 여인이 예수님을 만나기 위해 사람들 사이로 비집고 들어갔으나 예수님을 만날 수 없어 그 옷자락을 만졌던 사실을 기억할 것입니다. 바로 이것입니다. 예수님을 만나야 합니다. 예수님이 내 주변에 계시지 않아서, 예수님 앞으로 가는 길에 장애물이 있어서 할 수 없다고 핑계 대지 말고, 어떻게 해서든 예수님을 만나야 한다고 성경은 가르쳐 주고 있습니다.

당신의 게으름을 물리치고 기도의 자리로 나오는 것은 지붕을 뚫고 주님 앞에 나오는 것과 같습니다. 잠을 이겨 내고 아침 일찍 일어나 하나님 앞에 나아와 새벽 기도에 참석하는 것은 당신을 주님에게 가지 못하게 하는 잠이라는 지붕을 뚫고 상을 내리는 역사와 같은 것입니다. 결코 간단한 일도, 의미 없는 행동도 아닙니다. 이는 매우 소중한 일입니다. 비록 움직이지 못하는 중풍병자라 할지라도 주님을 만나고자 하는 강렬한 소망이 있었기 때문에 이 모든 것이 시작된 것입니다. 당신에게 이와 같은 간절한 소망이 있기를 바랍니다.

네 친구의 열심과 희생

둘째, 네 친구의 열의와 희생입니다. 사실 지붕을 뚫으면 곱게 뚫립니까? 먼지가 주르륵 흘러내리고 흙이 떨어지는 등 소란스럽기 그지없어, 말씀을 전하시던 예수님의 집중력을 훼방하는 일입니다. 모여 있던 사람들은 눈살을 찌푸리면서 '뭐 저렇게까지 하면서 호들갑을 떤담', 혹은 '뭐 저런 사람들이 다 있어. 지붕까지 뚫고 난리네'라고 핀잔을 줄 수도 있습니다. 그런데 이 네 사람은 개의치 않고 그렇게 했습니다. 때로는 상식을 넘어서는 행위일지라도 주님 앞에 선한 목적을 지녔다면, 상식을 넘어서는 행동 이상의 대가를 얻을 수 있다는 사실을 잊지 말아야 합니다. 열심이라는 게 그렇게 무섭습니다. 우리가 그런 열심을 가지고 기도하면 지붕이 뚫릴 것입니다. 주님 앞에 가서 주님으로부터 은혜를 받는다는 것입니다.

전도할 때도 마찬가지입니다. 이 친구들은 자신들의 유익이 아니라, 병든 친구를 낫게 하려고 메고 온 것입니다. 우리는 전도할 때 소극적으로 권할 게 아니라, 적극적으로 권해야 합니다. 지붕을 뚫고 주님 앞에 데려다 놓았을 때 역사가 일어났습니다. 잊지 마십시오. 하나님의 은혜는 하나님이 주셔야 합니다. 하나님은 일일이 찾아가기도 하시지만, 지붕을 뚫고 오는 자에게 베풀기를 기뻐하십니다. 이 사실을 마음속에 꼭 새겨 두십시오. 주님 앞에 열심히 다가서고 하나님 앞에 계속 나아가는 것이 중요하다는 것을 잊지 마십시오. 우리의 정성과 열심을 주님이 그렇게 기뻐하신다는 것을 기억하십시오.

네 친구의 믿음

셋째, 친구들이 그 중풍병자의 상을 달아 내렸습니다. 그때 예수님은 "너희들 열심이 대단하구나, 너희들의 친구를 생각해 주는 마음이 갸륵하구나" 말씀하지 않으셨습니다. 예수님은 그들의 믿음을 보셨습니다. 친구들의 믿음은 어떤 믿음이었을까요? 예수님 앞에 나아가면 낫는다는 믿음입니다. '주님이 우리의 구원자시다. 이와 같은 일도 해결해 주신다.' 이 믿음을 가지고 있었다는 것입니다. 그랬기에 주님이 그들을 향해서 그렇게 말씀하신 것입니다.

예수님 앞에 나아올 때는 열심과 간절한 마음, 헌신도 필요하지만, 정말 필요한 것은 믿음입니다. 주님 앞에 가면 주님이 해결해 주신다는 믿음을 가지고 나와야 된다는 것입니다. 우리가 지붕을 뚫는 마음을 가진다면, 지붕을 뚫는 일은 무엇이겠습니까? 어떤 장애도 물리치고 주님 앞에 다가가는 것입니다. 이는 곧 기도일 것입니다.

예수님은 그들이 지붕을 뚫고 나왔을 때 왜 지붕을 뚫었는지 묻지 않으셨습니다. 지붕 뚫은 열심을 놓고 이야기하지도 않으셨습니다. '네 믿음이 너를 구원했다' 하며 믿음을 이야기하셨습니다. 이 모든 것들은 믿음에 의해서 나타나는 행위라는 것입니다.

열심히 기도하십시오. 기도로 지붕을 뚫어 보십시오. 그래서 주님으로부터 '상을 들고 일어나 걸어가라' 하는 문제 해결과 새로운 은혜를 받는 삶을 살아가십시오.

○ 질문

1. 당신에게는 지붕을 뚫고 당신의 침상을 달아 내려 줄 믿음의 친구가 있습니까?

2. 당신은 중풍병자처럼 절망뿐인 친구를 구원으로 이끌 만한 믿음을 갖고 있습니까?

절박한 기도가
예수님의 발걸음을 멈추게 한다

○
○

"예수께서 돌아오시매 무리가 환영하니 이는 다 기다렸음이러라 이에 회당장인 야이로라 하는 사람이 와서 예수의 발아래에 엎드려 자기 집에 오시기를 간구하니 이는 자기에게 열두 살 된 외딸이 있어 죽어 감이러라 예수께서 가실 때에 무리가 밀려들더라 이에 열두 해를 혈루증으로 앓는 중에 아무에게도 고침을 받지 못하던 여자가 예수의 뒤로 와서 그의 옷 가에 손을 대니 혈루증이 즉시 그쳤더라 예수께서 이르시되 내게 손을 댄 자가 누구냐 하시니 다 아니라 할 때에 베드로가 이르되 주여 무리가 밀려들어 미나이다 예수께서 이르시되 내게 손을 댄 자가 있도다 이는 내게서 능력이 나간 줄 앎이로다 하신대 여자가 스스로 숨기지 못할 줄 알고 떨며 나아와 엎드리어 그 손댄 이유와 곧 나은 것을 모든 사람 앞에서 말하니 예수께서 이르시되 딸아 네 믿음이 너를 구원하였으니 평안히 가라 하시더라"(눅 8:40-48).

믿음으로 드리는 기도는 참으로 중요합니다. 열두 해 동안 혈루증을 앓던 여인이 예수님의 옷자락을 만지고 나음을 얻었습니다. 예수님은 '네 믿음이 너를 구원했다'라고 말씀하시고 평안히 가라고 격려해 주셨습니다. 참 신기하지 않습니까? 이 짧은 사건 가운데 여인이 얻은 은혜는 너무나 큰 것입니다. 그렇다면 이 여인이 도대체 어떤 믿음을 가지고 있기에 이 같은 은혜를 힘입을 수 있었는지를 살펴봐야 합니다.

혈루증 앓는 여인의 한계를 뛰어넘는 믿음

본문 43절은 이 여인에 대해 "열두 해를 혈루증으로 앓는 중에 아무에게도 고침을 받지 못하던 여자"라고 말합니다. 한 가지 병에 걸려서 12년 동안 지나면 어떤 상태가 될까요? 이제는 절대 나을 수 없다는 자포자기하는 의식이 그를 지배할 것입니다. 성경에서도 12라는 숫자는 완전수로 칩니다. 사람이 오랫동안 병을 앓다 보면 자연히 부정적이고 소극적인 모습으로 변합니다. 우리가 작은 병이라도 한두 달만 지나면 자신감이 없고 의욕을 상실하는 상태가 됩니다. 그런데 12년 동안 혈루증을 앓아 왔습니다.

　레위기 15장은 "여인의 피의 유출이 그의 불결기가 아닌데도 여러 날이 간다든지 그 유출이 그의 불결기를 지나도 계속되면"(레 15:25)이라며 혈루증에 대해 언급하고 있습니다. '불결을 앓는 여인과 유출병이 있는 남녀와 불결한 여인과 동침한 자' 모두 부정하며 성막에 들어갔다가는 죽임을 당할 것이라고 말씀합니다. 그러니까 이 여인은 그 당시 사회적으로 보면 국가가 정한 불결한 병에 걸려 있는 것입니다. 물론 예수님이 오시고 난 이후에 이런 것에 대한 규례는 모두 없어졌습니다. 그러나 그 당시는 예수님이 십자가에 못 박혀 돌아가심으로 우리를 대신한 대제사를 드려 주시기 전이기 때문에, 규약에 대한 의식이 그대로 남아 있는 때였습니다. 만약에 사람들 가까이 오게 되면 이 사람들은 돌에 맞아 죽습니다. 그러니까 한 여인이 12년 동안 병에 걸려 있었다는 것은 사회적으로 격리되어 있는 상태였고, 정신적으로도 큰 고통의 시기를 보냈다는 것입니다.

　실제로 똑같은 내용이 마가복음에도 나옵니다. "열두 해를 혈루증으로 앓아 온 한 여자가 있어 많은 의사에게 많은 괴로움을 받았고 가진 것도 다 허비하였으되 아무 효험이 없고 도리어 더 중하여졌던 차에"(막 5:25-26). 그러니까 이 여인은 12년 동안 수많은 의원을 찾아다니며 재산을 다 탕진했으나, 병은 더 심각해졌다는 말입니다. 병은 깊고, 사람들은 눈길을 돌리고, 재산까지 탕진해서 가난하게 되었습니다. 이 정도 시달리게 되면 희망보다는 좌절이 더 친근해지고, 모든 의욕을 잃은 채 포기해 버리는 것이 더 익숙할 것입니다. 그런데도 이 여인은 예수님을 만나면 나을 거라는 믿음을 가지고 나아왔습니다. 이것은 믿음이 없이는 불가능한 일입니다.

믿음은 사실이나 사건의 가능성에서 출발하는 것이 아니라, 하나님, 곧 우리 주 예수 그리스도로부터 출발하는 것입니다. 그래서 믿음은 바라는 것들의 실상이요 보지 못하는 것들의 증거입니다. '보이지도 않는데 무슨 믿음을 가지며, 바랄 수도 없는데 어떻게 바라나?' 하며 현상만 보면 바랄 수 없습니다. 고통스런 현실을 보면서는 믿을 수 없습니다. 그런데도 믿고 바랄 수 있는 것은 하나님 때문입니다. 이것이 성경에서 말하는 믿음입니다.

"예수께서 이르시되 내게 손을 댄 자가 누구냐 하시니 다 아니라 할 때에 베드로가 이르되 주여 무리가 밀려들어 미나이다"(눅 8:45). 예수님은 여인이 자신의 옷을 만져서 능력이 나간 것을 알고 "누가 내 옷을 만졌느냐"라고 물으십니다. 여인에게는 예수님을 에워싼 사람들을 뚫고 들어가 예수님의 옷을 잡을 만큼 뜨거운 믿음이 있었던 것입니다. 이는 주님의 옷자락이라도 잡으면 나을 수 있다는 간절함이었습니다.

신앙생활을 하면서 장애를 갖지 않는 믿음이 어디 있겠습니까? 우리는 모든 죄를 사함 받고 영생 복락을 얻기 위해 예수 그리스도 앞으로 나아갑니다. 물론 틀린 생각은 아닙니다. 모든 역경이 풀려서 주님의 은총 속에 순풍에 돛 단 것처럼 살아가길 원하는 것은 본능이기도 합니다. 그러나 하나님은 그런 은혜를 베풀어 주시면서도 동시에 우리 앞에 수많은 장애물을 두십니다. 그 장애물이 있음에도 불구하고 그것을 뚫고 주님 앞으로 다가오기를 원하시는 것입니다. 하지만 우리는 하나님을 섬기려는 마음은 간절하면서도 현실의 장애물을 만나면 자신도 모르게 믿음이 꺾여 버리는 약점이 있습니다. '오직 생각 속에서만의 믿음'이기 때문입니다. 믿음은 머리에서 몸으로 나와야 합니다. 그래서 그 장애물을 뚫고 들어가야 합니다.

주님을 잘 섬기려 하는데 갑자기 사업이 흔들리고 자녀에게 문제가 일어나면 휘청거립니다. 더 잘되고 싶어 하나님을 믿었는데 왜 이런 장애물이 생겨서 어렵게 하는지 갈등하게 됩니다. 이런 장애를 뚫고 넘어야 온전한 믿음입니다. 많은 사람이 신앙생활하면서도 신앙의 놀라운 역사를 힘입지 못하는 것은, 이런 장애를 만났을 때 뒤로 물러나거나 실족하기 때문입니다. '더 열심히 하다가는 마귀의 시험을 많이 받아서 나만 혼쭐나겠구나.' 적당하게 자리를 잡고 앞으로도, 뒤로도 물러서지 않은 채 중용의 도리를 지킨다고 노력하는데, 신앙은 그렇지 않습니다. 그 궤도를 뚫고 들어가야 합니다.

히브리서 10장 35절은, "너희 담대함을 버리지 말라 이것이 큰 상을 얻게 하느니라"라고 말씀합니다. 담대함은 앞으로 나아가는 것을 말합니다. "너희에게 인내가 필요함은 너희가 하나님의 뜻을 행한 후에 약속하신 것을 받기 위함이라 잠시 잠깐 후면 오실 이가 오시리니 지체하지 아니하시리라 나의 의인은 믿음으로 말미암아 살리라 또한 뒤로 물러가면 내 마음이 그를 기뻐하지 아니하리라 하셨느니라"(히 10:36-38). '믿음으로 말미암아 살리라'와 '뒤로 물러가면 내 마음이 그를 기뻐하지 않는다'는 구절은 대칭을 이루고 있습니다. 믿음으로 산다는 것은 뒤로 물러간다는 것의 반대입니다. 믿음은 가슴에 꽁꽁 싸서 안고 있는 것이 아니라, 반드시 전진하는 것입니다. 그래서 담대함을 버리지 말라고 하십니다. 이 담대함으로 인해서 상을 받을 것이라고 약속하셨습니다.

이 여인이 가지고 있던 믿음이 바로 전진하는 믿음이었습니다. 그때 수많은 남자들이 예수님을 에워쌌을 것입니다. 12년 동안 병을 앓던 여인이 거기를 뚫고 들어가는 것은 결코 쉬운 일이 아니었을 것입니다. 성경은 이 여인을 통해 '믿음은 담대하게 장애를 뚫고 가는 것이다'라고 말씀하고 있습니다. "내 주를 가까이하게 함은 십자가 짐 같은 고생이나 내 일생 소원은 늘 찬송하면서 주께 더 나가기 원합니다"(〈내 주를 가까이하게 함은〉, 새찬송가 338장)라는 찬송가를 기억할 것입니다. 예전 어려웠던 시절에 이 찬송을 많이 불렀습니다. '어떤 환난과 핍박과 장애를 만난다 해도, 나는 주님을 찬송하면서 나가겠습니다. 나는 이렇게 살겠습니다.' 이것이 우리의 고백이었습니다.

주님의 은총과 자비를 힘입기 원한다면 가만히 앉아 있지 마십시오. 일어서십시오. 장애물 앞에 멈칫거리지 말고, 믿음으로 그것을 뚫어 기도의 자리로 나아가야 합니다.

아마도 여인은 거꾸로, '많은 사람이 모여 있으니 나 한 사람에게는 관심을 보이지 않겠지. 다들 예수님을 보고 있으니 오히려 더 뚫고 들어가기 쉬울 거야'라고 생각했을지도 모릅니다. 하지만 그 부정한 여인이 장애물인 남자들을 뚫고, 에워싼 사람들을 뚫고 간다는 것은 목숨을 건 행위였습니다. 사람들에게 들키면 맞아 죽을 수도 있었습니다. 그래도 주님 앞으로 나아가야 합니다. 눈물을 흘리면서도, 고통을 겪으면서도, 때로는 돌을 맞으면서도 주님 앞으로 나아가야 합니다. 이것이 참 믿음이요, 주님의 은총을 힘입는 믿음입니다.

혈루증 앓는 여인의 겸손한 믿음

우리는 이 여인으로부터 또 하나의 중요한 믿음을 배울 수 있습니다. "예수의 뒤로 와서 그의 옷 가에 손을 대니 혈루증이 즉시 그쳤더라"(눅 8:44). 이 표현에는 아주 깊은 의미가 담겨 있습니다. 예수님의 옷에 손을 댔더니 여자의 병이 나았다고 합니다. 그런데 '옷 가에 손을 댔다'고 되어 있는 문장을 원문으로 보면 우리에게 깊은 생각을 하게 하는 용어가 있습니다. 옷 가장자리는 원문으로 '크라스페돈'이라고 합니다. 개역개정 성경은 크라스페돈을 '옷 가', 즉 옷의 가장자리로 번역했지만, 실제로는 옷 가장자리에 달린 부속품이나 옷이 오래되어 실이 풀려서 흐늘거리는 것을 의미합니다. 예수님이 대제사장들처럼 멋진 옷에 방울을 달고 지내셨다고는 볼 수 없으니, 이미도 예수님의 낡은 옷에서 빠져나와 있는 그 실을 만졌다는 의미일 것입니다.

예수님의 옷을 잡은 것도 아니고, 옷 가장자리를 잡은 것도 아니었습니다. 어쩌면 예수님 앞에 나아올 때 만지고는 싶은데 도저히 만질 수 없어서 겨우 예수님 옷자락에서 흘러나온 실밥에 슬쩍 스쳤다는 의미일 수도 있습니다. 어쩌면 이 여인은 예수님의 옷을 만질 만큼 담대하지 못해서 겨우 예수님의 옷 가장자리에 있던 실밥에 손을 댄 것이라고 할 수도 있습니다. 어쨌든 손으로 힘 있게 잡은 것이 아니었습니다. 그런데 이 작은 행위만으로도 그녀는 병이 낫는 놀라운 은총을 입습니다.

이 여인의 믿음은 너무나 진지하고 겸손합니다. 이 상황을 연상해 보십시오. 실밥이 흘러나온 것은 옷깃이나 그 아래쪽입니다. 위쪽을 만지지는 못했을 것입니다. 그런데 그 실밥을 손에 대자 '즉시 나았다'고 합니다. 이 '즉시 나았다'는 표현이 주는 감흥이 너무나도 큽니다. '그의 눈물이 즉시 그쳤더라'라는 의미를 담고 있습니다. 눈물도 즉시 그쳤고, 고통도 즉시 그쳤고, 슬픔도 즉시 그쳤고, 사람들에게 혹시나 하면서 찾아가 그들을 의지했던 것도 그쳤고, 대신 오직 그리스도로 말미암아 평강이 이루어져 은혜가 그 속에 자리를 잡게 되었다는 수많은 의미를 담고 있는 것입니다.

그런데 이 이야기를 보면서 의문이 듭니다. 여인이 옷자락도 아니고, 원문을 보면 옷에서 흘러내린 실 같은 가느다란 무언가를 만졌습니다. 그런데 예수님은 '누가 나를 만졌느냐'고 물으십니다. 그 질문에 베드로는 이렇게 사람이 많은데 누가 손을 댔냐는 물음은 이치에 맞지 않는다고 대답합니다. 그렇다면 예수님의 옷에 손을 댄 사람이 이 여자밖에 없었겠습니까? 경호원이 있는 것도 아니고, 예수님을 보려고 전부 나왔으니 서로 밀고 밀렸을 것입니다. 어떤 사람은 예수님 옷소매에 스치기도 하고, 예수님 옷을 잡기도 하고, 또 어떤 사람은 예수님과 부딪치기도 했을 것입니다. 그 가운데 병자가 이 여자밖에 없었겠습니까? 예수님 주변에는 항상 병자들이 많이 모였습니다. 이 사람들도 예수님 가까이 있으면서 만지고 부딪치기도 했을 텐데, 그들이 나았다는 말은 없고 이 여자만 나았다고 말씀하십니다.

이상하지 않습니까? 어떻게 이런 일이 일어날 수 있을까요? 많이 접촉한 사람은 낫지 않고, 그저 실오라기 한 번 스쳤던 여자가 나았습니다. 그리고 그 답이 48절에 기록되어 있습니다. "예수께서 이르시되 딸아 네 믿음이 너를 구원하였으니 평안히 가라 하시더라"(눅 8:48). 이 여인은 다른 사람들과 달리 단순한 호기심으로 나온 것이 아니라 믿음으로 나왔다는 것입니다. 믿음이 이 여인을 구원했다고 했습니다. 그러나 이 믿음이 이 여자의 병을 고치는 본체는 아닙니다. 병을 고치는 본체는 예수 그리스도십니다. 믿음은 예수 그리스도인 본체에 접근하는 수단일 뿐입니다. 우리는 믿음이라는 수단으로 예수님 앞에 나아가는 것입니다.

바꿔 말하면, 믿음 없이 나아오면 예수 그리스도의 은혜를 힘입을 수 없습니다. 아무리 자주 주님 앞에 나아온다 한들 믿음이 없이 나아오면 이 같은 능력을 힘입을 수 없다는 말입니다. 심지어 주님과 함께 먹고 마시며 지내고, 주님의 옷을 잡아당기고 그 옷을 빨아 준다고 해도, 믿음이 없이는 이런 은혜를 힘입을 수 없다는 것입니다. 이는 그분이 나를 구원하시는 구원자요, 나를 이 병에서 건져 죽음에서 살려 주실 거라는 믿음입니다.

그런데 주님이 말씀하시는 내용을 보면 참 놀랍습니다. 주님은 "내게 손을 댄 자가 누구냐"(눅 8:45)라고 말씀하십니다. 베드로조차 "아니, 이렇게 사람들이 밀치고 하는데 누구인지 어떻게 알 수 있습니까?"라는 식으로 반응합니다. 그러자 예수님은, "내게 손을 댄 자가 있도다 이는 내게서 능력이 나간 줄 앎이로다"(눅 8:46)라고 말씀하십니다. 그러니까 그 여인이 솔직히 고백하면서 나옵니다.

예수님은 누가 손을 댄 것을 아셨습니다. 성경에 표현된 대로 말하자면, 능력이 나간 것을 알고 "누가 나에게 손을 댔냐?"라고 물으신 것입니다. 하지만 "이는 내게서 능력이 나간 줄 앎이로다"라는 구절에는 원문과 달리 '나는'이라는 단어가 생략되어 있습니다. 즉, '나에게서 능력이 나간 줄을 너희는 모르지만 나는 안다'는 것입니다. 이 말의 정확한 의미는 능력이 나갔다는 것의 시시비비를 가리려는 것이 아닙니다. 나에게서 능력이 나가서 한 사람이 나았다는 것을 '내가' 안다는 것입니다.

이 말씀의 의미는 무엇입니까? 이 여인을 보라는 것입니다. '믿음으로 나와서 내 옷자락을 잡으니 낫게 된 것 아니냐?' 이 여인처럼 믿음을 가지라는 것입니다. 그래서 이 여인의 믿음을 부각시켜 거기에 있는 사람들과 오늘 성경을 보는 우리에게 자극을 주는 것입니다.

▨ 믿음의 근거를 주시는 하나님

그런데 예수님이 이 말을 하셔야만 했던 중요한 이유가 있습니다. 이게 우리가 놓칠 수 없는 중요한 부분입니다. 40-41절을 보면, "예수께서 돌아오시매 무리가 환영하니 이는 다 기다렸음이러라 이에 회당장인 야이로라 하는 사람이 와서 예수의 발아래에 엎드려 자기 집에 오시기를 간구하니"라고 나옵니다. 왜냐하면 "이는 자기에게 열두 살 된 외딸이 있어 죽어 감이러라"(눅 8:42)라는 이유 때문입니다. 그리고 43절부터는 열두 해를 앓았던 혈루증 여인의 내용이 나오고, "딸아 네 믿음이 너를 구원하였으니 평안히 가라"(눅 8:48)라고 여인에게 "아직 말씀하실 때에 회당장의 집에서 사람이 와서 말하되 당신의 딸이 죽었나이다 선생님을 더 괴롭게 하지 마소서"(눅 8:49) 하고 이야기합니다. 혈루증 여인을 낫게 하는 이 사건은 회당장 야이로의 딸을 낫게 하러 가는 도중에 일어난 일이었던 것입니다.

일반적으로 성경에 나오는 사건들은 각각의 독립성을 유지합니다. 그런데 이 혈루증 여인의 사건은 독립성을 유지하지 않고 회당장 사건의 중간에 넣어 놓았습니다. 마태복음이나 마가복음도 동일한 방식으로 기록되어 있습니다. 이런 서술 방식을 통해 성경은 무엇에 초점을 두고 이야기하려는 것인지를 살펴보려 합니다.

예수님이 혈루증 여인을 낫게 한 후에 평안히 돌아가라고 선포하십니다. 그리고 바로 회당장의 집에서 사람이 달려와 딸이 죽었다고 말합니다. 회당장에게는 참으로 속상한 일이었을 것입니다. 예수님이 이 여자와 실랑이를 하면서 지체하지 않고 딸 앞에 가서 말씀하셨더라면 딸이 죽지 않았을 것입니다.

신앙생활을 하다 보면 종종 이런 일이 있습니다. 나는 엄청 급한데, 하나님이 지금 이 문제를 처리해 주셔야 하는데, 나한테는 절체절명의 위기인데 하나님은 다른 일을 하십니다. 그런데 예수님은 "두려워하지 말고 믿기만 하라"(눅 8:50)고 말씀하십니다. 성경은 앞의 야이로의 문제와 혈루증 여인의 문제를 어떻게 연결하고 있습니까? '열두 해 동안 혈루증을 앓았던 여인도 믿음으로 나았으니, 너도 믿음을 가지면 죽은 딸이 살아날 것이다'라는 메시지를 담고 있는 것입니다. 하나님은 이걸 보여 주려고 의도하신 것입니다.

주님의 자비로운 손길을 보십시오. 우리는 단번에 무언가를 요구합니다. 그러나 주님은 우리를 믿음의 단계로 인도하며 오히려 더 큰 것에 믿음을 갖도록 만들어 주십니다. 주님은 회당장의 집에 가시는 중에 죽어도 살린다는 작업을 미리 하고 계십니다. 열두 해 동안 혈루증을 앓았던 이 여인을 보면서 회당장이 확실한 믿음에 이르도록 하기 위해 미리 계단과 같은 작업을 하신 것입니다.

우리가 주님 앞에 기도로 나아갈 때도 믿음으로 가야 합니다. 때로는 너무나 급하고 어려운 기도의 제목이 있을 때도 주님은 우리를 선한 길로 인도하고자 중간 계단을 두십니다. 보통 사람의 경우 딸이 죽으면 손을 뗄 것입니다. 그런데 주님은 회당장에게 '두려워하지 말고 믿으라'고 말씀하십니다. 열두 해 동안 혈루증을 앓은 여인이 낫는 현장을 목격한 그것이 바로 두려워하지 않고 믿을 수 있는 근거가 되는 것입니다.

주님 앞으로 나아오십시오. 기도의 자리로 나와서 주님을 의지하면 열두 해를 앓던 혈루증도 하나님의 은총으로 해방을 받고, 죽었던 자도 살리시는 그 능력을 힘입게 됩니다. 우리 힘으로 도저히 해결할 수 없는 문제가 있다면 주님 앞으로 가지고 나아와 기도하십시오. 믿음으로 나와서 주님을 의지하십시오. 주님은 우리에게 "네 믿음이 너를 구원하였다. 평안히 가라"라고 말씀하십니다. 여인이 이 말을 듣고 돌아갈 때, 찬란한 햇빛 아래 기쁨이 넘쳐서 홍조 띤 얼굴로 감격스럽게 달려가는 그 장면을 상상해 보십시오. 그녀는 가장 먼저 제사장에게 달려갔을 것입니다. 자신이 확실히 나은 것에 대해 증거를 얻은 뒤 모든 사람 앞으로 당당히 돌아갔을 것입니다.

이러한 영광과 은혜를 맛보기 원한다면, 다른 사람이 다 포기하더라도 당신은 포기하지 마십시오. 끝까지 기도의 줄을 붙드십시오. 어떤 장애가 있다 해도 오히려 그 장애를 주님 앞으로 더 가까이 갈 수 있는 절호의 기회라고 생각하십시오. 주님이 우리에게도 이러한 은혜를 내려 주실 거라 믿습니다.

○ 질문

1. 당신이 했던 가장 절박한 기도는 무엇입니까?

2. 예수님의 옷자락에 손을 대는 믿음을 갖기 위해 당신이 더욱 애써야 할 영역이 있다면 무엇입니까?

끈질긴 기도를
하나님은 외면하지 않으신다

○
○

"예수께서 그들에게 항상 기도하고 낙심하지 말아야 할 것을 비유로 말씀하여 이르시되 어떤 도시에 하나님을 두려워하지 않고 사람을 무시하는 한 재판장이 있는데 그 도시에 한 과부가 있어 자주 그에게 가서 내 원수에 대한 나의 원한을 풀어 주소서 하되 그가 얼마 동안 듣지 아니하다가 후에 속으로 생각하되 내가 하나님을 두려워하지 않고 사람을 무시하나 이 과부가 나를 번거롭게 하니 내가 그 원한을 풀어 주리라 그렇지 않으면 늘 와서 나를 괴롭게 하리라 하였느니라 주께서 또 이르시되 불의한 재판장이 말한 것을 들으라 하물며 하나님께서 그 밤낮 부르짖는 택하신 자들의 원한을 풀어 주지 아니하시겠느냐 그들에게 오래 참으시겠느냐 내가 너희에게 이르노니 속히 그 원한을 풀어 주시리라 그러나 인자가 올 때에 세상에서 믿음을 보겠느냐 하시니라"(눅 18:1-8).

이제 기도하라.
잊으라. 용서하라.

윌리엄 셰익스피어(William Shakespeare)

믿음의 기도를 훈련하라

기도는 끈질기게 해야 합니다. 성경에 나오는 사람들의 기도는 한 번만 하고 그만둔다는 개념이 아니었습니다. 아브라함의 기도나 야곱의 기도, 또 한나의 기도만 보아도 얼마나 간절하고 끈질기게 힘써 기도했는지를 알 수 있습니다. 끈질긴 기도라는 단어 안에는 절박함과 집중적으로 끝까지 한다는 개념이 포함되어 있습니다. 끈질긴 기도를 '믿음'으로 드리는 것입니다. 그래서 성경을 많이 보고 또 많은 기도 응답의 체험을 가질 때 믿음이 더욱 커지는 것입니다. 우리는 하나님에 대한 믿음을 가지고 기도해야 합니다. 믿지 않고 기도한다는 것은 어떤 의미에서 볼 때 비명이나 흩날리는 소리와 같습니다.

그렇습니다. 믿음으로 기도하는 것도 훈련이 필요합니다. 자꾸 기도해 보면서 이렇게 응답받고 저렇게 응답받으면 믿음이 생깁니다. '하나님, 기도 말고는 방법이 없습니다', '응답하실 분은 하나님밖에 없습니다' 하며 작정하고 자리를 잡고 하나님 앞에 기도하는 것입니다. 또 성경을 보다 보면 하나님이 응답하시는 모습들을 많이 보게 되는데, 그러다 보면 내 마음속에도 하나님이 응답하신다는 믿음이 생깁니다. 그래서 믿음의 기도가 중요합니다.

하나님은 우리에게 기도할 수 있는 특권을 주셨습니다. 그러나 응답의 권한은 당연히 하나님에게 있습니다. 그러니 더 좋은 것으로 응답하신다는 것을 생각해야 합니다. 포괄적으로 말하자면 '의탁'입니다. 하나님에게 의탁하는 것입니다. 왜냐하면 하나님은 그 모든 것에서 신실하게 역사하시기 때문입니다.

그러므로 하나님은 응답하셨고, 또 응답하고 계시며, 응답하실 거라는 이 기도의 세 가지 요소는 함께 존재해야 하는 것입니다. 우리에게는 기도하면서 응답되었다는 기도 제목들이 많이 있을 것입니다. 또 하나님이 지금 오묘하게 이끌어 가고 계신다, 즉 응답하고 계시는 게 느껴지는 사람도 있을 것입니다. 또 내가 기도했으니 하나님이 응답하실 거라는 믿음의 확신이 생긴 사람도 있을 것입니다. 하나님은 분명 과거의 하나님이셨고, 현재의 하나님이시며, 미래의 하나님이심을 믿습니다. 이것을 인식하는 것은 굉장히 중요합니다.

간청하는 기도를 드려야 할 이유

예수님은 '원한을 가진 과부의 부르짖는 요구'라는 비유를 통해 우리에게 기도의 교훈을 주십니다. "항상 기도하고"라는 말씀에는 늘 기도하고, 힘써 기도하고, 계속 기도하라는 의미가 다 포함됩니다. 과부의 예화는 '항상 기도하고 낙심하지 말아야 한다'는 주제의 표본이라고도 할 수 있습니다. 그런데 문제는, 기도하다 보면 내가 원하고 기대하는 바가 있는데 그대로 응답되지 않을 때가 있습니다. 기도를 포기하고 낙심할 때가 있다는 것입니다. 예수님은 그걸 지적하고 계십니다. 낙망, 실망, 포기, 희망을 점점 잃어 가는 것, 이 모든 것이 포함됩니다.

원한을 가진 불쌍한 과부가 있습니다. 그리고 정반대의 재판관이 있습니다. 그는 하나님을 겁내지도 않으며 자기가 옳다고 생각하면 그대로 밀고 가는 사람입니다. 요즘 같으면 사회 여론이나 다른 변호사, 혹은 판사들의 견제를 받는데, 당시에는 옛날 마을의 원님처럼 자기가 재판하고 판결을 내려 버리면 끝이었습니다. 그런데 여기에서 중요한 점은, 과부의 청원은 이미 재판이 끝난 문제이거나, 아니면 과부의 호소에도 불구하고 무시한 채 재판을 하지 않으려는 상황인 듯합니다. 이 과부가 재판관이 있는 관청 앞에 찾아가 계속 소리를 지르며 소동을 벌이는 것입니다. 그래서 결국 관청 안에 있던 재판관까지 그 과부의 존재를 알게 되었습니다. 하루도 빠지지 않고 찾아와 부르짖는 소리가 들리니 신경이 쓰이는 것입니다. 그러자 그 재판관은, "내가 하나님도 무서워하지 않고 아무것도 두려워하지 않는데, 네가 너무 끈질기게 찾아와 그러니 그 소리가 듣기 싫어서, 내가 괴로워서 재판해 준다"라고 말했습니다.

그런데 예수님이 이 비유를 들면서 이렇게 말씀하십니다. "이 못된 재판관도 와서 그렇게 원한을 갚아 달라고, 제대로 재판해 달라고 부르짖는 사람에게는 결국 귀찮아서라도 답을 한다면, 하나님은 어떻게 하시겠는지 한번 생각해 봐라. 너희에게 오래 참으시겠느냐? 내가 장담하건대, 속히 그 원한을 풀어 주실 것이다."

우리는 이 말씀을 통해 예수님의 안타까워하시는 심정을 느낄 수 있습니다. "왜 간절히 부르짖지 못하니? 하나님이 응답하시는데 왜 포기하니? 왜 몇 번 기도하러 나왔다가 끝나 버리니? 기도의 끝은 응답이다. 네가 끝내서는 안 되는 것이다. 하나님이 그 못된 재판관처럼 응답하기를 오래 참으시겠니?"

그런데 중요한 것은 이어지는 말씀입니다. "내가 너희에게 이르노니 속히 그 원한을 풀어 주시리라 그러나 인자가 올 때에 세상에서 믿음을 보겠느냐 하시니라"(눅 18:8). 그러면 인자가 올 때 보신다는 이 믿음은 무엇일까요? 예수님이 보실 때 일회성 기도, 지나가다 생각나서 대충 하는 기도는 염원일 뿐, 믿음의 기도는 아니라고 규정지으신 것입니다. 그래서 기도에 대해 말하다가 마지막 부분에 '그러나' 하면서 이 부분을 짚고 넘어가시는 것입니다. 그러니 믿음의 기도에 하나님이 응답하신다는 걸 아는 우리로서는 끝까지 기도할 수밖에 없습니다.

저는 끈질기게 기도하는 사람이 응답받는 것을 여러 번 보았습니다. 젊은 아기 엄마가 아기를 안고 와서 새벽마다 엎드려 기도하는 것을 보면 하나님이 그 기도를 왜 안 들어주시겠습니까? 그 과정들이 지나고 나면 하나님은 우리도 모르는 사이에 기가 막히게 응답해 놓으십니다. 마치 우리가 새벽 예배에 나와 열심히 기도하다 보면 깜깜하던 주위가 어느덧 환하게 밝아지는 것처럼 응답해 주시는 경우가 많습니다.

'아이테오'의 기도를 드리라

낙망과 좌절이 우리를 사로잡을 때, 주님은 간절히 구하라고 말씀하십니다. 구하라는 말은 신약에서 헬라어로 다양하게 표현되었는데, 요한복음에서 예수님이 특별히 제자들에게 가르쳐 주신 단어가 '아이테오'입니다. 아이테오는 마치 어린아이가 엄마 옷자락을 붙잡고 매달리는 것과 같습니다. 하나님 앞에 나아와 기도할 때는 떼를 쓰면서 기도하라는 것입니다. 우리 주님이 그렇게 가르쳐 주셨습니다.

우리는 하나님 앞에 더 가까이 나아가 하나님의 옷자락을 붙들고 아이테오의 기도를 해야 합니다. 어린아이가 떼를 쓰며 매달리듯이 간절히 기도해야 한다는 것입니다. 억울한 과부가 재판관에게 끊임없이 간청하는 모습을 보십시오. 상한 마음을 가지고 올려 드리는 간청하는 기도는 하나님의 마음을 움직입니다. 하나님은 당신의 자녀를 너무나 사랑하시기에, 상한 마음으로 드리는 기도에 그 마음을 움직이시는 것입니다.

하지만 기억할 것이 있습니다. 중단된 기도에는 응답이 없다는 것입니다. 우리는 응답받을 때까지 기도해야 합니다. 하나님은 우리의 기도에 반드시 응답해 주겠다는 마음을 갖고 계십니다. 그런데 그 응답의 시간이 오늘인지 내일인지 우리는 알 수 없습니다. 하나님은 당신이 온전히 영광 받으시는 그때, 그 시간에 응답해 주십니다.

우리 인생에서 기도하지 않고 살 수 있는 때가 과연 있을까요? 우리 영혼이 혼란을 겪을 때, 누군가에게 기대고 싶으나 어떤 사람에게도 위로받을 수 없을 때, 우리는 그 문제를 어떻게 해결해야 할까요? 또한 질병과 죽음 앞에서 우리의 인생행로가 갑자기 바뀌어 버릴 때는 어떻게 해야 할까요? 당신은 이럴 때 기도하지 않고 해결할 수 있습니까? 우리가 비겁하고 약해서 그런 것이 아닙니다. 전능하신 하나님의 손길 외에는 방법이 없기에 하나님 앞에 나아가 기도하는 것입니다. 그러면 하나님은 예수 그리스도를 통해서 반드시 응답해 주십니다. 자기 아들을 아끼지 않고 모든 사람을 위해 내어 주신 하나님이 그 아들과 함께 모든 것을 우리에게 선물로 주시는 것입니다.

이것을 생각하면 주 안에서 사는 기쁨이 얼마나 큰지 모릅니다. 나 자신의 어떠함으로는 감히 하나님 앞으로 나아갈 수 없지만, 하나님이 보증으로 세워 주신 예수 그리스도의 이름을 부르며 믿고 고백할 때, 우리는 하나님 앞으로 나아갈 자격을 갖추게 됩니다. 하나님이 이렇게 약속하셨는데도 기도하기 위해 하나님 앞으로 나아가지 않는다면, 이는 교만 중의 교만이요, 불신앙 중의 불신앙이라 할 수 있습니다. 우리는 기도할 수 있는 이 놀라운 특권을 가지고 하나님 앞으로 나아가야 합니다. 근심이든, 상처든, 두려움이든, 무엇이든지 좋습니다. 모두 가지고 나아가십시오. 하나님이 가장 좋은 응답을 주실 것입니다.

문장이 자연스럽지 않고 논리에 어긋나는 기도라도 좋습니다. 한 문장을 가지고 계속해서 기도해도 좋습니다. 하나님 앞에 매달리듯이 기도하십시오. 하나님은 통회하고 자복하는 자의 마음을 멸시하지 않으십니다. 또한 상한 마음 받기를 즐겨 하십니다. 우리에게 원하시는 것은 상한 심령이라고 말씀하셨습니다.

근심에 싸여 있고 앞으로 어떤 일이 다가올지 모르는 두려움과 공포 속에 있는 우리에게 주님이 말씀하십니다. "그럴 때 기도하렴. 그러면 오히려 너희 속에 기쁨이 충만할 것이다." 하나님은 기도하는 사람의 슬픔이 변해서 춤이 되게 하십시오. 오늘 저녁에는 슬픔이 깃들지라도, 내일 아침에는 기쁨이 찾아오게 하십시오. 내 심령이 약해서 하나님을 붙잡는 것이 스스로 잘났다고 큰소리치는 것보다 훨씬 낫습니다. 걱정 근심이 없다고 위장하지 마십시오. 오히려 하나님 앞에 자신을 내어놓고 솔직하게 기도하십시오. 하나님 앞에 기도하면서도 순수하지 못하다면, 정말 소망 없는 사람입니다. 낙망하지 말고 하나님 앞에 나아와 무릎 꿇으십시오. 그럴 때 주님이 우리의 손을 꼭 붙잡아 주십니다. 약하고 피곤한 우리를 빛으로 인도해 주십니다.

기도의 힘을 무시하지 마십시오. 하나님을 믿고 기도하십시오. 하나님 앞에 기도하면서 응답받고, 기도 응답받은 것에 감사하고, 그래서 또 기도하면서 하나님의 능력을 힘입는 당신의 삶이 되기를 소망하며 살아가십시오.

○ 질문

1. 당신은 기도의 응답을 받기 위해 얼마만큼 끈질기게 기도했습니까?

2. 기도가 특권이라는 말을 당신은 어떻게 생각합니까?

08

기도로 돌무화과나무에 올라 변화된 삶을 맞으라

○
○
○

"예수께서 여리고로 들어가 지나가시더라 삭개오라 이름하는 자가 있으니 세리장이요 또한 부자라 그가 예수께서 어떠한 사람인가 하여 보고자 하되 키가 작고 사람이 많아 할 수 없어 앞으로 달려가서 보기 위하여 돌무화과나무에 올라가니 이는 예수께서 그리로 지나가시게 됨이러라 예수께서 그곳에 이르사 쳐다보시고 이르시되 삭개오야 속히 내려오라 내가 오늘 네 집에 유하여야 하겠다 하시니 급히 내려와 즐거워하며 영접하거늘 뭇사람이 보고 수군거려 이르되 저가 죄인의 집에 유하러 들어갔도다 하더라 삭개오가 서서 주께 여짜오되 주여 보시옵소서 내 소유의 절반을 가난한 자들에게 주겠사오며 만일 누구의 것을 속여 빼앗은 일이 있으면 네 갑절이나 갚겠나이다 예수께서 이르시되 오늘 구원이 이 집에 이르렀으니 이 사람도 아브라함의 자손임이로다 인자가 온 것은 잃어버린 자를 찾아 구원하려 함이니라"(눅 19:1-10).

마음에서 우러나오는 영혼의 갈급함이야말로
기도하는 참된 태도다.

윌리엄 거널(William Gurnall)

때로 우리는 변하고 싶다는 열망에 사로잡힙니다. '내 신앙이 이 정도
여서는 안 된다. 내가 하나님 앞에 받는 은혜의 수준이 절대로 이 정도
에 머물러서는 안 된다'는 영적 도전을 받습니다. 이런 변화에 성공한
사람이 바로 삭개오입니다. 그는 여리고라는 아름다운 성의 세리장이
었습니다. 하루는 예수님이 그 여리고 성으로 들어가셨습니다. 삭개오
는 예수님을 너무나 만나고 싶었습니다. 그런데 만날 수가 없습니다.
예수님 주변에는 늘 사람들이 있고, 그는 키가 너무나 작았기 때문에
사람들에게 막혀 예수님이 보이지 않았던 것입니다. 게다가 삭개오는
다른 사람들의 눈총을 받는 세리장이었습니다. '세리장이 무슨 예수님
앞에 온다고…'라는 비아냥거림을 들을 수밖에 없는 신분이었습니다.

하지만 그는 예수님이 오신다는 소문을 듣고 돌무화과나무 위로 올
라갔습니다. 그리고 지나가시던 예수님이 돌무화과나무 위에 앉아 자기
를 내려다보고 있는 삭개오를 향해서, "삭개오야 속히 내려오라 내가 오
늘 네 집에 유하여야 하겠다"(눅 19:5)라고 말씀하셨습니다. 삭개오는 그
말을 듣고 얼마나 신이 났는지, 뛰어 내려와서 자기 집으로 예수님을 모

셨습니다. 잔치 도중이었을까요, 아니면 사람들이 함께 모여 대화를 나누고 있을 때였을까요? 그가 사람들 앞에서 폭탄선언을 합니다. "주님, 제 재산의 절반을 가난한 사람들에게 나누어 주고, 누구의 것을 속여 빼앗은 일이 있다면 그것의 네 배를 갚겠습니다." 예수님은 그의 결단을 들으시고는, "이 사람도 아브라함의 자손임이로다 인자가 온 것은 잃어버린 자를 찾아 구원하려 함이니라"(눅 19:9-10)라고 기뻐하셨습니다.

참으로 아름다운 사건입니다. 예수님을 만나기 전의 삭개오와 예수님을 만난 후의 삭개오의 변화를 보십시오. 사실 삭개오는 우리와 비슷한 점이 많은 사람입니다. 그는 물질적으로는 별 어려움이 없는 사람입니다. 오늘날 우리는 옛날에 비하면 얼마나 나은 삶을 살고 있습니까? 그러나 마음에 수많은 짐을 가지고 있습니다. 삭개오는 죄인이었습니다. 무언가 변화하고 싶어 몸부림치는 사람이었습니다. 그의 세리장이라는 직업이 말해 주듯 평탄한 삶을 살아 온 것은 아니었습니다.

당시 이스라엘은 로마의 식민지였기 때문에 세금을 바쳐야 했습니다. 세리장은 백성에게 거둬들인 세금의 일부를 떼어 생활하던 사람들이었습니다. 그러므로 사람들은 그들이 동족의 물질을 착취해서 로마의 세금으로 바친다고 생각했습니다. 그래서 세리들을 악한 사람으로 보았고, 실제 악한 세리들도 많아서 혹독할 만큼 많은 세금을 징수하기도 했습니다. 그러다 보니 세리라는 말만 들어도 증오하는 사람들이 많았습니다. 키가 작다는 핸디캡이 있는데도 세리장의 자리까지 올랐을 때는 일반적인 삶은 아니었을 것입니다. 그런데 오늘 그가 변했습니다. 이런 놀라운 변화가 어떻게 가능했을까요?

변화를 위한 삭개오의 노력

우리에게도 삭개오처럼 변하고 싶은 욕망이 있습니다. 이 상태로는 부족합니다. 좀 더 큰 은혜 속에 살았으면 좋겠고, 내 속에서 좀 더 하나님의 노래가 울려 퍼졌으면 좋겠고, 내 영혼에 하늘로부터 내려오는 평강이 넘쳤으면 좋겠고, 주님과 동행하는 능력이 나타났으면 좋겠다는 마음이 듭니다. 내 삶에 변화가 있었으면 좋겠다는 말입니다. 그렇다면 삭개오는 변화하기 위해 어떤 노력을 했는지 봐야 합니다.

예수님을 만나기 위한 간절한 열망을 가짐

첫째, 그는 보기 위해 계속 찾고 노력했습니다. "그가 예수께서 어떠한 사람인가 하여 보고자 하되 키가 작고 사람이 많아 할 수 없어"(눅 19:3). 한번 구경하자는 식이 아니라 계속 예수님을 보려고 노력했다는 것입니다. 삭개오가 예수님을 보기 위해서는 신체적인 장애를 넘어야 했습니다. 돌무화과나무 위로 올라가야 할 정도라면 거의 왜소증의 수준이 아닐까 하는 생각이 듭니다. 또 예수님을 보려고 나가면, 사람들이 세리장이 왔다고 무시하면서 오히려 더 막아섰을 것입니다. 그런데도 삭개오는 계속 보고자 했습니다. 그 마음속에는 주님을 만나고자 하는 열망이 있었습니다.

그 열망을 예수님은 아셨습니다. 예수님은 그의 이름도 다 아셨습니다. "예수께서 그곳에 이르사 쳐다보시고 이르시되 삭개오야 속히 내려오라 내가 오늘 네 집에 유하여야 하겠다"(눅 19:5). 시각적으로 선명한 이미지를 주는 이 장면을 한번 상상해 보십시오. 삭개오는 사람들이 너무 많아 볼 수가 없어 돌무화과나무 위로 올라가서 달려 있다시피 앉아 목을 빼고 예수님을 내려다보았습니다. 그 마음속에 있는 주님을 좀 더 가까이 뵙고 만나고자 하는 열망을 주님이 보지 않으셨겠습니까? 주님은 그에게 속히 내려오라고 말씀하십니다. 그냥 내려오라고 해도 될 텐데 '이제 속 그만 태우고 염려 말고 내려오라. 내가 너를 맞아 주겠다' 하며 위로하시는 것입니다. 주님이 삭개오의 불타는 열망을 아셨던 것입니다.

게다가 삭개오가 예수님을 초청한 것이 아니라, 예수님이 자청해서 그의 집으로 가십니다. 성경 어디에도 예수님이 다른 사람이 초청하지 않았는데 찾아가는 예는 없었습니다. 예수님이 이렇게 '속히'라는 단어를 쓰고, '네 집에 거하겠다'고 자청하신 이유는, 삭개오의 열망을 주님이 너무나도 잘 아셨기 때문입니다.

열망을 행동으로 옮기는 노력

우리의 변화는 열망에서부터 시작됩니다. 변해야겠다는 열망이 필요합니다. 주님을 만나서 의지하고 주님 안에서 변화해야겠다는 그 열망이 있어야 합니다. 하나님이 당신의 마음속에 예수 그리스도 안에서 변화되기를 간절히 바라는 그 열망을 주시기를 바랍니다. 빌립보서 2장은 "너희 안에서 행하시는 이는 하나님이시니 자기의 기쁘신 뜻을 위하여 너희에게 소원을 두고 행하게 하시나니"(빌 2:13)라고 말씀합니다. 하나님은 내 마음의 열망, 소원, 간절한 바람을 통해서 역사하신다는 것입니다. 그러므로 우리는 말씀과 기도를 통해 주님 앞으로 달려가야 합니다.

삭개오도 마찬가지였습니다. 그도 "앞으로 달려가서 보기 위하여 돌무화과나무에 올라가니 이는 예수께서 그리로 지나가시게 됨이러라"(눅 19:4)라고 했습니다. 예수님을 보기 위해 사람들 앞으로 달려갔습니다. 사람들이 먼저 가면 예수님을 볼 수 없으니 열심히 달려갔습니다. 하지만 키가 작았던 그는 결국 앞으로 가지 못했던 듯합니다. 그러자 돌무화과나무 위에 올라가는 행동을 합니다.

우리가 하나님의 은혜를 받고 변화된 삶을 살려면 간절한 열망이 있어야 합니다. 그러나 열망만 가지고는 안 됩니다. 하나님의 은혜 속에 변화하려는 행동이 필요합니다. 다시 말하면, 돌무화과나무 위로 올라가야 합니다. 돌무화과나무는 사람이 충분히 올라가 앉을 수 있는 나무입니다. 삭개오는 그 위에 올라갔기에 주님을 볼 수 있었습니다.

'이제는 나도 은혜 좀 받아야지, 올해는 변화해야지, 좀 더 믿음을 키워야지'라고 생각으로만 머무를 게 아니라, 실제로 그런 삶을 살아야 합니다. '기도하면 좋지, 기도 열심히 해야지'라고 생각만 하지 말고 기도해야 합니다. 실제로 기도는 한 번 하는 것보다 두 번 하는 것이 좋습니다. 성경 말씀이 좋다는 생각만으로 끝나지 말고 성경 말씀을 더 보아야 합니다. 주님의 은혜를 받기 위해서는 돌무화과나무 위에 올라가는 액션이 필요하다는 것입니다.

저는 성도들이 일주일에 한 번 교회에 나오는 것만으로 신앙생활을 한다는 자체가 기적이라고 생각합니다. 육신을 위해서는 하루 세끼를 꼬박꼬박 먹으면서 영혼을 위해서는 일주일에 한 끼만 먹고 끝을 냅니다. 그러고도 살아진다는 게 기적이 아닙니까? 그러니 죽은 것도 아니고 산 것도 아닌, 영적으로 늘 힘이 없는 상태인 것입니다. 은혜의 삶, 은혜의 능력을 힘입기 원합니까? 당신의 삶이 변화되기를 원합니까? 기도의 자리로 나아가 주님을 붙드는 열심과 주님을 만나기 위해 돌무화과나무에 올라가는 액션이 있어야 합니다. 분명 삭개오는 많은 어려움을 가지고 있었습니다. 하지만 그는 돌무화과나무에 올라가는 행동을 취함으로 대변화의 계기를 맞이합니다.

삭개오라는 이름에는 '순수하다'라는 뜻이 담겨 있습니다. 이름은 순수하지만 절대로 순수하지 못했던 세리장의 삶을 살았습니다. 자기 이름과는 정반대의 삶을 살았던 셈입니다. 그런 형편없는 삶을 살면서도 주님을 만나 변화하려는 간절한 열망이 있었고, 행동으로 옮기니 주님을 만나 변화되는 역사가 일어나는 것입니다. 그러니 열망하고 행동하십시오. 왜 기도하지 않으면서 기도하면 좋다고만 말합니까? 왜 한 번의 기도만으로 큰 은혜를 바라는 것입니까?

변화된 삶에는 결단이 따른다

"삭개오가 서서 주께 여짜오되 주여 보시옵소서 내 소유의 절반을 가난한 자들에게 주겠사오며 만일 누구의 것을 속여 빼앗은 일이 있으면 네 갑절이나 갚겠나이다"(눅 19:8). 지금 삭개오는 변화되었습니다. 흥분했고 신이 났습니다. 그렇게 변화된 자신의 모습을 고백과 결단으로 모두에게 공표합니다. 자기가 가지고 있는 것의 절반을 가난한 자들에게 줄 것이며, 남을 속여 빼앗은 일이 있으면 네 배를 갚겠다고 합니다. 회개하는 심령을 드러낸 것입니다.

개역한글 성경은 남을 속여 빼앗는 것을 '토색한 것'이라고 옮겼습니다. 여기서 토색한 것은 '무화과나무 열매'라는 뜻입니다. 이상하지 않습니까? '주님, 제게 무화과나무 열매가 있으면 네 배를 갚겠습니다'라니요. 이것은 그 당시 일종의 은어적 표현입니다. 이는 마치 50-60년대에 도둑질하는 사람을 '염소 몰러 간다'라고 하던 표현과 같습니다. 미군 부대 옆에 염소를 데리고 가서 풀을 뜯어 먹이는 척하고 부대 막사에 들어가 물건을 훔치는 것입니다. 여리고에는 무화과나무 열매가 많이 생산되는데, 외국으로 밀반출할 때는 세관원에게 돈을 집어 줍니다. 그러니 세관원들에게 '무화과나무 열매'라는 단어는 부수입, 돈을 받는 것을 총칭하는 의미가 된 것입니다.

그런데 지금 삭개오는 만일 남을 속여 빼앗은 일이 있으면 네 배를 갚아 주겠다고 말합니다. 마치 그런 일은 없지만 혹시 있으면 그렇게 갚겠다는 말처럼 들리는데, 아닙니다. 이 말의 뜻은, '주님, 제가 남을 속여 빼앗은 것을 네 배로 갚겠습니다'라는 말입니다. 그 많은 사람 앞에서 회개하는 것입니다. 그는 세리도 아니고 세리장입니다. 주님이 그의 집을 찾아와서 한껏 들뜬 분위기에 이렇게 자신의 죄를 공개적으로 고백하고 담대하게 결단합니다. 삭개오는 키는 작지만 은혜가 뭔지 아는 사람이며, 주님 안에 들어온 이 변화의 삶이 얼마나 가치가 큰지를 이 순간 느낀 것입니다. 스스로 도둑이라고 고백하니 말입니다.

변화의 은혜를 받는 사람들의 모습에는 이런 특징이 있습니다. 열망하고, 그 열망을 이루기 위해 반드시 행동하고, 주님의 은혜 가운데 서게 되면 한순간에 결단하고 변한다는 것입니다. 하나님이 싫어하시는 것을 계속하면서 은혜 받겠다고 한다면 거짓입니다. 끊어야 하는 것을 끊지 못한 채 계속 붙들고 있으면서 집사 되고 장로 되는 일이 있을 수 있습니까?

끊어 버리는 결단이 있어야 합니다. 화를 잘 내는 사람은 화를 처리하는 결단이 있어야 합니다. 하나님이 기뻐하지 않으시는 생활 습관이 있는 사람은 정리하는 결단이 있어야 합니다. 나의 과거에 대한 미련, 하나님 앞에 부끄러운 것이 있으면 진정으로 회개하는 역사가 있어야 합니다.

삭개오에게는 정말 놀랍고 은혜로운 일이 벌어졌습니다. 그런데 문제가 하나 있습니다. 삭개오의 이런 변화를 사람들은 옆에서 보고 박수치며 좋아해야 할 텐데, 오히려 못마땅하게 생각한다는 것입니다. "뭇사람이 보고 수군거려 이르되 저가 죄인의 집에 유하러 들어갔도다"(눅 19:7). 여기서 '뭇사람'은 모든 사람입니다. 모두 일제히 기분 나쁘게 생각했다는 것입니다. 왜 이런 반응이 일어나는지, 참 이상하지 않습니까?

첫째, 당시 사람들은 구약적인 사고방식에 사로잡혀 있었기 때문입니다. 구약의 제사장은 거룩한 사람입니다. 그러므로 더러운 것을 만질 수 없습니다. 그런데 랍비들은 '죄인과 어울리면 그 사람도 죄인이다'라고 비약적인 적용을 해 놓았습니다. 죄인이 아닌 거룩한 사람은 죄인과 어울려서는 안 된다는 것입니다. 그런 관점으로 볼 때 사람들의 반응은 수긍이 됩니다.

무엇보다 그들은 예수님이 죄인과 어울리는 것을 이해할 수 없었던 것입니다. 랍비이기도 한 예수님이 삭개오의 집에 들어가신 이유는 죄인을 구원하기 위해서입니다. 죄인과 동화되어 어울리려는 의도가 아니었습니다. 아마 여리고 성 사람들은 아무리 삭개오가 가까이 와도 예수님이 정죄하고 꾸짖고 내쫓아 주시기를 바랐을 것입니다. 그래야 자기들 속이 풀릴 테니 말입니다. 안 그래도 미워 죽겠는데, 이런 자가 예수님을 영접하고 변화되니 얼마나 기분이 나쁘겠습니까? 여리고 사람들의 방식은 죄인을 정죄하고 꾸짖는 것입니다. 하지만 예수님의 방식은 그를 용서하고 변화시키는 것입니다. 우리 마음속에도 여리고 사람들과 같은 심리가 있습니다. '삭개오가 변하다니 참 복 받은 것이다. 그러면 이제 세리장 일은 안 하고 은혜 가운데 살겠구나' 하면서 박수를 쳐야 하는데, 나쁜 자는 계속 나쁜 짓을 하다가 벼락을 맞아서 죽어야 속이 편하다는 못된 생각을 가지고 있다는 것입니다.

하나님 앞에서 변화되지 못할 사람은 없다

이 문제는 우리로서는 해결할 수 없으며, 결국 주님이 하셔야 합니다. 그래서 기록자인 누가는 19장 이전에 두 사건을 소개하며 연결해 놓았습니다. 첫 번째 사건은 18장 18절부터 나오는데, 어떤 관리가 주님에게 질문하는 내용입니다. "선한 선생님이여 내가 무엇을 하여야 영생을 얻으리이까"(눅 18:18). 예수님은 계명을 지키라고 말씀하십니다. 그러자 그 사람은 어릴 때부터 잘 지켰다고 자신 있게 대답합니다. 그러자 예수님은, "네게 아직도 한 가지 부족한 것이 있으니 네게 있는 것을 다 팔아 가난한 자들에게 나눠 주라 … 그리고 와서 나를 따르라"(눅 18:22)라고 말씀하십니다. 그러자 이 사람이 심히 걱정하고 그냥 가 버렸다고 말씀합니다.

이어서 나오는 이야기는 같은 여리고 성에서 일어난 사건인데, 예수님에게 고침을 받은 바디매오라는 맹인의 이야기입니다(눅 18:35). 그는 길가에 앉아 구걸하다가 예수님이 가까이 오신다는 말을 듣고는 "다윗의 자손 예수여 나를 불쌍히 여기소서"(눅 18:38)라고 목청껏 부르짖습니다. 사람들이 조용히 하라고 꾸짖을수록 더 큰 소리로 부르짖었습니다. 그러자 예수님이 그를 데려오라 하시고는 "네게 무엇을 하여 주기를 원하느냐"(눅 18:41a)라고 물으십니다. 그가 "주여 보기를 원하나이다"(눅 18:41b)라고 대답하자, "보라 네 믿음이 너를 구원하였느니라"(눅 18:42)라는 칭찬을 듣습니다. 그리고 그가 보게 되어 하나님에게 영광을 돌렸다고 말씀합니다.

성경은 왜 이 세 가지 사건을 연속으로 기록해 놓았을까요? 이 세 가지 사건의 연관성이 무엇입니까? 세 사람은 모두 변화되기 힘든 사람들입니다. 한 사람은 돈에 온통 마음이 빼앗겨 있어 예수님 앞에 올 수가 없습니다. 예수님은 '재산을 팔아서 가난한 사람에게 주라'는 것은 목적이 아니었습니다. 주님은 그의 마음을 아신 것입니다. '너는 재산이나 물질과 같은 세상의 것들 때문에 마음이 빼앗겨 나를 따라오지 못하고 영생을 얻을 수 없다'고 말씀하시는 것입니다. 그러므로 "재물이 있는 자는 하나님의 나라에 들어가기가 얼마나 어려운지 낙타가 바늘귀로 들어가는 것이 부자가 하나님의 나라에 들어가는 것보다 쉬우니라"(눅 18:24-25)라고 말씀하십니다.

돈을 사랑하지 않는 사람이 어디 있습니까? 그러나 성경은, 돈은 사용하는 것이지 사랑하는 대상이 아니라고 말씀합니다. 부자 청년은 돈을 너무나 사랑한 나머지 영생보다 더 귀하게 여겼다는 것입니다. 성경은 "돈을 사랑함이 일만 악의 뿌리가 되나니 이것을 탐내는 자들은 미혹을 받아 믿음에서 떠나 많은 근심으로써 자기를 찔렀도다"(딤전 6:10)라고 경고합니다.

또 여리고 성의 바디매오도 주님을 만나기에 불가능한 사람이었습니다. 이 사람은 너무 가난하고 눈이 보이지 않아 혼자서는 움직이기도 쉽지 않은 사람입니다. 삭개오는 또 어떻습니까? 키가 작아서 예수님을 보기도 쉽지 않고, 세리장인지라 사람들의 미움을 받아 어울릴 수도 없는 장벽 앞에 놓여 있는 사람입니다. 그러나 바디매오와 삭개오는 예수님을 만납니다. 두 사람의 공통점이 무엇입니까? 열망이었습니다. '어떤 희생을 치르고서라도 주님을 만나 변화해야겠다. 은혜를 받아야겠다.' 그리고 그들은 행동을 취했습니다. 맹인은 소리를 질렀고, 삭개오는 돌무화과나무 위로 올라갔습니다.

변화가 없이 그저 타성에 빠져 신앙생활을 하다 보면 점점 쇠락해집니다. 편안할수록 하나님 앞에 더 가까이 나아가야 합니다. 당신에게 변화의 열망이 있는지, 무언가 행동하고 있는지를 살피십시오. 하나님이 기뻐하지 않으시는 잘못된 것들을 단호히 끊어 내고 주님 앞에 나아가고 있습니까? 주님은 우리가 과거에 어떠했는지를 문제 삼지 않으십니다. 부자 청년이든, 앞이 보이지 않는 사람이든, 세리장 출신이든 문제 되지 않습니다. 변화의 열망과 행동 그리고 잘못된 것을 돌이키기로 결단하는 것만을 보십니다.

지금과는 달라야 합니다. 더 열심히 주님 앞으로 나아와야 합니다. 저녁 시간에 앉아서 TV를 보다 잠드는 것보다 기도로 하루를 마무리하는 것이 훨씬 유익합니다. 기도하면 하나님의 마음을 읽지만, 그 시간에 TV를 보면 드라마 하나 보는 것으로 끝날 것입니다. 하나님 앞으로 나아와 기도해야 합니다. 예수 그리스도를 믿어서 천국 가는 구원뿐만 아니라, 오늘 삶에서 역사하시는 구원의 손길을 힘입고 싶다는 간절한 열망이 있으면 하나님 앞에 더 간절히 기도해야 합니다.

중요한 것은, 주님이 당신이 기도하는 그 시간을 기다리신다는 것입니다. 인자가 온 것은 잃어버린 자를 찾아 구원시키기 위해서입니다(눅 19:10). 우리에게는 돌무화과나무 위에 올라가는 삶의 변화가 있어야 합니다. 그래서 주님 앞에서 큰 은혜의 변화가 일어나 삭개오처럼 결단하고 하나님의 은혜 가운데서 살아가는 놀라운 일들이 기도를 통해 일어나야 합니다.

○ 질문

1. 예수님을 만나기 위해 당신이 올라가야 할 돌무화과나무는 무엇입니까?

2. 부자 청년과 바디매오 그리고 삭개오 중에서 당신은 어떤 사람과 비슷하다고 생각합니까?

예수님의 핏방울로 드린 고뇌의 기도

나의 뜻이 아닌
하나님의 뜻을 구하라

8

"그들을 떠나 돌 던질 만큼 가서 무릎을 꿇고 기도하여 이르시되 아버지여 만일 아버지의 뜻이거든 이 잔을 내게서 옮기시옵소서 그러나 내 원대로 마시옵고 아버지의 원대로 되기를 원하나이다 하시니 천사가 하늘로부터 예수께 나타나 힘을 더하더라 예수께서 힘쓰고 애써 더욱 간절히 기도하시니 땀이 땅에 떨어지는 핏방울 같이 되더라 기도 후에 일어나 제자들에게 가서 슬픔으로 인하여 잠든 것을 보시고 이르시되 어찌하여 자느냐 시험에 들지 않게 일어나 기도하라 하시니라"(눅 22:41-46).

나의 기도와 하나님의 응답

본문의 기도는 예수님이 드린 기도 중에 가장 절박했던 기도라고 할 수 있습니다. 기도를 하는 이유는 간단합니다. 하나님의 도우시는 손길을 힘입고자 하는 것입니다. 우리는 기도를 통해서 없던 것을 갖기 원하고, 잃어버렸던 것을 얻기도 합니다. 어려운 문제가 있으면 그 문제에서 벗어나게 해 달라고 기도하면서 극복하고 승리하기도 합니다. 또 기도를 통해 하나님이 선히 해결해 주시기를 원하고, 인도해 달라고 기도하기도 합니다. 나는 어찌해야 할지 모르니 하나님이 이끌어 달라고 기도합니다.

그러나 피해서는 안 될 관문을 지날 때는 감당할 수 있도록 힘을 달라고 기도하고, 내가 원하는 바가 아니어도 하나님의 뜻이라면 수용할 힘을 달라고 기도하기도 합니다. 환난과 핍박과 어려움에서 나를 숨겨 달라는 기도를 할 수도 있습니다. 또 숨겨 달라고 하는 기도와 좀 비슷하지만, 평강을 달라고 기도할 수도 있습니다. 모든 문제가 해결되어도, 어려움이 없어도 마음에 평안을 누리지 못하는 사람들이 많습니다.

무엇보다 하나님을 좀 더 알기를 원하는 기도를 하기도 합니다. 하나님과 조우하고 하나님과 깊은 관계를 갖는 은혜를 힘입게 해 달라고 기도하기도 합니다. 또 앞날의 비전이 무엇인지, 내가 무엇을 해야 할 것인지 깨닫게 해 달라고 기도하기도 합니다. 기도는 이렇게 다양하게 사용되며, 다양한 목적을 가지고 있습니다.

그런데 하나님은 응답하실 때 어떻게 응답하시는지 생각해 본 적이 있습니까? 하나님은 우리가 기도하면 응답을 하신다는 대전제를 가지고 있으나, 응답은 다양한 각도로 이뤄집니다. 우리는 기도하면 하나님이 기도한 그대로 들어주시는 'yes'의 응답만을 기대합니다. 그러나 하나님의 응답은 네 가지 정도로 나눌 수 있습니다.

'yes' 다음에는 'no' 하시는 응답도 있습니다. 나는 분명히 해결 받아야 하는 기도 제목이고, 응답받지 않으면 큰일 날 것만 같습니다. 그런데 하나님은 'no' 하실 때가 있습니다. 이것도 하나님의 선하신 뜻입니다. 하나님에 대한 신뢰가 바탕이 안 되면 'no'의 응답은 전혀 이해되지 않습니다. 그러나 하나님은 분명 선한 의도를 가지고 'no' 하십니다. 그것이 나에게 더 좋다는 것입니다.

하나님을 신뢰하지 못하면 하나님이 우리에게 하시는 응답은 납득되지 않습니다. 왜냐하면 하나님과 우리의 생각은 너무나도 큰 차이가 있기 때문입니다. 그러나 하나님을 신뢰하면 '하나님의 뜻이 있다. 그러면 이런 상황 속에서 내가 어떻게 해야 할까?'를 먼저 생각하게 됩니다. 그럴 때 하나님의 답변은 'yes'일 수도 있고 'no'일 수도 있다는 것을 이해하게 됩니다.

또 하나님은 'better'로 답변하며 이끌어 가십니다. 더 좋은 것으로 주신다는 것입니다. 우리가 원하는 것이 아닌, 다른 것을 보여 주면서 우리를 그쪽으로 이끌어 가시는 경우가 있습니다. 또 하나님의 답변은 'later'일 때도 있습니다. '나중에 줄게, 지금은 안 돼. 조금 더 기도하렴. 네가 좀 더 성숙하고, 더욱 간절하고, 조금 더 상황이 무르익어야 한단다'라고 하십니다.

이렇게 생각해 보면 됩니다. 자식이 무언가를 요구할 때 부모는 어떻게 답변합니까? 부모 된 우리는 항상 'yes'라고만 답하지는 않습니다. 때로는 'better'라고 할 때도 있고, 'no'라고 하기도 합니다. 그리고 어떤 때는 'later'라고 답변합니다. 부모를 신뢰하지 못하면 아이는 '우리 아빠가 아닌가? 내가 주워 온 아이인가?'라고 의심하게 됩니다.

그러므로 기도의 가장 중요한 기본은 하나님을 신뢰하는 것입니다. 아무리 며칠을 목청껏 기도한들 하나님에 대한 신뢰가 없으면 그 기도는 허공에 흩어지는 공허한 울림일 뿐입니다. 하나님을 신뢰한다면 기도해야 한다는 것을 알게 됩니다. 또 기도하면서 하나님을 믿고 소망을 갖게 됩니다. 하나님을 신뢰하는 사람의 모습이 그런 것입니다.

고난을 감당하기 위한 예수님의 기도

예수님의 기도를 한번 보십시오. 예수님은 겟세마네 동산에 와서 기도하십니다. 예수님은 딱 두 가지 문제를 놓고 기도하고 계시다고 볼 수 있습니다. 할 수만 있으면 이 잔을, 즉 이 고난의 십자가를 지고 싶지 않다는 것입니다. 그러나 반대의 기도는, 이것이 하나님 아버지의 뜻이라면 지겠다는 것입니다. '대체 그런 게 어디 있어?'라는 생각이 드는 기도입니다. 그런데 예수님의 기도는 그랬습니다. 제발 안 졌으면 좋겠다고 생각하며 기도할 만큼 당할 고난이 너무나 컸습니다. 이것은 '벗어나고 싶어서 드리는 기도'입니다.

그러나 또 한편의 기도는 이것을 감당할 수밖에 없다는 것입니다. 사실 인간은 고통을 벗어나고 싶은 마음이 더 강합니다. 다른 사람보다 더 좋은 것을 얻고 싶고 어려움은 벗어 버리고 싶은 마음이 본능입니다. 예수님도 고난의 십자가가 얼마나 참혹하고 고통스러운지를 너무나 잘 아시기 때문에 그 십자가를 지고 싶지 않은 것입니다.

그런데 43절에 보면, "천사가 하늘로부터 예수께 나타나 힘을 더하더라"라고 나옵니다. 기도를 열심히 할 수 있도록 도왔다는 것입니다. 그런데 이왕이면 지금 나타나지 말고, 십자가에 힘을 더해서 십자가를 가볍게 해 주는 것이 어땠을까요? 꼭 필요할 때 안 나타나고 지금 굳이 나타난 이유는 무엇일까요? 그러나 천사가 십자가를 가볍게 한다면 예수님이 우리의 죄를 온전히 대속하실 수가 없습니다.

천사의 역할은, 주님을 돕는 것과 하나님의 명령을 수행하는 것입니다. 그 외에는 우리처럼 이성을 가지고 독단적으로 인간에게 이런저런 일을 행했다는 내용이 성경 안에는 없습니다. 그러니까 천사는 기도를 도왔다는 것입니다. 예수님이 십자가를 수용하고 싶지 않은데 기도를 열심히 함으로써 그것을 받아들여 수용하고 감당하게 하는 힘을 얻도록 기도를 도운 것입니다. 이처럼 하나님이 천사를 보내서 돕게 하시는 것은, 우리 기도의 응답을 돕는다기보다는 기도를 열심히 할 수 있도록 돕는 것입니다. 예수님은 천사가 도우니 더 열심히 기도하셨습니다. 얼마나 열심히 기도했는지, '힘쓰고 애써 더욱 간절히' 기도하셨다고 말씀합니다. 그것도 모자라 땀방울이 땅에 떨어지는데 핏방울같이 되었다고 말씀합니다.

그러므로 예수님의 기도는 고난을 벗어 버리는 기도가 아니라 '감당하는 기도'입니다. 살아가는 데 감당해야 하는 기도는 많습니다. 우리는 감당해야 할 것도 최대한 빨리 벗어나기만을 원합니다. 하나님은 여러 가지 방법으로 우리에게 은혜를 주십니다. 그 길을 걸어가야 한다면 잘 감당할 힘을 달라고 기도해야 합니다. 공부하는 학생은 하나님 앞에 시험을 놓고 기도할 때, '하나님, 시험을 없애 주시옵소서'라고 기도할 것이 아니라, 시험을 잘 감당하게 해 달라고 기도해야 합니다. 예수님의 기도는 십자가를 수용하는 능력이라기보다는 감당하려는 마음이었습니다. 혹시 지금도 하나님 앞에 기도할 때 내 몫의 십자가를 벗어 버리려고 발버둥치는 기도만 드리는 것은 아닙니까? 우리에게는 수많은 기도의 제목이 있지만, 수용하고 감당해야 하는 고난도 있다는 것을 잊지 말아야 합니다.

결국 예수님은 기도로써 십자가를 감당할 힘을 얻으십니다. 그래서 십자가가 다가왔을 때 피하고 싶은 유혹에 빠지지 않고 십자가를 지셨습니다. 그러나 제자들은 기도하지 않았기 때문에 예수님의 죽음과 핍박 앞에 두려워 떨면서 피했던 것입니다. 우리도 마찬가지입니다. 당신은 무조건 벗어 버리려고만 하고 있지는 않습니까? 내 맘에 들지 않는 대상을 공격하고 싶은 마음으로 기도하고 있지는 않습니까? 세상 사람들 앞에 멋진 사람으로만 보이고 싶은 욕망을 가지고 하나님 앞에 기도하고 있지는 않습니까?

그러나 잊지 마십시오. 우리가 살아가면서 수용하고 감당하고 끝까지 가지고 가야 할 부분도 있습니다. 그럴 때 그것을 없애 달라고 기도할 게 아니라, "하나님, 잘 감당하게 해 주옵소서"라고 기도해야 합니다. 주님은 "너희 무거운 짐 진 자들아, 다 내게로 오라. 내가 너희를 쉬게할 것이다. 나의 짐은 쉽고 가벼우니 내게 와서 배우라"라고 위로하셨습니다. 그러므로 우리는 이렇게 기도해야 합니다. "주님, 제가 주님 앞에 갑니다. 주의 능력으로 잘 감당하게 하시고, 주님 나라에 들어갈 수있도록 인도해 주시옵소서."

감당해야 할 일이면 피하지 마십시오. 오히려 감당할 힘을 달라고 기도하십시오. 하나님이 우리에게 짊어지게 하시는 짐이 있다면, 능히 짊어지고 갈 수 있는 수용력을 달라고 기도해야 합니다. 우리는 아무것도 안 하고 편하게 지내면서 어려움이 없기를 바라는 기도를 드리는 것이 아니라, 하나님의 뜻을 아름답게 이루기를 원하는 기도를 드려야 합니다. 그래서 이기기도 하고, 감당하기도 하고, 하나님 앞에 피하기도 하고, 하나님의 이름으로 승리하기도 하는, 하나님의 뜻을 이루는 삶을 살아가야 합니다.

질문

1. 'no'도 하나님의 응답임을 경험한 적이 있다면 언제입니까?

2. 당신이 예수님의 기도를 통해 배워야 할 기도의 자세는 무엇입니까?

10 수가 성 여인의 소망을 이루는 기도

기도는 사망의 자리를 소망의 자리로 만든다

"그들이 동네에서 나와 예수께로 오더라 그 사이에 제자들이 청하여 이르되 랍비여 잡수소서 이르시되 내게는 너희가 알지 못하는 먹을 양식이 있느니라 제자들이 서로 말하되 누가 잡수실 것을 갖다 드렸는가 하니 예수께서 이르시되 나의 양식은 나를 보내신 이의 뜻을 행하며 그의 일을 온전히 이루는 이것이니라 너희는 넉 달이 지나야 추수할 때가 이르겠다 하지 아니하느냐 그러나 나는 너희에게 이르노니 너희 눈을 들어 밭을 보라 희어져 추수하게 되었도다 거두는 자가 이미 삯도 받고 영생에 이르는 열매를 모으나니 이는 뿌리는 자와 거두는 자가 함께 즐거워하게 하려 함이라 그런즉 한 사람이 심고 다른 사람이 거둔다 하는 말이 옳도다"(요 4:30-37).

인간은 크고 작은 소망을 따라 살아갑니다. 맛있는 음식을 먹겠다는 소
망만으로도 오늘 하루를 보내고, 노래 한 곡 멋지게 부르는 소망으로
살아가는 사람도 있습니다. 그래서 우리는 이런저런 소망을 품고 갈아
타면서 여기까지 온 것인지도 모릅니다.

더 넓게는 자식을 낳아서 공부시키고 좋은 학교에 들어가기를 소망
하고 삽니다. 그리고 그게 어느 정도 해결되면 또 다른 소망을 품습니
다. 집을 갖기를 원하고, 질병에서 완치되기를 원하는 등 이 소망에서
저 소망으로 옮겨 다니면서 살아갑니다. 이런 것을 볼 때 인간은 소망
없이는 정말 살기가 힘든 존재인 것 같습니다.

그러나 인간 가운데는 소망 없이 사는 사람도 있습니다. 물 흘러가
듯이 그럭저럭 사는 것입니다. 그러나 소망이 없으면 인생의 가치와 삶
의 생동감을 느끼기가 힘듭니다. 그래서 소망이 그토록 중요한 것입니
다. 눈앞에 있는 것보다는 조금 더 큰 소망, 자질구레한 것보다는 조금
더 가치 있는 소망을 추구하면 사람이 커집니다. 소망은 커지면 커질수
록 믿음을 흡수하기 때문입니다. 믿음과 소망은 함께 움직이면서 우리

를 기도의 자리로 데리고 갑니다. 그러면 삶이 달라집니다. 좀 더 고상해지고, 좀 더 진취적이 되고, 영적으로 자꾸 많은 변화가 오게 되는 것입니다.

예수님의 소망, 하나님의 구원 계획

그렇다면 예수님의 소망은 무엇일까요? 예수님은 온 인류 가운데 가장 큰 소망을 가진 분이었습니다. 무엇입니까? 모든 사람을 구원시키고 그들을 위해 자신을 대속물로 내어 주는 것입니다. 이는 하나님의 뜻이면서 예수님 자신의 소망이었습니다. 얼마나 간절한 소망이었는지 모릅니다. 예수님은 서른셋에 돌아가셨으나 30세까지의 삶은 어린 시절 성전에 갔던 것과 태어날 때 외에는 드러난 것이 없습니다. 예수님의 모든 행적은 불과 3년 동안 일어난 것입니다. 그 3년 동안의 모든 것들이 성경에 기록되어 있습니다. 그것도 마지막 한 달, 또 마지막 일주일, 그리고 십자가에 돌아가시기 전날의 일들이 주를 이룹니다.

그러다 보니 세상 사람들이 볼 때는 마치 예수님이 자기가 바라는 대로 죽으려고 엄청 각본에 맞추듯이 산 것처럼 보입니다. 그래서 〈지저스 크라이스트 수퍼스타〉라는 뮤지컬이 나오기도 했습니다. 그 내용과 관련해서 논란이 많았습니다. 믿지 않는 사람의 시각으로는 예수야말로 죽을 타이밍을 찾아 모든 사람 앞에 의미 있는 죽음을 맞이했으니 진정한 스타라는 것입니다. 그러나 신앙인이라면 뮤지컬이 아닌 성경을 보면서, '인간의 힘으로는 이렇게 맞출 수 없다'는 경이로움을 느끼게 됩니다.

저 또한 오랜 세월 성경을 보면서 많은 고심 끝에 '인간의 힘으로는 십자가 사건을 계획하고 주도하지 못한다. 하나님만이 하실 일이다'라는 결론을 내렸습니다. 인간이 아무리 주도면밀하게 계획할지라도 다른 환경이나 주변 사람들이 그 타이밍에 맞춰 줍니까? 뮤지컬이나 연극 같으면 각본대로 맞춰집니다. 그러나 예수님의 죽음은, 본인은 각본에 맞추더라도 주변 여건이 다 맞춰 주지는 않습니다. 이런 것들을 보면 십자가 사건은 정말 놀라운 것이 아닐 수 없습니다.

본문은 하나의 스토리를 보여 줍니다. 예수님이 사마리아의 수가 성으로 가셨습니다. 이스라엘 사람들은 예루살렘에서 갈릴리로 갈 때 중간의 수가 성을 거치는 지름길을 두고 옆의 요단 강을 건너서 쭉 위로 올라갔다가 다시 요단 강을 건너서 갈릴리로 들어왔습니다. 혼혈족인 사마리아와는 상종하지 말아야 한다는 불문율 때문입니다. 그런데 예수님은 요단 강을 건너지 않고 바로 사마리아 땅으로 가십니다. 제자들을 데리고 의도적으로 수가 성으로 가십니다. 수가 성에 가서 한 일이라고는 우물가에서 한 여인을 구원하신 것밖에 없습니다.

다들 걸어왔으니 배가 고팠을 것입니다. 예수님은 마을에 들어가지 않고 우물가에 앉으셨습니다. 그리고 제자들은 빵을 사러 그 동네로 들어갔습니다. 그때 예수님이 한 여인과 대화를 나누십니다. 보통 여자들은 이른 아침이나 저녁에 해가 지고 나면 물을 길러 나옵니다. 그런데 그 여인은 사람들의 눈을 피해 일부러 낮에 온 것입니다. 예수님은 그 여인에게 물 한 모금을 달라고 하셨습니다. 그러자 그 여인이 예수님을 흘끗 보더니, "당신 딱 보니까 유대인인데 어떻게 나보고 물을 달라고 그러지요? 참 희한한 일을 다 보겠네"라고 반응합니다. 사마리아인과는 상종도 하지 않는 유대인이, 더구나 사마리아인조차 함부로 취급하는 자신에게 물을 달라니 이해할 수 없다는 뜻입니다. 그때 예수님이, "네가 내가 누군지를 알았더라면 오히려 네가 나한테 물을 달라고 했을 거다"라고 하십니다. 갑자기 강력하면서도 위엄 있는 말씀에 여인은 깜짝 놀랍니다. 그리고 서로 이야기를 나누던 끝에 그 여인은 '당신 혹시 선지자가 아니냐'고 묻습니다. 그러다가 혹시 메시아가 아닌지를 물었고, 예수님이 맞다고 하시자 동네로 달려가 사람들에게 자신이 메시아를 만났다고 말하고 다닙니다. 그때 양식을 가지러 갔던 제자들이 돌아옵니다. 제자들이 빵을 내놓고 이제 드시라고 하자 예수님은, "나의 양식은 나를 보내신 이의 뜻을 행하며 그의 일을 온전히 이루는 이것이니라"(요 4:34)라고 말씀하십니다.

예수님의 사명은 예수님의 소망이었습니다. 소망하는 것과 사명이 서로 일치될 때 이 소망의 힘은 아주 강력해집니다. 예수님이 바로 그러했습니다. 예수님의 소망은 곧 하나님이 예수님에게 주신 사명이었습니다. 주님은 사마리아를 보며 "봐라, 이 세상에 추수할 것이 얼마나 많으냐. 이 세상이 지금 다 추수할 때가 되었다. 다 익어 있지 않느냐"라고 말씀하셨습니다. 희어져 추수할 때가 됐다는 것입니다. 그래서 추수를 통해서 "뿌리는 자와 거두는 자가 함께 즐거워하게 하려 함이라"(요 4:36)라고 말씀하셨습니다. 즐거운 추수 광경을 눈앞에 그리고 계셨던 것입니다. 사마리아 땅을 추수할 그 구원의 광경들을 바라보면서 그것이 얼마나 즐거운 것인가를 볼 줄 아는 소망의 눈! 예수님은 이 구원의 영광과 축복을 보셨기에 십자가의 고통도 짊어지셨던 것입니다.

우리는 예수님이 십자가를 당신의 사명이니 짊어지셨다고만 생각합니다. 맞습니다. 그러나 예수님에게는 당신의 사명을 아주 적극적이면서도 모든 것을 세밀하게 맞추어 가면서, 동시에 항상 진지하게 바라보는 즐거움이 있으셨습니다. 그래서 십자가를 놓고는 동시에 부활의 영광도 바라보는 모습을 보여 주십니다. 예수님은 이렇게 사명을 가지고 소망을 이루어 가셨습니다. 그는 소망대로 죽었다가 부활하셨고, 그리고 승천하셨습니다.

예수님은 소망을 이루어 간 자 중에서는 최고입니다. 이 모든 사람을 구원했기에 그렇습니다. 무엇보다 사명과 소망을 함께 가지셨기에 죽기까지 복종하는 것입니다. 사도 바울도 비슷한 표현을 했습니다. 사도 바울은 어떻게 하면 예수님을 그대로 닮아 갈 수 있을까를 늘 고민했습니다. 예수님처럼 사는 것이 그의 삶의 목표였습니다. 그는 로마서 5장 3절에서 우리는 환난 중에도 즐거워한다는 대단한 고백을 하기도 합니다. 환난은 인내를 요구합니다. 인내하게 되면 연단이 됩니다. 그리고 연단은 반드시 소망을 이루게 합니다. 요약하자면, '환난은 소망을 이루게 한다'는 것입니다. 그래서 우리는 환난을 보고도 즐거워하는 것입니다.

환난을 환난 자체로 보면 슬퍼집니다. 환난에 거하기를 좋아하는 사람은 없습니다. 그러나 환난을 통해서 인내가 생기고, 인내는 연단을 통해서 소망을 이루어 갑니다. 그런데 그 결승선이 소망을 이루는 데 있다는 것을 보면, 오늘 이 환난도 하나님이 나를 인도하시는 도구이며, 또 환난을 통해 어떤 자리의 소망을 내 손에 쥐게 될 것인지를 기대하며 즐거워하는 것입니다.

기도함으로 소망을 이루라

소망은 크게 두 가지의 성질로 나눌 수 있습니다. 먼저는, 내가 어떻게 할 수 없는 소망입니다. 이건 기도하고 하나님을 바라야 합니다. 또 어떤 소망은, 기도하고 하나님을 의지하면서 이루어 가야 합니다. 나는 가만히 있고 소망만 본다면 그건 망상입니다.

내가 정말 손조차 댈 수 없는 소망이 있습니다. 그런 것은 오직 기도할 뿐입니다. 가령 자식과 관련한 소망이 있으면 기도하고 하나님을 바라봐야지, 내가 그 소망을 이루기 위해 아이를 막 주무른다고 그 아이가 만들어지는 것은 아닙니다. 그럴 때는 기도하며 좋은 모습으로 아이를 격려하고, 그렇게 가게 하는 것입니다.

그러나 내가 주체가 되어 그 소망을 이루어야 할 때는 소망을 바라보고 기도하면서 자신을 드려야 합니다. 즉, 소망은 대가를 요구한다는 것입니다. 대가를 지불하지 않으려는 소망은 소망으로 이루어지지 않습니다. 내가 희망을 품고 있다면 할 수 있는 것인지, 무슨 일을 해야 하는지, 혹은 내가 할 수 없는 것인지를 생각해야 합니다. 할 수 없는 것이라면 기도하고 하나님을 바라야 합니다. 그러나 마땅히 해야 하는 일이라면, 기도하고 의지하면서 하나님의 뜻 가운데 나 자신을 드려야 합니다. 하나님은 그걸 원하십니다.

문제는 두 가지입니다. 우리 안에는 대가를 치르면서도 '이게 정말 될까?' 불안해하는 마음과 대가를 치르고 싶지 않은 나태함이 있다는 것입니다. 그런데 눈물에 젖지 않은 빵은 맛이 없습니다. 인생은 그런 것입니다.

우리에게는 이런 부족함이 있으므로 나태함을 내려놓고, 또 불안한 마음을 내려놓고 하나님 앞에 기도하는 것입니다. 그리고 하나님의 인도하심을 받는 것입니다. 그럴 때 하나님이 우리의 소망을 이루어 주십니다. 내가 그 소망을 이룬다면 그 소망을 이루는 주체는 나입니다. 하지만 하나님을 믿고 그 앞에서 소망을 이루어 하나님에게 영광을 돌리기 원한다면, 하나님은 그 일에 주체가 되시어 나를 인도해 주실 것입니다.

예수님의 소망을 이루는 것과 우리가 소망을 이루는 것에는 공통점과 차이점이 있습니다. 먼저 차이점은, 우리는 예수님처럼 그렇게 할 수 없다는 것입니다. 예수님은 인간인 동시에 하나님이시기 때문에 가능합니다. 그러나 우리는 불가능합니다. 다만 예수님을 배울 수는 있습니다. 예수님은 사명을 받았을 때 그 사명을 인지하셨습니다. 그러나 인지하셨을 때는 고통과 비난이 따랐습니다. 그래도 사명의 영광을 보고 즐거워하며 따라가셨습니다. 우리도 그렇게 즐겁게 따라갈 수 있다는 것입니다.

오늘 하나님 앞에 당신의 소망을 내려놓아 보십시오. 대가를 치를 것에 대해서는 기꺼이 그러겠노라고 다짐해 보십시오. 그 소망을 이루는 자리에 하나님의 영광이 있고, 세상이 줄 수 없는 즐거움이 있다는 것을 마음에 담아 보십시오. 이렇게 기도로 나아가며 그 소망을 이루기 위해 발을 내딛는 것입니다. 당신에게 좋은 소망이 있기를 바라고, 그 소망이 주 안에서 이루어지기를 바라며, 그 가운데 하나님의 능력이 임하기를 축복합니다.

○ 질문

1. 당신의 소망과 사명은 무엇입니까?

2. 당신이 소망하는 것과 사명이 일치하기 위해 필요한 것은 무엇입니까?

믿음의 확신이
두려움을 담대함으로 바꾼다

8

"이틀이 지나매 예수께서 거기를 떠나 갈릴리로 가시며 친히 증언하시기를 선지자가 고향에서는 높임을 받지 못한다 하시고 갈릴리에 이르시매 갈릴리인들이 그를 영접하니 이는 자기들도 명절에 갔다가 예수께서 명절 중 예루살렘에서 하신 모든 일을 보았음이더라 예수께서 다시 갈릴리 가나에 이르시니 전에 물로 포도주를 만드신 곳이라 왕의 신하가 있어 그의 아들이 가버나움에서 병들었더니 그가 예수께서 유대로부터 갈릴리로 오셨다는 것을 듣고 가서 청하되 내려오셔서 내 아들의 병을 고쳐 주소서 하니 그가 거의 죽게 되었음이라 예수께서 이르시되 너희는 표적과 기사를 보지 못하면 도무지 믿지 아니하리라 신하가 이르되 주여 내 아이가 죽기 전에 내려오소서 예수께서 이르시되 가라 네 아들이 살아 있다 하시니 그 사람이 예수께서 하신 말씀을 믿고 가더니 내려가는 길에서 그 종들이 오다가 만나서 아이가 살아 있다 하거늘 그 낫기 시작한 때를 물은즉 어제 일곱 시에 열기가 떨어졌나이다 하는지라 그의 아버지가 예수께서 네 아들이 살아 있다 말씀하신 그 때인 줄 알고 자기와 그 온 집안이 다 믿으니라 이것은 예수께서 유대에서 갈릴리로 오신 후에 행하신 두 번째 표적이니라"(요 4:43-54).

하나님은 우리에게 예수 그리스도 안에서 얻는 축복을 주기 위해 기도라는 선물을 주셨습니다. 그러므로 기도하면 그 모든 은총을 힘입을 수 있습니다. 그런데도 우리는 종종 믿음으로써 하나님으로부터 받는 은혜가 어떤 것이 있는지, 얼마나 강렬한지 의심할 때가 많습니다. 본문은 어떻게 하면 우리가 그런 능력과 은혜를 힘입으면서 살 수 있을지를 보여 줍니다.

예수님이 사마리아에서 일을 마치고 갈릴리 가나로 가십니다. 그곳은 전에 물로 포도주를 만드신 곳이기도 합니다. 그곳에 왕의 측근인 신하 한 사람 있었는데, 그의 아들이 가버나움에서 앓고 있었습니다. 그 신하는 예수님에게 와서, "제발 가버나움으로 내려오셔서 우리 아들을 고쳐 주십시오"라고 애원합니다. 그의 아들이 거의 죽게 되었기 때문입니다. 그런데 예수님은, "너희는 표적이나 기이한 일들을 보지 않고는 결코 믿으려고 하지 않는다"라고 매몰차게 거절하십니다. 그런데도 그 신하는 물러서지 않고 다시, "선생님, 제발 제 아이가 죽기 전에 함께 가 주십시오"라고 매달립니다. 그러자 예수님은, "집으로 돌아가 거라. 네 아들이 살 것이다"라고만 말씀하십니다. 그 신하는 예수님이 하신 말씀을 믿고 흥분된 가슴을 안고 열심히 집을 향해 내려가는 도중에, 마중 나온 종들로부터 그 아이가 살았다는 보고를 듣습니다. 그가 아이가 낫게 된 때를 물어보니 "어제 일곱시에 열기가 떨어졌습니다" 하고 종들이 대답했습니다. 왕의 신하는 그때가 예수님이 "네 아들이 살 것이다" 하고 말씀하신 바로 그 시각인 것을 알았습니다. 그리하여 그와 그의 온 집안이 함께 예수님을 믿었습니다.

이것이 본문의 간략한 줄거리입니다. 우리는 이 왕의 신하가 보여 준 믿음을 보면서 어떤 부분이 옳고 어떤 부분이 잘못되었는지를 살펴 우리 자신을 돌아보아야 합니다.

왕의 신하가 가진 잘못된 믿음

우리는 항상 예수님은 하나님이시며, 또 우리의 구원자라는 신앙의 중심을 가지고 있습니다. 여기에서 벗어나면 우리의 신앙은 잘못된 것입니다. 그런 점에서 왕의 신하가 보여 준 신앙에서 두 가지 잘못된 면을 발견하게 됩니다.

먼저 47절은, "내려오셔서 내 아들의 병을 고쳐 주소서 하니 그가 거의 죽게 되었음이라"라고 말씀합니다. 우리는 이 표현에서 그의 신앙의 모순점을 발견할 수 있습니다. 첫째는, 예수님이 내려오셔야만 나의 문제를 해결해 줄 수 있다고 생각하는 믿음입니다. 예수님은 하나님이며 우리의 메시아이십니다. 예수님이 내려가셔야 문제를 해결할 수 있고, 내려가지 않으면 문제를 해결하지 못하는 것이 아닙니다. 그 신하에게 참된 신앙이 있었다면, "주여, 우리 아들이 열병이 나서 죽게 되었습니다. 우리 아들을 구원해 주옵소서"라고 간청했을 것입니다. 내려가실지 아닐지는 주님의 뜻에 달려 있다는 것입니다. 이 사람은 부자이고 왕의 신하이기 때문에 권세가 있었습니다. 그는 많은 의원을 불러서 자기 아들을 고치려고 노력했을 것입니다. 그러나 도저히 해결하지 못했기 때문에 예수님 앞에 나아온 것입니다. 예수님은 고칠 수 있다고 믿는 마지막 의지의 대상이었습니다. 그런데 그 정도로 믿음을 가지고 있는 것처럼 보이지만, 그가 보여 주었던 것은, 예수님이 내려오셔야만 가능하다는 것입니다.

둘째, 예수님은 하나님이십니다. 그러므로 죽어 가는 자도 살리고 죽은 자도 살리십니다. 그런데 이 신하는 지금 아이가 죽기 전에 내려와서 살려 달라는 것입니다. 이 말은, 죽으면 손을 쓸 수 없다고 생각했다는 것입니다. 그가 좀 더 하나님의 말씀에 심취해 있고 하나님의 말씀을 기억했더라면 예수님 앞에서 이 같은 태도를 보이지는 않았으리라고 생각합니다. 왜냐하면 구약의 엘리야나 엘리사도 죽은 사람을 살린 적이 있기 때문입니다. 그랬다면 '선지자보다 더 뛰어난 하나님의 아들 예수 그리스도가 죽어 가는 우리 아들을 낫게 하는 것은 문제도 아니고, 설령 죽었다 해도 살리실 능력이 있다'라는 믿음을 가졌을 것입니다. 우리는 종종 예수 그리스도에 대해서 믿음을 갖습니다. 그러나 그 믿음은 철저히 내 생각의 틀 속에 갇힌 채 예수 그리스도를 판단하고, 그 이상은 생각하지 않습니다. 이것은 옳지 않습니다. 우리가 예수 그리스도를 하나님으로 믿는다면, 그가 하시는 모든 일을 신뢰해야 합니다.

물론 예수님이 그를 좋게 여기셨던 것은 분명합니다. 고관의 신분임에도 다른 사람을 보내지 않고 자기가 직접 와서 겸손하게 청했기 때문입니다. 이처럼 우리가 하나님 앞에 나아간다는 것은 굉장히 중요한 일입니다. 나를 위한 다른 사람의 기도도 귀한 일이며 하나님도 그 기도를 하라고 말씀하셨지만, 하나님은 우리가 직접 앞에 나아가 기도하는 것을 가장 원하십니다. 우리의 심령 받기를 바라고, 우리와 교제하기를 원하시기 때문입니다. 그러니 이렇게 직접 나온 것은 귀한 일입니다.

가나와 가버나움은 34킬로미터쯤 되는 거리입니다. 일반적으로 4킬로미터를 10리라고 한다면 80리가 넘는 거리를 걸어온 것입니다. 빠른 걸음으로 걸으면 4킬로미터를 걷는 데 거의 한 시간 가까이 걸립니다. 왕의 신하는 이렇게 먼 길을 걸어서 가버나움에서 가나로 온 것입니다. 이렇게 직접 나와서 하나님 앞에 기도한다는 것이 얼마나 중요한 일인지를 보여 주는 내용입니다. 당신은 주님 앞에 나와서 기도하는 것을 귀하게 여기고 있습니까? 기도가 우리의 양식이고 호흡이 되어야 합니다. 아들을 위해서 기도할 뿐만 아니라, 아들에게 기도하는 법을 가르쳐 주어 그 아이가 기도하도록 만들어야 합니다.

왕의 신하에게서 배워야 하는 믿음의 자세

그런데 이 신하로부터 배워야 하는 중요한 점이 48절에 있습니다. 그가 아들을 고쳐 달라고 했을 때 주님은, 너희들은 표적만 구한다고 핀잔을 주십니다. 이스라엘 사람들이 얼마나 표적주의를 좋아하는지를 질책하신 것입니다. 사도 바울도 예수님의 말씀을 따라서 '헬라 사람들은 지혜를 구하고 유대인들은 표적을 구한다. 진짜 신앙은 하나님의 말씀을 믿고 의지하고 받아들이는 것'이라고 로마서에서 말했습니다.

예수님의 질책에도 그는 다시 간구합니다. 이처럼 기도는 한 번으로 끝나는 것이 아니라, 응답하실 때까지 지속되어야 합니다. 기도를 한 번 던져 놓고 하나님이 알아서 하시라고 하는 것은 기도하지 않는 것과 같습니다. 이 신하는 분명 예수님이 멀리 있는 자기 아들을 고칠 수 없을 거라는 생각에 예수님이 직접 오셨으면 좋겠다고 했습니다. 예수님이 표적을 구한다고 책망하시는데도 오셨으면 좋겠다는 것입니다. 그는 예수님이 내려야 할 처방을 자기가 내리는 실수를 범했습니다. 그러나 예수님은 그를 판단하거나 틀렸다고 하지 않고, 간절히 구하는 모습을 긍정적으로 보셨습니다.

우리의 기도가 다 온전할 수는 없습니다. 그러나 중요한 것은, 이렇게 친히 가서 무릎을 꿇으며 기도하고 또 기도해야 한다는 것입니다. 완벽한 기도를 드려야 하나님이 들으시는 것은 아닙니다.

50절을 보면 이 사람에게 변화가 일어납니다. 그는 반드시 예수님이 가셔야만 아들이 나을 거라고 생각하고 있었습니다. 그러나 예수님은 한마디만 하십니다. "가라. 네 아들이 살았다." 어떤 치유의 행동도 보이지 않고 그 외의 다른 표현도 하지 않으셨습니다. 하지만 그 신하는 이 말을 듣고 돌아갑니다. 예수님의 말씀을 신뢰했던 것입니다. 방금 주님이 표적주의에 대해 지적하시자 이제는 말씀을 의지해서 걸어가는 것입니다. 이것이 쉽겠습니까? 나았다는 증거를 받지도 않았습니다. '네 아들이 나았느니라'라는 말씀도 하지 않으셨습니다. 다만 '가라. 네 아들이 살았다'라는 말씀만으로 보내신 것입니다.

50절의 "예수께서 하신 말씀을 믿고 가더니"에서 '믿고'의 원문은 '피스튜오'입니다. 이는 '믿고 맡기다'라는 뜻입니다. 즉, 신하는 네 아들이 살았다는 말씀을 듣고 모든 것을 예수님에게 맡긴 후 가벼나움으로 내려갔다는 것입니다. 예수님의 말씀은 하나님의 말씀입니다. 그렇다면 하나님의 말씀은 참되고, 그 자체가 능력이며 진리인 것입니다. 우리를 앉혀 놓고 온갖 행동을 다 시도해 보는 것이 아니라, 하나님이 '천지가 있으라' 하시면 있는 것이고, '땅이 있으라' 하시면 있는 것입니다. 하나님은 쭈그리고 앉아서 땅을 만들지 않으셨습니다. 말씀이 곧 능력이었습니다. 예수님이 이미 인격이 그 몸에서 떠나 버린 죽은 나사로를 향해 "나사로야 나오라"라고 명하시자 죽었음에도 불구하고 나사로가 살아서 나오는 것입니다. 이 세상의 그 어떤 것들도 예수님의 말씀 앞에 순종할 수밖에 없습니다.

이 신하에게서 볼 수 있는 아주 중요한 교훈이 또 하나 있습니다. 그는 받은 말씀이 그런가 하고 확인했다는 것입니다(요 4:52). 신앙생활 가운데 은혜를 확인하는 자세는 무척 중요합니다. 기도할 때 기도의 목록을 작성해 보십시오. 종이에 기도할 수 있는 제목을 다 적고 번호를 매겨서 기도해 보십시오. 한 달 동안 계속 기도하다가 또 들여다보고, 응답받은 것이 있으면 체크하고 또 한 달을 기도해 보십시오. '되는지 안 되는지 두고 보자' 하고 따지기 위해서가 아닙니다. 하나님 앞에 했던 기도에 대해 하나님이 응답해 주신다는 것을 확인하면서 감사와 찬양을 돌리기 위한 것입니다. 신하는 예수님에게 결과를 맡기고 집으로 되

돌아갔습니다. 그리고 그의 사람들이 올라오는데 물어봤더니, 과연 예수님이 말씀하신 그때 아들의 열이 떨어지고 살았다는 소식을 듣게 됩니다.

예수님의 일하심을 신뢰하라

그러면 이제 신하에게서 눈길을 돌려 예수님은 이 문제를 어떻게 해결하시는가를 봐야 합니다. 예수님은 가벼나움으로 가지 않으셨습니다. 가든 안 가든 고치고 해결할 수 있는 분이 바로 주님이십니다. 우리는 이것을 믿어야 합니다. 우리는 종종 하나님이 내 방식으로 해 주셔야 한다고 생각합니다. 내 방식대로가 아니면 하나님이 응답해 주시지 않은 것으로만 생각합니다. 그러나 주님은 신하의 요구에 응답하셨습니다. 그가 원하는 것은 궁극적으로 주님이 내려가시는 것이 아니라, 아들을 낫게 하는 것이었기에 그렇습니다. 그런데 우리는 주님이 가지 않으시면 아들을 낫게 한 것이 하나님의 뜻인지 아닌지 의심하게 됩니다. 하나님의 역사는 우리 생각과는 달리 나타날 때가 많기 때문입니다.

또 하나, 예수님은 치료를 위해서 어떤 말씀도 하지 않으셨다는 것입니다. "네 아들이 살게 될 것이니 염려하지 말라"고도 하지 않으셨고, "네 아들이 나았다"라거나, "내가 가 볼게"라고 하지도 않으셨습니다. 무엇을 바르거나 씻기는 그 어떤 치료도 하지 않으셨습니다. 물론 그렇게 하실 수도 있으나, 하지 않으셨다는 것입니다. 다만 "네 아들이 살았다"고만 하셨습니다. 주님이 살았다고 하시면 산 것이며, 이것이 우리의 믿음이 되어야 합니다. 분명히 알아야 할 것은, 우리의 생각은 너무나 얕아서 예수 그리스도를 메시아라고 정의해도 진짜 예수님이 가지고 계신 그 메시아의 참모습에 미치지 못합니다. 주님은 우리의 상상을 초월해서 역사하실 때가 너무나 많습니다. 그러니 우리는 하나님 앞에 전심으로 기도하고 또 기도하며 의지하는 것밖에 없습니다.

문제 해결의 과정이나 방법이나 길은 내가 정하는 것이 아니라, 주님이 이끄시는 것입니다. 이 점이 분명해야 합니다. 우리는 종종 우리가 방식을 다 잡고 우리의 생각도 규정한 채 주님이 그렇게 오셔야 한다고 생각합니다. 내가 생각해 두었던 문제 해결의 1번, 2번, 3번의 순서와 방법대로 진행되지 않으면 하나님이 역사하시는 것이 아니라고 생각하곤 합니다. 하지만 예수님의 역사는 그 아이를 치료하는 시간이 따로 필요했던 것이 아니었습니다. 순식간에 나았고, 주님이 말씀하시는 동시에 그 일이 일어났던 것입니다.

그러므로 주님 앞에 나아올 때 우리가 해야 할 일은 무엇일까요? 이미 언급했지만, 너무 중요하기 때문에 다시 한 번 강조하고 싶습니다. 직접 겸손히 주님 앞에 무릎 꿇어야 합니다. 그리고 기도는 계속해서 아뢰야 하며, 우리의 생각을 넘어서 역사하시는 주님을 인정해야 합니다. 우리는 로드맵을 다 그려 놓고 있지 말아야 합니다. 하나님이 하십니다. 하나님이 이 땅에 햇살을 비추십니다. 내가 그 햇살을 우리 집에 들어오지 못하게 막을 수는 있으나, 그 햇살 자체를 막을 수는 없습니다. 하나님은 여전히 역사하십니다.

하나님은 지금도 우리에게 '내가 가버나움에 가서 네 아들을 낫게 하는 것을 원하느냐, 아니면 내가 네 아들을 낫게 하는 것을 원하느냐'라고 물으십니다. 그러므로 하나님 앞에 기도할 때는 우리의 생각을 초월해서 역사하시는 하나님의 손길을 기대해야 합니다. 우리가 할 수 있는 것은 기도하고 또 기도하면서 우리의 상상을 넘어서 역사하시는 하나님을 신뢰하는 것입니다.

우리는 하나님을 바라보며 기도합니다. 하나님은 우리의 방식에 발을 맞추지 않으실 수도 있습니다. 그러나 우리의 원함을 알고 그 생각에 넘치도록 역사하시는 하나님의 은혜를 베풀어 주실 줄 믿습니다. 그러기에 우리는 34킬로미터를 걸어가서 주님 앞에 간청하는 것입니다. 주님 앞에 책망을 들었으나 또 간청해서 하나님의 말씀 앞에 순복하고 믿음으로 나아가는 것입니다.

시편 42편 5절은, "내 영혼아 네가 어찌하여 낙심하며 어찌하여 내 속에서 불안해하는가 너는 하나님께 소망을 두라 그가 나타나 도우심으로 말미암아 내가 여전히 찬송하리로다"라고 우리를 위로하고 있습니다. 불안해하거나 낙망하지 않고 하나님을 바라보며 기도할 때, 그 얼굴의 도우심으로 인해서 찬송하게 될 것입니다. 하나님은 우리에게 기도하는 특권을 주셨습니다. 그러므로 하나님 앞에 기도하며 실망하지 않고 환난 날에 하나님을 부르면, 우리를 건지시어 영화로운 자리로 인도해 주실 줄 믿습니다. 기도함으로 왕의 신하와 같은 큰 은혜를 힘입는 주님의 사람이 되기를 날마다 소망하십시오.

1. 하나님은 말씀으로 천지를 창조하셨습니다. 당신은 말씀의 능력을 얼마나 신뢰하며 살아갑니까?

2. 왕의 신하의 이야기에서 본받고 싶은 믿음의 행동이 있다면 무엇입니까?

12 마르다의 경험을 뛰어넘는 기도

기도의 망원경으로
편협한 믿음을 뛰어넘으라

○
○

"예수께서 이르시되 나는 부활이요 생명이니 나를 믿는 자는 죽어도
살겠고 무릇 살아서 나를 믿는 자는 영원히 죽지 아니하리니 이것을
네가 믿느냐 이르되 주여 그러하외다 주는 그리스도시요 세상에 오
시는 하나님의 아들이신 줄 내가 믿나이다"(요 11:25-27).

신앙인들에게 예수님이 행하신 여러 이적 중에서 가장 경이로운 장면을 꼽으라 한다면 많은 사람들이 바로 죽은 나사로를 살리신 사건일 것입니다. 예수님의 친구인 나사로가 병에 들어 죽습니다. 죽기 전에 그의 여동생 마르다가 사람을 보내서 예수님이 속히 오셨으면 좋겠다고 부탁합니다. 그러나 예수님은 오시는 길에 여러 가지 일로 인해 지체하다가 결국 나사로가 죽고 난 나흘 후에 베다니에 도착하십니다.

마르다의 한계에 부딪히는 믿음

마르다는 예수님이 오신 것을 반갑게 맞이하나, 오라비가 죽고 난 뒤였기 때문에 슬픈 기색이 역력한 채, 주님이 여기 계셨더라면 우리 오라비가 죽지 않았을 거라고 원망합니다. 그러자 예수님은, "네 오라비가 다시 살리라"라고 위로하십니다. 그러자 마르다는, 마지막 날에 다시 사는 것은 알고 있다고 말합니다. 그때 예수님이 말씀하십니다. "나는 부활이요 생명이니 나를 믿는 자는 죽어도 살겠고 무릇 살아서 나를 믿는 자는 영원히 죽지 아니하리니"(요 11:25-26). 물론 마르다는 "주여 그러하외다 주는 그리스도시요 세상에 오시는 하나님의 아들이신 줄 내가 믿나이다"(요 11:27)라고 수긍합니다. 하지만 몇 구절 건너뛰어 39절에서는 예수님이 나사로의 무덤을 가로막은 돌을 옮겨 놓으라고 말씀하실 때 "주여 죽은 지 나흘이 되었으매 벌써 냄새가 납니다"라고 강하게 반대합니다. '나는 부활이요 생명이니 살아서 나를 믿는 자는 영원히 죽지 않고, 죽어도 산다'는 이 말씀을 믿는다고 했던 그 고백은 어떻게 된 것입니까? 만약 마르다의 고백이 진심이었다면, 죽은 지 나흘이나 되어 냄새가 난다는 말은 하지 않았을 것입니다. 이는 이미 다 끝난 걸 가지고 굳이 무덤의 돌을 치우라고 하시냐는 항변입니다.

우리의 신앙도 마르다처럼 고백은 하면서도 실제적인 믿음으로 이어지지 않을 때가 많습니다. '예수 그리스도가 하나님이시라는 것을 믿습니까?'라는 질문에는 거의 그렇다고 답할 것입니다. 그러나 하나님이신 예수님이 우리의 수많은 삶의 문제를 해결하고 기도를 들어주시는 분이라고는 확신하지 못합니다. 논리적이고 지식적으로는 예수 그리스도를 하나님이라고 받아들이지만, 우리의 실제 삶에서 역사하시는 하나님으로는 온전히 모시고 살지 못할 때가 많다는 것입니다. 내 현재 상황으로는 그 능력이 불가능해 보이거나, 우리의 상식으로 볼 때 그렇게 될 수 없다고 판단하기 때문입니다. 이런 사람들은 예수 그리스도를 믿지만 많은 신앙의 한계에 부딪힙니다.

물론 예수님은 죽은 자도 살리시고, 무릇 살아서 믿는 자는 영원히 죽지 않는다고 하셨으며, 죽은 나사로도 살리셨습니다. 그러나 오늘도 죽은 자를 살리시지는 않습니다. 그러면 우리는 예수님의 이 표현을 우리 삶에 어떻게 적용해야 할까요? 예수님이 죽은 자를 살리시는 것이 일반적인 상식은 아닙니다. 예수님이 죽은 자를 살리신 일은 성경에 세 번 등장합니다. 나사로와 회당장이던 야이로의 딸 그리고 나인 성 과부의 아들까지 세 사람을 살리셨습니다. 예수님은 그들을 살릴 수 있다는 능력을 과시하신 것이 아닙니다. 우리도 주님처럼 죽어도 살 것이며, 주님은 죽은 자를 살리시는 하나님이라는 사실을 우리에게 깨닫게 하기 위한 표본일 뿐입니다. 예수님은 죽은 자를 늘 살리러 다니는 분은 아니셨다는 말입니다. 이는 예수님이 이 땅에 오셔서 그가 그리스도시며 하나님의 아들이라는 것을 받아들이게 하기 위한 하나의 과정들이었습니다.

기적을 목격하는 믿음을 가지라

우리는 예수님이 이 땅에 오셔서 하신 사역 중 3분의 1은 말씀을 증거하고, 3분의 1은 병자를 낫게 하고, 3분의 1은 여러 기적을 행하셨다고 나눈 뒤, 그러므로 예수님의 치유와 기적은 필수 불가결한 사역이었다고 단정합니다. 하지만 예수님은 오직 한 가지 일을 하셨을 뿐인데, 그 것은 '내가 바로 너의 구원자이고, 내가 하나님이다'라는 것을 보여 주기 위한 일이었습니다. 이 일을 위해 병든 자도 낫게 하시고, 죽은 자도 살리는 이적을 행하신 것입니다. 그러므로 이적이 목적이 아니라, 이적을 통해서 '아, 이분이야말로 하나님이 아니라면 이와 같은 일을 하실 수 없다'는 것을 우리에게 믿게 하기 위한 도구로 이용하신 것입니다.

만약 예수님의 사역을 3분의 1, 또 3분의 1…, 이런 식으로 구분해서 병 고침도, 이적을 행한 것도 사역이었다고 한다면 성공한 사역이 아닙니다. 왜냐하면 예수님은 이스라엘 사람들을 다 낫게 해 주지는 못하셨기 때문입니다. 사역 자체를 놓고 평을 하면 그렇게 된다는 것입니다.

예수님은 그 사람들을 불쌍히 여겨서 고쳐 주셨지만, 고치는 그 자체에 목적이 있었던 것은 아닙니다. 고침을 받은 사람도 결국은 죽었습니다. 나사로가 나중에는 안 죽고 그대로 살아서 영원히 살고 있습니까? 아닙니다. 또 죽었습니다. 이 모든 것들은 예수님이야말로 하나님의 아들이시며, 하나님이 그 능력을 베푸신다는 것을 보여 주는 하나의 재료들이었다는 것입니다. 그렇다면 오늘 이것을 우리에게 적용해서 하나님 앞에 예수 그리스도의 이름으로 기도할 수 있습니다. 도저히 있을 수 없는 문제와 감당할 수 없는 일도 주님 앞에 가면, 죽은 자를 살리시는 주님이 이 모든 문제를 능히 해결해 주실 줄 믿습니다. 우리가 이런 신앙을 가져야 한다는 말입니다.

성경의 내용을 그대로 보고는, '나사로를 살리신 예수님, 내 죽은 부모님도 살려 주실 줄 믿습니다'라고 날마다 앉아서 기도한들 죽은 부모님이 되살아날 수는 없습니다. 물론 하나님의 뜻이 있다면 살릴 수 있을 것입니다. 그러나 지금까지 그런 일은 없었던 것 같습니다. 그러니까 그 사건은 예수 그리스도가 하나님의 아들이라는 것을 그 당시에 입증해 보이기 위한 과정으로 그렇게 하신 것이고, 오늘 우리는 그 하나님을 우리의 주로 모시고 있으므로 그 어떤 문제도 가지고 나와서 주님이 역사해 주시기를 기도할 수 있습니다.

우리는 예수님 앞에 어떤 문제든지 가지고 나와서 기도해야 합니다.

그러나 그 기도 응답의 요건을 내가 결정지어서는 안 됩니다. 마르다가 그런 식이었습니다. 마르다는 예수님의 능력을 이해했습니다. 그러나 마르다는 계속 자기 한계에 부딪힌 채 예수님이 오셨을 때, "주님이 나흘 먼저 오셨더라면, 그때 오셨더라면 우리 오라버니가 죽지 않았을 겁니다"라고만 주장했습니다. 예수님이 죽어 가는 자를 살리시는 것을 마르다가 목격했기 때문입니다. 그러니 예수님에 대한 그녀의 믿음은 그 틀 안에서 규정지어졌던 것입니다.

인간의 믿음의 범주는 철저하게 자기 경험이나 지식, 자기의 상상력과 논리에 갇혀 있을 때가 많습니다. 우리가 하나님 앞에 기도하기 위해 나올 때는 모든 응답에 대한 능력이 전능하신 하나님의 손길에 있음을 믿어야 합니다. 죽은 자를 살리시고 죽은 지 3일 만에 부활하신 우리 주 예수 그리스도의 손길 아래에서 이 모든 것들이 응답되어질 것입니다. 이것이 우리의 신앙이어야 한다는 것입니다.

물론 우리는 "하나님, 잘 믿어지지 않습니다. 나에게 믿음을 주옵소서"라고 기도할 수 있습니다. 나쁘지 않습니다. 인간이기 때문에 믿음이 부족해서 열린 믿음을 갖지 못할 때가 있습니다. 그러면 우리는 하나님 앞에 간구하면서 나에게 그 믿음 주시기를 바라야 합니다.

오늘 예수님이 우리의 기도를 들으십니다. 그분이 우리의 중보자십니다. 그분의 능력을 제한하지 마십시오. 그분은 하나님이며 죽은 자를 살리신 분입니다. 그 어떤 기도도 주님 앞에서는 무거운 짐이 아닙니다. 단지 믿지 못하고 하나님에게 맡기지 못했기 때문에 문제가 되는 것입니다. 모든 문제를 주님에게 내어놓고 예수님을 전적으로 믿어, 어떤 형식으로 응답하고 인도하실지를 주님에게 맡기고 믿음으로 기도하는 삶을 살아가십시오.

○ 질문

1. 당신의 믿음이 자라지 못하도록 방해하는 것은 무엇입니까?

2. 죽은 나사로가 살아난 사건은 당신에게 어떤 소망을 줍니까?

기도로 시작할 때
성령이 발걸음을 인도하신다

"제자들이 감람원이라 하는 산으로부터 예루살렘에 돌아오니 이 산
은 예루살렘에서 가까워 안식일에 가기 알맞은 길이라 들어가 그들
이 유하는 다락방으로 올라가니 베드로, 요한, 야고보, 안드레와 빌
립, 도마와 바돌로매, 마태와 및 알패오의 아들 야고보, 셀롯인 시몬,
야고보의 아들 유다가 다 거기 있어 여자들과 예수의 어머니 마리아
와 예수의 아우들과 더불어 마음을 같이하여 오로지 기도에 힘쓰더
라"(행 1:12-14).

제자들은 예수님의 승천 이후 예수님의 사역을 물려받습니다. 인류사를 통틀어 최고의 사역입니다. 그때 그들의 마음이 사도행전 앞부분에 잘 드러나 있습니다. 바울의 제자인 누가는 예수님의 생애와 십자가의 죽음 그리고 부활에 대해 연구해서 전편인 누가복음과 후편 격인 사도행전을 기록합니다.

누가복음 24장의 마지막은 예수님이 승천하시기 전에 제자들에게 말씀하신 내용입니다. "이같이 그리스도가 고난을 받고 제 삼 일에 죽은 자 가운데서 살아날 것과 또 그의 이름으로 죄 사함을 받게 하는 회개가 예루살렘에서 시작하여 모든 족속에게 전파될 것이 기록되었으니"(눅 24:46-47). 구약의 예언대로 죽으셨던 예수님의 죽음과 부활이 이제는 전 세계로 전파될 거라고 하시면서, 이렇게 할 자들이 바로 너희라고 제자들에게 말씀하시는 것입니다. 그러면서 위로부터 약속된 능력으로 입혀질 때까지 이 성에 머물러 있으라고 하십니다.

이어지는 사도행전은 제자들이 감람 산에서 예루살렘으로 돌아와 성에 머물며 기도하다가 성령의 충만함을 받는 장면으로 시작됩니다. 성령이 말하게 하심을 따라 다른 언어들, 곧 외국어로 말하게 되는데, 이는 다른 언어를 함으로써 그곳에 모인 순례객들이 각 지역에 가서 예수 그리스도를 전하는 증인의 역할을 하라는 뜻이었습니다.

예수님의 제자들은 마가의 다락방에 모여 열심히 기도했습니다. 물론 당연히 성령을 받기 위한 것이었습니다. 그런데 성령을 받는다는 개념은 오늘 우리가 알고 있는 개념과는 차이가 있습니다. 그것은 예수님이 십자가를 지고 올라가시고 나면 보낸다고 약속하신 '돕는 보혜사', 즉 예수님의 자리에 다른 보혜사인 성령이 이 땅에 오시는 사건이었습니다. 성령님이 이 땅에 오셨지만, 모든 사람에게 성령의 충만한 역사를 베풀지는 않으십니다. 그때도 오시면서 하나님 앞에 그리스도의 증인이 되려는 그 사람들에게 성령 충만의 역사가 나타났습니다.

모든 일에 앞서 기도로 준비하라

여기에서 우리가 봐야 할 핵심은, 모든 일의 시작에 항상 기도를 두고 있다는 점입니다. 예수님의 사역도 마찬가지였습니다. 예수님이 기도하지 않으시면 마귀를 못 물리치기 때문이 아닙니다. 예수님은 하나님이십니다. 그러나 마귀를 물리치고 공사역을 시작하기 전에 기도하셨다는 사실은 굉장한 의미가 있습니다. 예수님은 모든 일에 앞서 기도를 하셨습니다. 또 제자들에게도 앞으로 증인으로서의 일을 하기 전에 기도하라고 하셨습니다. 이처럼 모든 일의 시작에서 가장 중요한 것은 기도라고 말씀하시는 것입니다.

건물이 크거나 사람이 많이 모인다고 훌륭한 교회가 되는 것은 아닙니다. 많이 모이지만 기도하지 않는다든지, 교회를 아무리 오래 다녔어도 기도를 등한시한다면 아무 소용없습니다. 우리는 다른 누구도 아닌, 하나님 앞에 기도하는 것입니다. 그러므로 우리 신앙의 최고봉은 기도입니다. 신앙의 연륜이 아무리 깊어도 기도할 필요 없이 하나님과 통한다는 것은 있을 수 없는 일입니다. 신앙의 연륜이 깊어지면 하나님과 더 많은 기도를 하게 되고, 기도가 자연스러워집니다. 예수님의 공생애 사역이나 일상의 사역을 보십시오. 항상 기도로 시작하십니다. 제자들도 예수님을 본받아 기도하면서 영혼의 구원을 위해 나아갔습니다. 이처럼 우리도 모든 일에 앞서 기도해야 합니다.

그러면 예수님이 명령하신 대로 누가 기도했습니까? 제자들은 예수님에 대한 지식을 가지고 있는 사람들입니다. 예수님을 직접 보았을 뿐 아니라, 예수님과 함께 지냈던 사람들입니다. 그러니 아무리 예수님을 잘 알고, 예수님이 부활하신 것을 본 사람이라 해도 기도해야 합니다. 성령의 감화를 받아야 합니다. 중요한 일일수록 하나님 앞에 기도하고 시작해야 합니다. 기도를 통해 정욕의 노예였던 내 지난날을 벗어 버리고 하나님을 내 주인으로 바꾸는 것입니다. 이는 하나님의 인도하심을 따라가겠다는 결심이며, 하나님의 뜻을 물어 가며 순종하겠다는 것입니다. 초대 교회 제자들이 복음을 증거한 사역의 과정을 살펴보면 결코 인간의 힘으로 한 일이 아닙니다. 온갖 고통을 겪고 결국 순교도 당하는데, 이는 인간의 의지와 능력이 아닌 기도의 힘이었습니다.

하나님의 능력은 기도로 주어진다

하나님의 능력을 받고 싶다면 기도해야 합니다. 하나님의 간섭과 하나님의 역사가 필요하다면 기도해야 합니다. 하나님은 다 아십니다. 그러나 기도해야 합니다. 은혜 받을 그릇이 준비되어야 하기 때문이며, 역사를 받아들일 그릇이 준비되어야 하기 때문입니다. 하나님은 아무것도 모르는 사람에게 기도하라 하며 성령을 내리시지 않았습니다.

제자들로 하여금 기도하게 하고 성령을 베푸신 이유는 증인을 만들기 위해서였습니다. 자신의 명예와 권위와 유익을 위해서가 아니었습니다. 진짜 하나님의 사람을 만들려는 목적이었습니다. 우리가 세상에서 살아가는 것도 마찬가지입니다. 그냥 나를 위해 사는 것처럼 보이지만, 사실은 내게 주신 가정에서, 교회에서, 일터에서 하나님의 영광을 위해 사는 것입니다. 우리는 그리스도의 제자로서 그리스도의 능력을 힘입은 자입니다.

모든 시작을 앞두고 기도를 잊지 마십시오. 기도하는 삶은 영적으로 건전하며 성령의 파워가 넘칩니다. 우리는 기도로 일을 시작하고 기도로 그 일을 승리하는 삶을 살기 위해 날마다 애써야 할 것입니다.

질문

1. 당신은 어떠한 일을 시작하기에 앞서 기도로 준비하고 있습니까?

2. 성령 세례와 성령 충만은 어떻게 다릅니까?

14 바울의 연약함을 위한 기도

나의 연약한 가시는
하나님이 주신 면류관이다

ㅇ
ㅇ

"여러 계시를 받은 것이 지극히 크므로 너무 자만하지 않게 하시려
고 내 육체에 가시 곧 사탄의 사자를 주셨으니 이는 나를 쳐서 너무
자만하지 않게 하려 하심이라 이것이 내게서 떠나가게 하기 위하여
내가 세 번 주께 간구하였더니 나에게 이르시기를 내 은혜가 네게
족하도다 이는 내 능력이 약한 데서 온전하여짐이라 하신지라 그러
므로 도리어 크게 기뻐함으로 나의 여러 약한 것들에 대하여 자랑하
리니 이는 그리스도의 능력이 내게 머물게 하려 함이라 그러므로 내
가 그리스도를 위하여 약한 것들과 능욕과 궁핍과 박해와 곤고를 기
뻐하노니 이는 내가 약한 그때에 강함이라"(고후 12:7-10).

기도는
세계를 움직이는 손을 움직이게 한다.

조지 D. 왓슨(George D. Watson)

"내 은혜가 네게 족하도다"

사도 바울은 육체의 가시를 위해 하나님에게 기도합니다. 그가 지닌 그 질병이 그에게 얼마나 큰 고통이었는지가 느껴집니다. 그는 세 번이나 기도했다고 고백합니다. 이 세 번을 정확하게 말할 수는 없지만, 세 번의 횟수가 아닌 것은 분명합니다. 그보다는 한 기간, 두 기간, 세 기간을 의미하며, 정해진 기간 내내 삭도를 하든지, 아니면 머리에 칼을 대지 않는다든지, 혹은 금식하면서 그 문제에 집중해서 기도하는 것을 의미합니다. 그 정도로 하나님 앞에 간절하게 기도했다는 것입니다. 그가 얼마나 절박했는가를 알 수 있습니다.

그의 육신의 약점은 여러 가지로 종합해 보았을 때 눈 질환이 아니었을까 짐작됩니다. 또 다른 학자는 이 질병이 간질이었을 거라고 보기도 합니다. 그는 이 문제에서 벗어나기를 간절히 바라면서 세 번이나 그 문제를 놓고 기도했습니다. 사도 바울의 입장이라면 당연히 그랬으리라고 보입니다. 하나님의 일을 해야겠는데 육신의 약함이 방해를 하며 괴롭힙니다. 그래서 그 문제를 가지고 기도했으나 하나님은 병을 낫게 해 주지 않으셨던 것입니다. 그러면 일반적으로 '주의 일을 하라는 것인가, 하지 말라는 것인가? 도대체 하나님의 뜻은 어디에 있는가?'라고 갈등과 회의가 들 수밖에 없습니다.

그래서 바울은 자기에게 큰 짐이 있다고 말하기도 했습니다. 그에게도 짐이었습니다. 그래서 그렇게 기도한 것입니다. 하지만 기도했으나 원하는 바대로의 응답이 되지 않아 수없이 갈등했다고 말합니다. 그러면 기도의 응답을 받았다고 이야기해야 할까요, 아니면 기도의 응답을 받지 못했다고 해야 할까요? 바울의 기도에 대한 응답은 'no'와 'better'를 강조하신 응답이 아닐까요? 이것도 응답입니다. 그러나 응답이라고 받아들여지지 않을 때는 하나님 앞에 끝까지 회의가 들고 괴로워하면서 고통스러울 수밖에 없습니다.

그러면 사도 바울이 응답을 받았다는 근거는 무엇일까요? 그는 7절에서 자기에게 가시를 주셨다고 말하고 있습니다. 그런데 가시를 주신 이유는 자만하지 않도록 하기 위해서라고 말합니다. 인간은 쉽게 자만하곤 합니다. 조금만 은혜를 받으면 자기가 하나님과 특별한 관계이며, 마치 모든 것을 다 할 수 있는 사람인 것처럼 착각합니다. 좀 심한 사람은 자기가 마치 하나님이나 하나님의 대리자가 된 것처럼 생각합니다. 인간은 이렇게 모순되고 우습기도 한 부족한 존재입니다.

또 사도 바울은 세 번이나 간구했지만 "내 은혜가 네게 족하도다"(고후 12:9)라는 응답을 받았다고 고백합니다. 우리는 완벽한 승리를 요구합니다. 그러나 하나님은 우리를 당신의 사람으로 쓰실 만큼만 허락하십니다. 위대한 신앙의 사람들을 보면 온전했다고 말할 수 있는 사람은 하나도 없습니다. 아브라함도 오랜 세월 동안 자녀가 없어서 많은 고통을 당했습니다. 또 이삭을 낳기 전에 먼저 이스마엘이 태어나 고통을 당합니다. 이스마엘의 후손은 적자인 이삭의 후손들을 괴롭힙니다. 다윗 또한 마찬가지였습니다. 온전하지 않았고 고통이 있었습니다. 아들이 둘이나 반란을 일으켰습니다. 왕좌에 있는 동안 무려 세 번이나 반란을 당합니다. 인간은 모두 온전하지 않습니다. 하나님은 우리에게 완벽한 은혜를 베푸시나, 우리의 삶 자체를 완벽하게 만들어 주지는 않으신다는 것입니다.

그러므로 사도 바울은 "내 능력이 약한 데서 온전하여짐이라"(고후 12:9)라고 고백합니다. 능력이 약한데 온전해지고, 약한 것을 도리어 자랑하게 될 거라는 것입니다. 이는 내가 약하므로 그리스도를 의지하게 되어 그분의 능력이 나와 함께하기 때문입니다. 성경은 결코 내가 기도해서 그리스도의 능력이 내게 주어지거나, 내가 활용해서 힘을 쓰는 방식을 말하지 않습니다. 내가 하나님 앞에 기도하면 그리스도가 내 안에 계셔서 그가 역사하시는 것입니다. 내 능력이 아닌 그리스도의 능력이라는 것을 잊어서는 안 됩니다.

그리스도인의 강점은 기도에서 나온다

우리는 기도하고 어떤 현상이 나타나면 무언가 화끈하고 대단한 인물이 된 것처럼 착각하곤 합니다. 그러나 이름난 목사, 유명한 신앙인들을 보면 인간 자체는 별것 아닙니다. 조금만 은혜 받으면 자신에게 와서 안수 받으라고 하는 신앙인들이 있습니다. 그러면 낫는다고 호언장

담하면서 마치 하나님으로부터 어떤 권한이라도 받은 것처럼 행동합니다. 자꾸만 스스로 위대해져야 하며, 대단한 인물이라도 된 것처럼 착각합니다. 그러나 성경은 그렇게 말씀하지 않습니다. 그 대단한 바울에게도 자신의 모든 것이 송두리째 흔들릴 만큼 심각한 육체의 질병이 있었습니다. 그 질병을 놓고 하나님 앞에 매달리며 금식을 세 번이나 했습니다. 그런데 하나님은 "그 정도 하면 됐다. 왜 이런 줄 아니? 네가 자고하지 않으며, 네 속에 그리스도의 능력이 머물게 하기 위한 것이다"라는 응답을 주십니다.

그러면 약한 자의 강점은 무엇입니까? 강하다고 생각하는 사람의 강점은 무엇입니까? 아니, 거꾸로 이야기해 봅시다. 강하다고 생각하는 사람의 약점은 무엇입니까? 기도하지 않는 것입니다. 반면 약한 자의 강점은 무엇입니까? 기도하는 것입니다. 하나님의 목적은 하나님 앞에 끝까지 의지하며, 이 세상 끝나는 날까지 하나님의 능력으로 살라는 것입니다. 그러므로 사도 바울의 기도는 응답을 받은 것입니다. 만약 그가 기도하지 않았다면 주님 앞에 쓰임을 받으면서도 수많은 갈등을 느꼈을 것입니다. 이해되지 않는 상황 속에서 고통하고 괴로워하면서 그렇게 갔을 것입니다.

하나님은 분명히 역사하시는데도 인간적인 시각으로 보면 납득이 안 갑니다. 가령, 우리가 어떤 문제를 놓고 열심히 기도했는데, 하나님은 어떤 때는 듣고 어떤 때는 안 들으시는 것 같습니다. 응답을 원하는 대로 안 하시는 것입니다. 그런데 더 기가 막히는 것은, 질병에서 낫기를 기도했는데 응답하지 않고 계시다가 병원에 가면 나아 버리는 것입니다. 그러면 우리는 혼란에 빠집니다. '아! 병원 가는 게 백번 낫고 기도는 능력이 없구나!' 또 거꾸로 이런 경우가 있습니다. 병원에서 "도저히 안 되겠다. 당신, 집에 가서 삶을 정리하고 그냥 조용히 죽음을 기다리는 게 좋겠다"해서 병원에서 쫓겨 나오다시피 했습니다. 그런데 그 문제를 놓고 하나님 앞에 기도했는데 병이 나아 버렸습니다. 이건 또 어떻게 되는 것입니까? 답은 간단합니다. 우리가 할 수 있는 것은 기도고, 그 응답은 하나님에게 있는 것이지 우리에게 있는 것이 아니라는 것입니다. '아! 기도가 필요 없네. 기도하지 말까?' 아닙니다. 하나님의 여러 가지 섭리가 있는 것입니다.

하나님은 사도 바울이 기도를 통해 끝까지 겸손하게 하나님을 의지하기 원하셨습니다. 그를 통해 하나님의 뜻을 이루고자 하셨습니다. 그렇게 해서 사도 바울은 나중에 죽는 자리까지 가서도 복음을 증거하고 자기 일을 이루어 갑니다. 사도 바울은 참수형을 당했습니다. 그렇다고 사도 바울이 응답을 못 받고 자기 임무를 완수하지 못한 것은 아닙니다. 그가 받은 사명은 생각에 넘치도록 열매를 거두었습니다.

우리는 어떠한 것이든 하나님 앞에 나아와 기도해야 합니다. 그대로 응답해 주실 수도 있고, 하나님이 더 좋은 것으로 응답해 주실 수도 있습니다. 기도하면 왜 이렇게 되는지 이해할 수 있습니다. 그래서 '아! 나의 약한 것이 오히려 나를 겸손하게 하는구나! 열심히 기도해서 하나님의 능력이 나타나도록 해야겠다'라고 정리하게 되는 것입니다.

기도하십시오. 응답을 위해 기도하십시오. 당신의 응답을 위해서 그리고 하나님의 응답의 방식을 위해서도 기도하십시오. 그럴 때 하나님이 우리에게 정말 놀라운 은혜를 내려 주실 줄 믿습니다.

○ 질문

1. 당신의 육체의 가시는 무엇입니까?

2. 하나님이 사용하기 위해 연약함을 허락하신다는 것에 대해 당신은 어떻게 생각합니까?

하나님은 기도하는 자의 헌신을 받으신다

°
°

"내 아들아 그러므로 너는 그리스도 예수 안에 있는 은혜 가운데서 강하고 또 네가 많은 증인 앞에서 내게 들은 바를 충성된 사람들에게 부탁하라 그들이 또 다른 사람들을 가르칠 수 있으리라 너는 그리스도 예수의 좋은 병사로 나와 함께 고난을 받으라 병사로 복무하는 자는 자기 생활에 얽매이는 자가 하나도 없나니 이는 병사로 모집한 자를 기쁘게 하려 함이라 경기하는 자가 법대로 경기하지 아니하면 승리자의 관을 얻지 못할 것이며 수고하는 농부가 곡식을 먼저 받는 것이 마땅하니라 내가 말하는 것을 생각해 보라 주께서 범사에 네게 총명을 주시리라 내가 전한 복음대로 다윗의 씨로 죽은 자 가운데서 다시 살아나신 예수 그리스도를 기억하라 복음으로 말미암아 내가 죄인과 같이 매이는 데까지 고난을 받았으나 하나님의 말씀은 매이지 아니하니라 그러므로 내가 택함 받은 자들을 위하여 모든 것을 참음은 그들도 그리스도 예수 안에 있는 구원을 영원한 영광과 함께 받게 하려 함이라 미쁘다 이 말이여 우리가 주와 함께 죽었으면 또한 함께 살 것이요 참으면 또한 함께 왕 노릇 할 것이요 우리가 주를 부인하면 주도 우리를 부인하실 것이라 우리는 미쁨이 없을지라도 주는 항상 미쁘시니 자기를 부인하실 수 없으시리라"(딤후 2:1-13).

시작이 반이다.
그러나 기도 없이 시작된 일은 결코 좋은 시작일 수 없다.

팬스 하우(Pens Hou)

사도 바울의 네 가지 당부

바울이라는 위대한 사도는 사랑하는 제자 디모데에게 그의 인생 마지막에 쓴 편지를 통해 네 가지를 명령하고 격려합니다. 보통 삶의 마지막에 하는 말은 그 마음의 생각을 진술하게 표현하는 경우가 많습니다.

그리스도 예수 안에 있는 은혜 가운데서 강해지라

바울은 첫째, 그리스도 예수 안에 있는 은혜 속에서 강해지라고 당부합니다(딤후 2:1). 하나님을 모시고 하나님과 더불어 하나님의 은혜 속에 날마다 굳세게 살라는 것입니다. 어떤 유혹에 넘어가거나 게으름에 주저앉지 말고, 항상 하나님 앞에서 은혜를 받는 영광스러운 삶에 든든히 서라는 것입니다. 우리는 교회에 나와서는 예배드리고 기도하나, 집에 돌아가면 일반인으로 돌아가 버립니다. 늘 주의 말씀을 가까이하면서 그 말씀대로 은혜 가운데 살아야 합니다. 은혜가 우리를 굳게 붙들지 않으면 신앙의 깊은 자리로 들어갈 수 없습니다.

저는 '은혜 위에 은혜로라'라는 말에 은혜를 받았는데, 받고 또 받는 의미라고만 생각했습니다. 틀린 말은 아니지만, 바른 의미는 은혜 속에서 더 깊은 은혜로 들어간다는 말입니다. 우리가 예수 그리스도를 믿으며 깊은 은혜 속에 들어갔을 때 '야, 하나님이 나를 인도하신다. 하나님이 나를 기가 막히게 붙드시는구나'라는 고백이 나온다는 것은 큰 축복입니다. 사도 바울의 격려처럼, 우리도 하나님의 은혜 속으로 계속 들어가야 합니다. 적당한 은혜라는 것은 있을 수 없습니다. 하나님은 적당한 은혜를 주고 그냥 생명만 유지하게 하지 않으십니다. 그건 식물인간과 다를 바 없습니다. 진짜 건강한 은혜는 하나님이 주시는 그 성령의 역사와 에너지를 통해서 하나님을 섬기며 기뻐하는 생산적인 삶을 살아갈 수밖에 없습니다.

내게 들은 바를 충성된 사람들에게 부탁하라

둘째, 복음 전하는 삶을 살라는 것입니다. 디모데가 바울에게 들은 그 말씀을 다른 사람에게 증거하면 그들이 또 다른 사람에게 증거하게 하라고 당부합니다(딤후 2:2). 복음은 생명력이 있습니다. 그러나 복음은 꼭 사람을 통해 역사합니다. 그 도구가 우리의 입을 사용한다는 것입니다. 먼저 쓰임을 받은 사람은 바울이었고, 바울이 디모데에게 가르쳤습니다. 그리고 바울은 자신이 디모데에게 가르친 것처럼 그도 다른 사람에게 가르치라고 말하는 것입니다.

복음이 당신에게 들어왔습니까? 목회자든, 혹은 누군가를 통해서든 복음이 들어왔다면, 그것으로 끝내서는 안 됩니다. 복음을 내 안에 가두어 놓고 그냥 잠잠하면 안 된다는 것입니다. 복음의 능력을 힘입기 위해서는 받은 복음을 전해야 합니다. 우리가 나가서 복음을 전해야 하는 것이 바로 이런 의미입니다. 나가서 전도하고, 다른 사람에게 예수 믿으라고 이야기하는 것은 성격의 문제나 자질이나 은사의 유무가 아닙니다.

복음은 은사가 아닙니다. 복음은 사느냐 죽느냐의 문제입니다. 물이 들어오면 적당히 쓰고 그 물이 다시 내보내지는 일이 계속되어야지, 아무리 맑은 물이라도 고이면 썩습니다. 복음도 그렇습니다. 내 속에 들어와서 내가 받은 것처럼 남에게 줘야 합니다. 그렇지 않으면 복음의 능력, 그 복음의 역사를 체험할 수 없습니다. 처음 우리 교회가 생긴 해부터 지금까지 1년에 두 번 대부흥 전도 주간을 정하여 전도에 힘쓰는 이유도 마찬가지입니다. 교회를 지어 놓고 예배만 잘 드리면 올 사람은 올 것입니다. 그러나 성도들 각자가 하나님으로부터 받은 복음의 물결을 사도 바울이 말한 것처럼 내보내어 다른 사람들이 또 탄생하는 역사가 일어날 때, 복음은 살아서 우리 가운데 임할 것이며, 교회 가운데 역사하게 될 것입니다. 이것이 복음의 능력입니다.

그래서 바울이 디모데에게, '내가 너에게 가르쳐 준 것을 너는 다른 충성된 사람에게 가르쳐 주라'고 말하는 것입니다. 하나님의 말씀을 가르치면 그 사람이 또 다른 사람에게 가르칠 것입니다. 숨겨 두는 것이 아닙니다. 복음은 사용되고 전파되어야 합니다.

그리스도 예수의 좋은 병사로 나와 함께 고난을 받으라

셋째, 그리스도 예수의 좋은 병사로서 나와 함께 고난을 받으라고 합니다(딤후 2:3). 제식훈련을 잘하고 제복만 멋있게 입고 걸어 다니는 것이 좋은 병사는 아닙니다. 좋은 병사는 전쟁에서 이기는 병사입니다. 영적인 전쟁에서 이기는 것입니다. 이 영적인 전쟁은 참 묘하게도 때로는 육신적으로 지는 것처럼 보입니다. 그러면 어떤 것이 영적인 전쟁에서 이기는 것입니까? 예수 그리스도를 증거하고 그분을 기쁘시게 하는 삶을 사는 일에 성공하면 이 사람을 가리켜 영적 전쟁의 승리자라고 말합니다. 육신은 죽지만 신앙은 꺾이지 않아서 살아 있는 신앙을 고백하는 사람, 그 순교자, 그 사람이 승리자인 것입니다. 세상에 어려운 일이 있다 할지라도 자신의 신앙을 굳게 지켜 하나님을 사랑하고 찬미하면서 기뻐하고 주님에게 영광을 돌리는 삶, 이것이 살아 있는 승리자인 것입니다.

하나님이 말씀하시는 참된 병사가 무엇인가를 생각해 보십시오. 다른 사람이 내 오른뺨을 치면 그의 양 뺨을 두 내도 쳐서 놀려 주는 것이 이기는 것이 아닙니다. 하나님의 뜻을 온전히 세워서 그 뜻을 바로 증거하는 삶 그리고 하나님을 기쁘시게 하는 삶이 병사다운 승리라는 것입니다.

바울은 세 가지, 곧 은혜 속에 강해져라, 네가 받은 말씀을 다른 사람한테 전하라 그리고 고난을 함께 받으라고 말했습니다. 병사니까 고난을 받는 것은 당연합니다. 우리는 예수를 믿음으로써 고난을 벗어 버리려고 합니다. 하나님 앞에 그렇게 기도하곤 합니다. 그러나 하나님은 그 기도를 들어주시면서도 우리가 예수 그리스도를 위해 당해야 하는 고난을 허락하십니다. 고난 없는 영광은 존재할 수가 없기 때문입니다.

그래서 사도 바울은 계속 경기하는 자, 병사, 농부를 언급합니다. '농부가 밭을 갈고 곡식을 먼저 심으면 먼저 심은 사람이 먼저 거두는 건 당연한 것 아니냐?', 또 '병사가 되었으면 이끌어 나가는 대장의 뜻을 따라야 하는 것은 당연한 것 아니냐?', '경기하는 사람이 규칙대로 해야지, 마음대로 경기에 임해서 면류관을 받은 사람이 어디 있느냐?' 그러니까 결국은 하나님이 원하시고 기뻐하시는 뜻대로 살아야 한다는 것입니다.

죽은 자 가운데서 다시 살아나신 예수 그리스도를 기억하라

넷째, 그는 마지막으로 예수님의 부활을 이야기합니다. '너도 주님 앞에 그렇게 살면 주님이 부활하셨듯이 너도 부활할 것이다. 이 부활의 삶을 담는 방법은 다른 데 있는 것이 아니다. 바로 은혜 가운데 강해지고, 하나님의 병사로서 하나님을 위해 고난을 받고, 내가 다른 사람에게 말씀을 증거하는 삶을 통해 주어지는 것이다.' 한번 생각해 보십시오. 오늘날 우리가 기도하고 살아가는 것은 별것 아닌 것 같습니다. 그러나 바울이 디모데에게 부활에 대해 말할 때는 얼마나 대단한 격려의 표현인지 아십니까? 지금 바울은 디모데가 에베소교회를 맡아서 애를 쓰고 수고하면서 지내는데, 그에게 위로의 말을 던져 주는 것이 아니라 오히려 적극적이고 공격적인 표현을 했습니다.

'은혜 가운데 거하며 내가 너에게 가르쳐 준 말씀을 그들에게 가르쳐 주라. 그리고 너는 하나님 앞에 내가 고난을 받은 것처럼 고난을 받으라. 너는 병사요, 농부요, 또 경기하는 자와 같다. 이렇게 할 때 결국 하

나님 앞에 서면 너는 부활에 참여할 것이다.'

당신도 그 부활의 무리에 끼어 있다고 상상해 보십시오. 오늘 우리의 기도가 별것 아닌 것 같습니다. 내가 기도해도 내 일상의 날들이 그냥 그대로 있는 것처럼 보입니다. 하지만 천만의 말씀입니다.

안데르센은 어릴 때부터 글쓰기를 좋아했다고 합니다. 그런데 글쓰기를 좋아했으나 글을 잘 쓰지는 못했다고 합니다. 하루는 나름 아주 잘 썼다고 생각한 글을 다른 사람에게 자랑스럽게 보여 줬는데, 그 사람이 쑥 훑어보고 관심조차 보이지 않더랍니다. 이번에는 옆집 아주머니에게 자기가 쓴 동화를 읽어드렸더니 다 듣고 난 아주머니가 하는 말이, "네가 그 시간에 다른 일을 했으면 좋았을 뻔했구나"라고 말했답니다. 안데르센이 너무 슬퍼 눈물을 흘리고 있는데, 그의 어머니가 안데르센을 불러 정원으로 데리고 나가 말했답니다. "얘야, 이 나무를 보렴. 아직은 너무니 작고 볼품없지. 그린데 조금 있으면 가시마다 아름다운 꽃봉오리가 맺혀 눈부신 꽃을 피울 거란다. 네가 지금은 어리기 때문에 다른 사람이 볼 때는 볼품없게 보이지만, 계속해서 글을 쓰다 보면 이 나무처럼 꽃봉오리가 맺히고 꽃이 피게 될 거야." 안데르센은 그 격려를 마음에 품고 끝까지 글을 써서 세계적인 동화 작가가 되었습니다.

디모데는 자신이 처한 현실이 그렇게 화려하고 하나님의 축복이 넘치는 것처럼 보이지 않았을 것입니다. 우리도 마찬가지입니다. 분명한 것은, 하나님 말씀을 따르고 기도하고 또 기도하면, 결국 기도의 꽃봉오리가 맺히고 꽃이 활짝 피게 될 것입니다. 오늘의 상황으로 판단하지 마십시오. 겨울 나뭇가지를 보면 마치 죽어 있는 것처럼 보입니다. 앙

상한 그 가지에서 다시 꽃이 필 거라는 기대조차 할 수 없습니다. 봄이 왔는데도 실망스럽지만 싹이 조금 나와 있을 뿐입니다. 그런데 어느 날 보면 꽃이 활짝 피어 있는 모습을 보게 되는 것입니다.

하나님의 격려를 귀 기울여 들으십시오. 그리고 사도 바울이 하나님의 계시를 받아서 디모데에게 해 주는 그 격려를 들으십시오. 은혜 가운데 강건히 서고, 말씀을 증거하는 삶을 사십시오. 오늘 우리가 받는 고난이 하나님을 위해 받는 고난이라면, 우리는 반드시 그 영광의 부활에 참여하게 될 것입니다. 하나님이 우리를 인도해 주실 것입니다.

우리의 기도는 오늘로써 끝나는 것이 아닙니다. 기도하면 반드시 기도의 꽃을 피우는 자리까지 나아갈 것입니다.

○ 질문

1. 바울이 디모데에게 당부한 네 가지는 무엇입니까?

2. 그리스도의 병사가 갖춰야 할 영적 무기는 무엇입니까?

예수 그리스도의 이름이
우리 기도의 희망이다

8

"그러므로 하늘에 있는 것들의 모형은 이런 것들로써 정결하게 할
필요가 있었으나 하늘에 있는 그것들은 이런 것들보다 더 좋은 제물
로 할지니라 그리스도께서는 참 것의 그림자인 손으로 만든 성소에
들어가지 아니하시고 바로 그 하늘에 들어가사 이제 우리를 위하여
하나님 앞에 나타나시고 대제사장이 해마다 다른 것의 피로써 성소
에 들어가는 것같이 자주 자기를 드리려고 아니하실지니 그리하면
그가 세상을 창조한 때부터 자주 고난을 받았어야 할 것이로되 이제
자기를 단번에 제물로 드려 죄를 없이 하시려고 세상 끝에 나타나셨
느니라 한 번 죽는 것은 사람에게 정해진 것이요 그 후에는 심판이
있으리니 이와 같이 그리스도도 많은 사람의 죄를 담당하시려고 단
번에 드리신바 되셨고 구원에 이르게 하기 위하여 죄와 상관없이 자
기를 바라는 자들에게 두 번째 나타나시리라"(히 9:23-28).

예수, 온전한 제물이 되시다

예수님이 우리를 위해서 완전한 희생 제사가 되어 주셨다는 말씀은 애매하기도 하고 어렵습니다. 본문 23절을 쉽게 말하자면 이런 것입니다. 구약 시대의 사람들은 자기의 죄를 없이하기 위해 이 땅에서 반복하여 제사를 지냈습니다. 그런데 우주적으로 드리는 제사라면 그 제사의 제물보다도 더 좋은 제물이어야 한다고 말하는 것입니다.

예수 그리스도는 인간이 만든 성소에 들어가지 않고 하늘의 진짜 성소에 들어가셨습니다. 땅에서 만든 것은 모형입니다. 그러나 이제 진짜 성소에 들어가서 우리 죄를 위한 희생 제물로 당신의 몸을 하나님 앞에 드리셨습니다.

대제사장은 매번 제사 때마다 새로운 제물로 그리고 다른 피를 가지고 성소에 들어갔습니다. 이전에 흘렸던 짐승의 피는 온전한 것이 아니었기 때문입니다. 온전한 것이면 단 한 번 드려 끝나야 하는데, 반복해서 드려야 하는 제물이라면 온전하지 않다는 것입니다. 그런데 예수님은 자신을 영원히 단번에 드리려고 성소에 들어가셨다고 이야기합니다.

만일 구약적 제사 방법대로라면 예수님은 계속해서 그 고난을 받음으로 해결하셔야 합니다. 하지만 자신을 단번에 제물로 드려 죄를 없이하려고 세상에 나타나셨습니다. 그런 것을 다 없애고 한 번의 제물로 끝내셨다는 것입니다.

성경은 한 번 죽는 것은 사람에게 정하신 것이요, 그 후에는 심판이 있다고 말씀합니다. 모든 사람은 당연히 죽음을 맞이하며 심판대에 서게 됩니다. 모든 심판받는 자를 위해서 예수님이 희생의 제물이 되신 것입니다. 그래서 예수님은 단번에 제물을 드리셨고, 이제 주님이 재림해 오실 때는 당신을 기다리는 자를 위해 나타나셔서 그들의 구원을 이뤄 주신다고 말씀하십니다.

구약에서는 죄 사함을 얻기 위해 매해마다 계속 제사를 드렸습니다. 해마다 드린다는 것은 지난해 제사가 온전치 못했다는 시인이기도 합니다. 온전했으면 그 제사로 끝내야 할 건데, 그러지 못했다는 것입니다. 예수님이 제물로 자신의 몸을 드리셨다는 것은 십자가에 못 박혀 당신을 희생하셨다는 의미입니다. 이 제사는 땅의 모형으로 있는 성소에 들어가기 위한 제사보다 훨씬 더 탁월한 것으로서, 이 제사를 드리는 사람은 다시는 제사를 반복해서 드릴 필요가 없다는 이야기입니다. 그리고 이 단번에 드린 제사가 얼마나 효과가 있던지, 이제는 죄를 대속해서 다른 제사를 만들거나 드릴 필요가 없을 정도로 온전히, 완벽하게 끝났다는 것입니다. 이제는 예수님이 재림해서 오실 때 구원하시는 자들을 일으켜 세우는 일만 남았다는 것입니다. 그런데 그 구원의 기준은 예수님을 구주로 믿고 기다리는 자들이며, 그들에게 구원을 주기 위해 오신다고 이야기하고 있습니다.

생각해 보십시오. 우리가 예수님의 죽음을 생각할 때는 좀 불쌍한 마음이 들고 안타까워하는 면이 있습니다. 죄도 없으신데 억울하게 강도들과 함께 십자가에 못 박혀 죽으셨기에 그렇습니다. 그것도 최고의 극형을 당하셨습니다. 마태나 다른 제자들이 예수님의 죽음의 과정을 기록해 놓은 것을 볼 때, 아무리 흠집을 잡으려 해도 예수님이 실수하신 내용이나 십자가에 못 박혀야 할 이유는 하나도 없습니다. 그런데 많은 사람의 중상과 모략으로 십자가에 못 박히시고 맙니다. 우리가 봤을 때는 그래서 안타깝고 불쌍한데, 성경은 우리를 위해서 하나님 앞에 드린 산제물이었다고 말씀합니다. 얼마나 완벽한 제물이었는지, 이제 우리는 더는 제물을 드릴 필요가 없다고 말씀합니다. 또 이 효험이 얼마나 대단하냐면, 그를 믿는 자마다 구원을 주시는, 죄 사함을 얻는 효험이 있다는 것입니다.

그러니 예수 그리스도의 고난과 십자가를 생각하면 우리는 부끄러우면서도 감사한 것입니다. 만약 옛날 구약 시대의 관습대로 이어져 내려왔다면, 오늘 우리가 드리는 예배도 하나님이 받아 주시는 예배인지 아닌지를 염려해야 합니다. 그러나 예수 그리스도가 그 문제를 다 처리하고 죄의 대가를 치르셨습니다. 이제 우리는 예수 그리스도의 이름으로 하나님의 보좌 앞에 담대히 나아가 하나님과 교제할 수 있는 사람이 된 것입니다. 이것이 예수 그리스도가 우리에게 주신 은혜입니다.

예수 그리스도의 이름으로 기도하는 특권을 누리라

그래서 우리는 기도할 때도 예수 그리스도의 이름으로 기도하게 되었습니다. 의지하고 소망을 갖는 것도 그리스도 안에서 소망을 갖는 것이고, 다 그리스도 안에서 되는 것입니다. 그분이 우리를 위해 십자가에 죽으시고, 그 죽으심이 구약의 제사를 완벽하게 하시는 것이었습니다. 그는 우리를 대속하기 위해서 그 제물이 되셨습니다.

스스로에게 물어보십시오. '나는 정말 예수 그리스도를 나의 주, 나의 하나님으로 믿고 있는가?' 우리 주 예수님은 그런 사람의 그리스도십니다. 믿지 않는 자의 그리스도가 아닙니다. 예수님은 모든 사람을 위해서 십자가에 못 박혀 돌아가셨습니까? 모든 사람의 죄악을 위해서라고 표현하지만, 실제로 모든 자를 위해서 돌아가신 것은 아닙니다. 믿는 자를 위해서라는 명확한 경계선에 딱 걸려 있습니다.

그래서 28절의 두 번째 나타니시는 것, 즉 다시 오시는 것은 그를 기다리는 자를 위해 오셔서 그들을 구원하기 위함이라고 말씀하시는 것입니다. 그렇다면 당신이 진심으로 예수 그리스도를 나의 주, 나의 하나님으로 믿는다면, 우리는 이 믿음의 확신을 가질 수 있습니다. '자기 아들 예수 그리스도를 아끼지 않고 그 제사의 제물로 내어놓으신 이가 어찌 그 아들과 함께 우리에게 모든 것을 은혜로 주시지 않겠는가.'

우리는 기도할 때마다 주님의 고난과 그 십자가의 희생 제물을 생각해야 합니다. 참으로 감사한 일이며, 우리를 위한 그 희생을 안타깝게 생각해야 할 것입니다. 그러나 우리는 예수 그리스도로 말미암아 기도할 수 있는 자가 되었다는 것도 잊지 말아야 합니다. 과거에는 그들이 직접 기도하지 못했습니다. 기도하려면 대신 성소에 들어가서 백성을 위해 기도를 드리는 중보자인 제사장이 필요했습니다. 그러나 우리에게 참중보자이신, 즉 하나님과 우리를 화해시켜 줄 예수 그리스도가 오셨습니다. 주님은, 너희가 내 안에 있고 내가 너희 안에 있으면 지금까지는 너희가 그렇지 아니하였으나 이제는 내 이름을 부르는 자는 구원을 얻을 것이며, 하나님의 은총을 힘입게 될 거라고 말씀하십니다. 그러므로 우리는 그 예수 그리스도로 인해 모든 것을 내려놓고 기도할 수 있는 은혜를 힘입게 된 것입니다.

우리에게는 이처럼 기도의 특권이 주어졌습니다. 그런데 예수 그리스도의 이름으로 기도하라고 했음에도 그 이름의 의미도 모르고, 그의 이름을 가졌는데도 기도하지 않는 사람이 있습니다. 그 사람은 성경이 뭔지도 모르고, 진짜 하나님의 축복을 눈앞에 두고도 그 가치를 모르는 미련한 사람입니다. "예수 그리스도의 이름으로 기도합니다"라고 하는 문장 속에는 그가 우리의 진정한 중보자요, 그가 우리의 죄를 씻어 주신 희생의 제물이요, 그가 우리의 그리스도라는 고백이 담겨 있습니다. '나는 스스로 하나님 앞에 기도할 수 없으나, 그의 이름 덕에 기도를 드리는 것입니다. 하나님이여, 누구든지 내 이름으로 인해서 구하는 자마다 얻을 것이라고 하신 그 말씀을 믿습니다'라는 고백입니다.

완벽하신 제사, 완벽하신 제물, 효험이 탁월하고 더는 어떻게 할 수도 없는 예수 그리스도의 십자가 희생, 우리는 그 은혜를 안고 있는 사람들입니다. 그렇다면 그 믿음을 가지고 기도하십시오. 자기 아들을 아끼지 않고 내어 주신 이가 그 아들과 함께 우리에게 모든 것을 선물로 주시지 않겠습니까? 그 믿음 가지고 기도하고, 또 확신 가운데 일어서서 그 믿음의 능력을 힘입는 당신의 삶이 되기를 매일의 삶 가운데 구하십시오.

질문

1. 자신을 단번에 드리신 예수 그리스도의 희생은 당신의 삶에 어떤 유익을 가져다 주었습니까?

2. 구약의 제사와 신약의 예배는 어떤 점에서 같고, 어떤 점에서 다릅니까?

17 삼손의 새로운 능력을 얻게 하는 기도

실패를 뛰어넘는
회복의 은혜를 구하라

○
○

"내가 무슨 말을 더 하리요 기드온, 바락, 삼손, 입다, 다윗 및 사무엘
과 선지자들의 일을 말하려면 내게 시간이 부족하리로다"(히 11:32).

기도는 회복을 이끄는
생명의 밧줄과 본질적으로 연결되어 있다.

찰스 G. 피니(Charles G. Finney)

우리가 기도하는 것은 기도하고 실제 그것을 행함으로써 하나님의 능력을 힘입기 위한 것이지, 기도하는 행위로만 끝내기 위함은 아닙니다. 정말 우리가 손을 쓸 수 없는 문제는 기도하고 하나님의 선처를 기다려야 합니다. 그러나 항상 역사하는 믿음을 생각해야 합니다.

삼손 하면 떠오르는 게 '힘센 사람, 장발, 그러나 어리석게도 여자에게만 계속 매였던 사람' 정도입니다. 삼손에게 무슨 믿음의 모범을 찾아볼 수 있을까 싶은데, 히브리서는 왜 삼손을 언급하는 걸까요? 사사라면 에훗도 있고 다른 사사들도 많습니다. 그런데 성경은 삼손을 믿음의 모범으로 넣었습니다.

삼손의 연약함

삼손은 힘이 아주 셌습니다. 타고난 싸움꾼으로 당나귀 뼈 하나만 가지고 적군을 물리칠 정도여서, 일당백이 아니라 일당 천이었습니다. 그랬기에 주변 부족들은 이 삼손을 어떻게든 제거해야 한다고 생각했습니다. 한 사람이 1천 명이나 되는 사람을 이겼다는 것을 상상할 수 있겠습니까? 그는 미디안의 곡식밭을 다 태우기 위해 여우 삼백 마리를 잡아서 그 꼬리에 불을 붙여 밭에 던져 놓습니다. 그러자 여우들이 팔딱팔딱 뛰면서 밭 전체를 불태워 버립니다. 그런데 머리는 비상한지 모르겠지만, 도저히 납득이 가지 않는 행동도 반복합니다. 그는 사사로 20여 년을 지내는데, 그 20년 동안 세 명의 여자가 등장합니다. 삼손은 여자를 굉장히 좋아했던 것 같습니다. 성경은 사사의 일을 하는 사람에게 여자가 세 번이나 등장했다는 것은 문제가 있음을 지적한 것입니다.

첫 번째는 딤나에 사는 블레셋 여자였는데, 어느 날 갑자기 그녀에게 배신을 당하고 맙니다. 딤나의 여인을 만나러 가니 그녀의 아버지가 더는 오지 말라고 가로막습니다. 아버지가 자기 딸을 다른 남자에게 줘 버렸던 모양입니다. 그 후 삼손은 가사의 기생집에 들어갑니다. 그리고 세 번째 만난 사람이 들릴라입니다. 그는 들릴라에게 반해서 그녀가 하자는 대로 다 합니다. 들릴라가 어디서 힘이 생기는지를 묻자 처음에는 이리저리 둘러댑니다. 그러다 결국에는 자기 머리에서부터 나온다고 비밀을 누설하고 맙니다.

삼손은 어릴 때부터 하나님 앞에 드려진 자인 나실인입니다. 나실인은 머리를 깎지 않습니다. 나실인은 포도주를 마시지 않고, 다른 사람의 장례식에도 가지 않습니다. 그래서 삼손도 머리를 길렀던 것이고 그의 강한 힘도 머리에서 나온다고 가르쳐 주었습니다. 물론 나실인은 머리를 길렀으나 모든 나실인의 머리카락에서 힘이 나오는 것은 아닙니다. 이는 하나님의 힘이 삼손에게 임했다는 것을 의미합니다. 결국 들릴라로 인해 비밀이 알려지게 된 삼손은 머리카락을 잘리게 됩니다. 힘을 잃고 약해져 버린 그는 조롱과 놀림의 대상이 되고 맙니다. 삼손을 상징하던 초월적 힘과 놀라운 막강함은 순식간에 사라지고, 인간인지 짐승인지 구분조차 할 수 없는 구경거리 신세로 전락하고 말았습니다.

하나님은 회개하는 자를 사용하신다

그러면 도대체 삼손에게서 본받을 만한 믿음은 무엇일까요? 히브리서 는 왜 이런 사람을 믿음의 반열에 올려놓은 것일까요? 그날도 연회 자 리에 모인 블레셋 사람들이 삼손을 구경하기 위해 데리고 나오게 합니 다. 그는 머리도 잘렸고 눈알도 뽑혔습니다. 더듬거리면서 나오는 것입 니다. 삼손이 자기를 데리고 나온 사람에게 기둥 옆으로 좀 인도해 달 라고 합니다. 그리고 사사기 16장 28절에 기록된 대로, "삼손이 여호와 께 부르짖어 이르되 주 여호와여 구하옵나니 나를 생각하옵소서 하나 님이여 구하옵나니 이번만 나를 강하게 하사 나의 두 눈을 뺀 블레셋 사람에게 원수를 단번에 갚게 하옵소서"라고 하면서 기둥을 밉니다. 그 러자 기둥이 무너지면서 그 건물이 붕괴해 버렸는데, 그 밑에 깔려 죽 은 사람이 그가 살아 있을 때 죽였던 사람들보다 훨씬 많았다고 기록합 니다. 물론 삼손도 함께 깔려 죽습니다. 어쩌면 미련한 그 행동을 통해 서 하나님은 당신의 일을 하게 하신 것이 아닐까요?

삼손은 믿음으로 기도하고 회개한 후 기도로 극복하는 모습을 보여 줍니다. 이것이 삼손의 믿음입니다. 우리가 아무리 잘못된 죄를 지었다 할지라도 하나님 앞에 전심으로 회개하고 의지하면, 하나님은 우리를 긍휼히 여기시어 힘을 주십니다. 우리가 믿고 의지하는 하나님의 역사의 손길을 더해 주십니다. 이는 삼손을 통해 보여 주시는 중요한 교훈입니다.

우리가 신앙생활을 할 때의 가장 큰 문제점은 다른 사람과의 비교입니다. '저 사람이 저 정도의 믿음이라면, 나는 이 정도니 괜찮네'라는 생각은 잘못된 믿음입니다. 우리는 하나님 앞에 있어야 하고, 하나님 앞에 잘못된 것을 놓고 회개할 줄 알아야 합니다. 그럴 때 하나님의 은혜를 입게 됩니다. 왜 과거의 선지자들이 자기의 죄악을 놓고 가슴의 옷을 찢으며 죄를 버리고 회개했을까요? 이것은 그 범죄함으로 인해 하나님의 능력의 손이 멀어져 가게 되는 것이 괴로웠던 것입니다.

하나님은 깨끗한 그릇을 좋아하십니다. 비록 과거에 실패했다 할지라도, 지금 회개하고 하나님 앞으로 온전하게 나아오면 그를 붙들고 역사하십니다. 남자는 여자를 찾고, 여자는 남자를 찾습니다. 이것은 인간의 본능입니다. 모든 예술 작품의 대부분은 남녀의 관계에 관한 이야기입니다. 그러나 삼손을 통해 보여 주는 교훈을 잊지 말아야 합니다. 삼손은 자신을 통제하지 못해서 결국 그의 인생이 다 무너지고 말았습니다.

우리의 머리는 항상 하늘로 향해 있습니다. 하나님을 보게끔 만드신 것입니다. 하나님에게 기도하고 회개하고 그분을 의지할 때, 모든 힘은 머리카락으로부터 나오는 것이 아니라 하나님으로부터 나오는 것을 알아야 합니다. 우리는 하나님 앞에 기도할 때 그 점을 잊지 말아야 합니다. 하나님이 문을 열지 않으시면 열리지 않습니다. 하나님이 닫으시면 열 수도 없습니다. 우리는 하나님의 능력의 손길을 힘입지 못하게 하는, 우리를 방해하는 이 죄악들을 멀리 물리쳐 주시고, 우리를 새롭게 하사 새 영과 새 은혜, 새 능력으로 인도해 달라고 기도해야 합니다.

꽃 질문

1. 삼손처럼 연약함을 가진 사람이 성경에 기록된 이유는 무엇이라 생각합니까?

2. 삼손에게 마지막 기회를 허락하신 하나님에게 구해야 할 당신의 마지막 능력은 무엇입니까?

18

믿는 자가 드리는 기도에
하나님의 손길이 머문다

o
o

"너희 중에 병든 자가 있느냐 그는 교회의 장로들을 청할 것이요 그
들은 주의 이름으로 기름을 바르며 그를 위하여 기도할지니라 믿음
의 기도는 병든 자를 구원하리니 주께서 그를 일으키시리라 혹시 죄
를 범하였을지라도 사하심을 받으리라 그러므로 너희 죄를 서로 고
백하며 병이 낫기를 위하여 서로 기도하라 의인의 간구는 역사하
는 힘이 큼이니라 엘리야는 우리와 성정이 같은 사람이로되 그가 비
가 오지 않기를 간절히 기도한즉 삼 년 육 개월 동안 땅에 비가 오
지 아니하고 다시 기도하니 하늘이 비를 주고 땅이 열매를 맺었느니
라"(약 5:14-18).

기도는 아침의 열쇠이자,
밤의 자물쇠가 되어야 한다.

조지 허버트(George Herbert)

믿음을 가지고 기도하라

본문은 야고보가 기록한 성경입니다. 우리가 기도할 때 이 부분을 자주 떠올리는 것은 아주 중요한 요소가 들어 있기 때문입니다. "너희 중에 병든 자가 있느냐 그는 교회의 장로들을 청할 것이요 그들은 주의 이름으로 기름을 바르며 그를 위하여 기도할지니라"(약 5:14)라는 말씀의 핵심은 무조건 기도해야 한다는 것입니다. 어려움이 있을 때도, 질병이 있을 때도 여러 가지 방안을 강구하고 여러 길을 모색하겠지만, 무엇보다도 가장 중요한 것은 기도해야 한다는 것을 강조하고 있습니다.

기도는 누구든지 할 수 있습니다. 그러나 여기서 말하는 기도는 조금 색다른데, 그냥 하는 기도가 아니라 믿음으로 하는 기도를 말합니다. 기도하는 자도 믿음으로 하고, 기도를 받는 자도 믿음으로 받는 기도입니다. 다시 말하면, 평소에 하던 기도가 아니라 특별히 믿음으로 매달리는 기도를 드려야 한다는 것입니다. 우리는 하나님 앞에 기도할 때 종종 우리의 생각을 그저 나열하는 경우가 많습니다. 그리고는 하나님이 적당히 알아서 하시리라 생각하고 믿음을 내려놓는 경우가 많습니다.

그러나 본문에서 이야기하는 것은, 병중에 기도할 때 낫게 하시는 주의 이름을 의지해서 믿음을 가지고 기도하라고 강조합니다. 이것은 특별히 우리가 하나님을 온전히 의지하면 하나님이 낫게 하시고, 우리를 일으켜 세워 주실 거라는 믿음을 가지고 기도하라는 의미입니다. 이 기도만 기도고 다른 기도는 기도가 아니겠습니까? 다 기도입니다. 그러나 그중에서 특별히 믿음을 강조한 것입니다.

당신의 기도를 한번 생각해 보십시오. 기도를 혹시 너무 아끼고 있진 않습니까? 또 어떤 의미에서는 너무 남발하고 있지 않습니까? 아니면 기도했음에도 기도한 것조차 잊어버리고 있진 않습니까? 믿음의 기도는 하나님이 역사하실 것을 바라보고, 하나님이 해결해 주실 것을 믿으며, 또 그렇게 역사하실 것을 확신하면서 기도하는 것입니다. 당신에게 이 같은 확신과 믿음의 기도가 있기를 바랍니다.

믿음으로 드리는 기도의 유익

또 기도가 어떻게 성취되는지, 기도하면 어떤 것까지도 능히 처리되는지를 15절에서 살펴볼 수 있습니다. "믿음의 기도는 병든 자를 구원하리니 주께서 그를 일으키시리라 혹시 죄를 범하였을지라도 사하심을 받으리라"(약 5:15).

구원함을 받음

먼저, 믿음으로 드리는 기도는 구원받는다고 말씀합니다. '우리가 다 구원받았으니 하나님 앞에 기도를 드리지요'라고 생각할 수 있습니다. 그런데 여기에서 말하는 것은, 하나님이 이 어려운 상황 속에서 그를 건져 내시어 이 땅에서 맡겨진 사명을 감당하도록 만들어 주신다는 것입니다. 하나님은 우리에게 이 땅에서 해야 할 당신의 뜻을 이루는 사명을 주시는데, 기도하면 그 사명을 위해 병에서도 낫게 해 주신다는 뜻입니다.

그러니 보십시오. 기도할 때 단순히 낫게 해 달라는 기도만 하겠습니까? 성경은 우리가 어떻게 기도해야 하는지를 암시해 주고 있습니다. 내가 이 땅에서 하나님 앞에 어떻게 살기를 바라고, 어떤 영광으로 헌신하기 원하는지를 꺼내 놓고 기도하는 것이 필요합니다. 그 사명에 대한 자각이 필요할 때 하나님은 절대로 죽이는 법이 없고, 내버려두지 않으시며, 그를 그 질병에서 건져 주신다는 것입니다.

사실 우리의 목적은 질병이 낫고 이 땅에서의 생명이 연장되는 것만은 아닙니다. 우리가 살면서 돈을 번다든지, 병이 낫는다든지, 어려운 문제에서 해결되는 모든 것의 궁극적인 목적은 오직 하나, 하나님의 자녀로서 여생을 하나님의 뜻을 이루면서 가치 있게 살아가는 것입니다. 그러니 여기에서 암시하는 것은, '네가 구원받을 가치, 병이 나을 가치가 있으면 분명히 낫게 해 주신다'는 뜻으로 말씀하는 것입니다. 그러므로 우리는 나음을 입어야 한다는 마음으로 간절히 기도하되, 내가 나을 만한 하나님 안에서의 이유와 가치를 생각해 내고 그것을 의존하며 하나님 앞에 기도하는 것이 굉장히 중요하다는 것입니다.

사하심을 받음

또 하나 중요하게 지적하는 것은 죄 용서에 대한 것입니다. 15절을 보면, "믿음의 기도는 병든 자를 구원하리니 주께서 그를 일으키시리라 혹시 죄를 범하였을지라도 사하심을 받으리라"라고 이야기합니다. 죄를 지은 대가로 병에 걸릴 수는 있으나, 모든 병의 원인이 죄는 아닙니다. 우리는 여러 가지 경로를 통해 병을 얻게 됩니다. 그러나 주님이 야고보를 통해 말하고자 하시는 것은, 비록 죄 때문에 병에 걸렸다 할지라도 기도하면 용서해 주시겠다는 것입니다. '너의 질병이 죄로 인한 것이라 할지라도, 엎드려 기도하면 그 문제까지도 해결해 주실 것이다.'

연일 매스컴을 장식하는 젊은이들의 수많은 범죄를 보면서 우리는 사회를 이루는 근간이 되는 교육 체계의 불완전성, 한국 교회가 책임져야 할 부분, 부모들이 자식을 가르치는 데 인성이 얼마나 중요한지를 망각하고 공부만 강요했다는 것 등, 개인에서부터 국가에 이르기까지 반성해야 할 것이 많다는 생각을 하게 됩니다. 만약 범죄를 저지르는 이들의 부모가 신앙생활을 잘하면서 자녀를 위해 기도했다면, 또 그들이 기도하는 가정에서 자라났다면, 오늘 교회가 단순히 성장만을 위하지 않고 하나님의 은혜가 임하기를 간절히 바라며 하나님의 역사를 갈구했다면, 그들이 예수 그리스도를 믿고 나아왔다면 이런 일이 벌어졌겠는가 하는 생각에 너무나도 짙은 아쉬움이 남습니다.

성경은 "혹시 네가 죄가 있어서 그 병에 걸렸다 할지라도 나와서 기도하면 그 병을 낫게 해 주실 뿐만 아니라, 그 죄악도 사함을 받을 것이다"라고 말씀합니다. 이것이 하나님의 은혜라는 것입니다. 제가 분명하게 말할 수 있는 것은, 인간의 모든 문제는 하나님 앞에 나아오지 않으면 절대 해결될 수 없다는 것입니다. 아무리 세상 것을 많이 가지고 배 부르다 할지라도, 하나님이 없으면 그 영혼은 공허할 뿐입니다. 그가 아무리 좋은 대학에 들어가서 다른 사람들의 부러움을 산다 할지라도, 그 영혼이 병들면 범죄하고 마는 것입니다. 그 부모 역시 고개 들고 살 수가 없습니다. 자식을 위해 뼈 빠지게 일하고, 손바닥의 지문이 닳도록 일하고 희생한 의미가 사라져 버리는 것입니다.

육신이 병들었습니까? 기도하십시오. 마음이 병들었습니까? 하나님 앞에 엎드려 기도해야 합니다. 병든 자가 하나님 앞에 나아오면 그 병이 죄로 인해 온 것이라 할지라도, 죄를 용서해 주시고 병도 낫게 해 주실 거라 믿습니다. 이것이 성경에서 이야기하는 것입니다.

히스기야가 병에 걸려 죽게 되었습니다. 그가 얼마나 간절하게 기도했는지, 그 기도가 하나님 앞에 쏟아졌고, 그가 기도하자 그 병을 선언하고 왕궁을 나가던 이사야가 왕궁을 떠나기도 전에 병이 나았습니다. 우리에게도 기도로 인해 하나님의 용서와 모든 문제의 회복과 건강 회복의 은총이 이루어지기를 기도합니다.

"의인의 간구는 역사하는 힘이 큼이니라"

이어서 17절을 보면 '엘리야를 보라. 엘리야의 기도가 얼마나 대단했는가. 그가 하나님 앞에 기도했더니 3년 6개월 동안 비가 오지 않았고, 또 하나님 앞에 기도했더니 3년 6개월 동안 비가 오지 않던 그 하늘에서 비를 내렸다'라고 합니다. 그러면서 아주 중요한 표현이 나오는데, "엘리야는 우리와 성정이 같은 사람이로되"(약 5:17)라고 말씀합니다. 엘리야가 완벽하다는 말이 아닙니다. 엘리야는 완벽하지 못했습니다. 그런데 앞 절은 "의인의 간구는 역사하는 힘이 큼이니라"(약 5:16)라고 말씀했습니다. 그러면 엘리야는 의인이어서 죄가 없다는 말입니까?

여기에서 말하는 의인이란 하나님을 믿고 하나님의 뜻대로 살려는 자이지, 완벽한 사람을 뜻하는 것이 아닙니다. 이는 하나님만 바라보고 하나님을 의지하는 자라는 의미입니다. 그 의인이 하나님을 의지해서 기도하는 것입니다. 그 기도의 응답은 나에게 있는 것이 아니라 하나님에게 있는 것이고, 내가 기도할 때 나의 문제를 보는 것이 아니라 하나님의 손길을 보는 것이니, 그 기도에 응답하실 하나님을 바라보고 기도하는 것입니다.

훌륭한 면도 많았으나 정서적으로 흔들렸던 엘리야가 기도했을 때 하나님이 응답하셨던 것처럼, 우리도 하나님 앞에 나아가 기도하면 우리 기도에도 역사해 주십니다. 우리는 부족하지만 하나님을 믿는 것은 동일하니, 엘리야처럼 기도해 보십시오. 그래서 하나님의 역사가 일어나도록 스스로를 들여다보고 기도하십시오. 그러면 하나님이 우리의 죄를 사해 주시고, 병중에서 우리를 그리스도의 이름으로 일으켜 세워 주시는 기도의 응답이 당신의 삶에 임할 것입니다.

질문

1. 당신은 믿음의 기도를 통해 질병을 치유 받은 경험이 있습니까? 혹은 당신의 기도로 다른 사람의 치유를 응답받은 경험이 있습니까?

2. 믿음의 기도를 드림에 있어 당신에게 부족한 점이 있다면 무엇입니까?